[家庭实用版]

影响世界亿万母亲的早教经典

斯特娜的
自然教育全书

（美）斯特娜◎著

杜铁清◎译

北方妇女儿童出版社

图书在版编目(CIP)数据

斯特娜的自然教育全书 /（美）斯特娜著；杜铁清译.

— 长春：北方妇女儿童出版社，2013.1

（影响世界亿万母亲的早教经典）

ISBN 978－7－5385－7090－8

Ⅰ.斯…　Ⅱ.①斯…②杜…　Ⅲ.①儿童教育－家庭教育　Ⅳ.① G78

中国版本图书馆 CIP 数据核字(2012)第 277661 号

影响世界亿万母亲的早教经典

斯特娜的自然教育全书

策　　划　师晓晖

作　　者　（美）斯特娜/ 著　杜铁清/ 译

责任编辑　宋　莉

开　　本　700mm×1000mm　1/16

印　　张　17.75

版　　次　2013 年 1 月第 1 版

印　　次　2017 年 4 月第 4 次印刷

出版发行　北方妇女儿童出版社

地　　址　长春市人民大街 4646 号　邮编：130021

电　　话　0431－85640624

网　　址　www. bfes. cn

印　　刷　北京龙跃印务有限公司

书　　号　ISBN 978－7－5385－7090－8　定　　价　28.80 元

版权所有　　侵权必究　　举报电话：0431－85644803

前言

　　1907年，在纽约召开的美国国内世界语大会上，我5岁的女儿维尼夫雷特和年过七旬的语言学家马库罗斯基教授做了一次世界语的会话表演，赢得了公众的一致好评。在这次大会上，马库罗斯基教授对维尼夫雷特惊人的语言才华感到非常吃惊，便向我咨询我对女儿的教育情况。当我把教育女儿的一些方法告诉他之后，他当时就劝我把这些写成一本书，以便让更多的孩子获益。其实，我当时也有这样的想法，但那时我的女儿维尼夫雷特只有5岁，我并不敢肯定我的教育方法是正确的，因此我的这种想法只好暂且搁下。随着维尼夫雷特的成长，她在各方面都取得了非凡的成就，我可以肯定我的教育方法是正确的、具有独创性的。1914年，在威斯康星大学教育学教授奥谢博士的劝说下，我开始着手写这本书。

　　我认为，在我向你们讲述我的女儿维尼夫雷特的成长以及在她的成长过程中我对她的教育方法之前，我必须要提到我最敬重的老卡尔·威特牧师，因为他的教育思想可以说是我整个教育理论的灵魂。

　　在我还在上大学的时候，我就曾经拜读过了老卡尔·威特牧师的一本名为《卡尔·威特的教育全书》的书，这本书里的教育观念和教育方法让我耳目一新，尤其是他提出的有关早期教育的理论简直令我折服，他对儿子卡尔·威特教育的成功更是让许多人望尘莫及。那个时候，我就产生了这样的想法：如果将来我有了孩子，我一定要用这样的方法来教育他。而事实也证明了老卡尔·威特牧师这种教育思想的正确性，因为在我教育女儿的过程中，很多方面都受到了这本书的影响。由于老卡尔·威特牧师当时所处的年代距今已经有一百多年了，与我们现在所处的年代有很大的区别，因此，在对女儿进行教育的过程中，我又注入了很多新的思想，这也是本书的一个特色。

我的女儿维尼夫雷特在3岁的时候就已经会写诗歌和散文了。在她4岁时，已经能用世界语自己写剧本了。从维尼夫雷特5岁开始，她的诗歌和散文不断地被各种报刊刊载，有些还被汇集成书，并博得了极大的好评。另外，在语言方面，维尼夫雷特也表现出非凡的才华。在她5岁时，她不仅能熟练地运用8个国家的语言，还能把这些不同的语言翻译成世界语。我记得，斯坦福大学的加勒德博士对维尼夫雷特翻译的一本歌集有过这样的评价："我认为，只有语言学家兼诗人才能把这本歌集译得这样好。但是，译者却是个仅仅5岁的女孩，这真令人感到震惊！"不仅在语言方面如此，在其他方面，诸如数学、物理、体育、品德等方面，维尼夫雷特的表现也远远超过了其他孩子。

很多人认为，维尼夫雷特之所以能取得如此大的成就完全是因为她是一个天才。但我并不这样认为，这只是人们的一种误解。因为这不仅仅是对我的教育思想的否定，也是对人类伟大的教育事业的否定。

在这本书里，通过详细地记述维尼夫雷特的成长过程来阐明我的教育思想和教育方法。我之所以这样做，就是想通过生动的事实来证明我的观点，不是用枯燥无味的理论来让人信服。我认为，只有事实才能够证明一件事情的真实性和合理性。

愿这本书能够帮助那些渴望孩子成才的父母们以及他们的孩子们。在此，我也希望你们能够知道，我之所以著名，仅仅是因为我培养了一个杰出的女儿。

（编者注：为了方便读者阅读，译者对原文进行了适当删减。）

目　录

第一章

母亲是上帝的使者

孩子的教育，从怀孕开始

每当看到那些名人的传记时，我总是忍不住叹息，因为这些名人的孩子大多都很平庸，他们所取得的成就远远不及自己的父辈。而从遗传法则上看，伟人的孩子应当是伟人。那么，为什么这些伟人的孩子却大多都很平庸呢？究其原因，我们不难发现，这无非是伟人过分执著于自己的事业，而忽略妻儿所致。

作为一个母亲，从我自身的经历来看，孩子能否成为一个杰出人物，完全取决于母亲对孩子施行了什么样的教育。

一个女人从少女时代开始，就有必要维护自己的身心健康了。因为，在我看来，只有使自己拥有健康的体魄和纯洁的精神，才有资格成为一个合格的母亲。要知道，对孩子来说，母亲的身体健康和道德修养，要远比数学和天文学知识重要得多。

其实，很多母亲并不懂得该怎样教育自己的孩子。她们认为：在孩子出生之前，让一切顺其自然就是最好的育儿方法。可在我看来，这完全是一种错误的认识。

生理学家认为，胎儿的健康在很大程度上取决于母亲的食物。所以，一个母亲自怀孕开始，就应该加强自己有关营养学方面的知识。我们相信任何一个母亲都不会让自己的婴儿饮酒、抽烟、吃难以消化的东西。那么，凡是有这些不良嗜好的母亲，当你准备做一个妈妈时，就应该远离这些东西，千万不要在自己的妊娠期间吃这些东西。

不仅如此，作为母亲，为了让自己的孩子将来具有纯洁的精神和善良的品质，在怀孕期间，就应该调动自己的各种感官去感受一些美好的事物。你可以多读一些有益于身心健康的书，也可以想一些开心的事情，或者听一些可以使心情平静的音乐，还可以在亲友的陪同下去欣赏一些美丽的自然风光或是艺术作品。要知道，只有你的身心始终处于一个良好、稳定的状态，你才有可能生出一个健康、优秀的孩子。

需要进一步强调的是，作为一个母亲，仅仅生出一个健康的孩子是没有多大意义的，重要的是怎样把孩子培养成人。因为，一个母亲的伟大并不是她拥有生孩子的这项特权，而是在于她不仅可以顺利地生下孩子，还能够聪明而勇敢地面对因为孩子所带来的各种意想不到的困难，最终让自己的孩子健康快乐地长大成人。

因为一个母亲在倾心教育孩子的同时，还要照顾好自己的丈夫。如果一个女人在拥有了母亲这个角色后，而忽视了自己的另一个角色——妻子，就有可能导致丈夫另寻新欢，使自己的家庭失去平衡。所以说，做一个合格的母亲并不是一件十分简单的事情。也正是因为如此，在你决定成为一个母亲前，一定要对这些突发状况有一个清醒的认识，并且要有足够的勇气去面对这些困难。因为只有这样，你才有可能成为一个合格的母亲。

另外，当一个母亲顺利地生下自己可爱的小天使之后，千万不要雇人来教育自己的孩子。要知道，教育来源于家庭，而母亲则是孩子的第一任老师。我的女友安娜已经是一个3岁孩子的妈妈，我本以为她应该具有丰富的育儿经验，但见到她的儿子后，我差点失去了做母亲的信心。因为，安娜竟然把儿子交给了一个既没文化，又没教养的保姆喂养。保姆为了让孩子乖乖地待着，经常吓唬孩子，给他讲恐怖故事，导致孩子沉默寡言，郁郁寡欢。我严厉地斥责了安娜，极力劝她辞掉了那个保姆。

我认为，一个女人把孩子带到这个世界上，如果不能承担起教育孩子的责任，这样的女人就不能称为一个母亲。教育孩子的职责必须要由母亲来承担，因为简单地把孩子交给别人，尤其是与孩子朝夕相处的保姆，不但会阻碍孩子各项能力的发展，还有可能因为保姆的不称职导致孩子养成很多不良习惯，从而影响孩子的一生。

在维尼夫雷特出生之前，我尽可能把我居住的环境布置得温馨美好，因为我希望我的孩子出生后，可以看到世界美好的一面。在怀孕期间，我几乎形成了一种习惯——常常想象世界上的一切美好之事。我认为，这样的情绪能潜移默化地影响未出生的孩子。而想象所带来的美好回忆不仅可以使我感到幸福，还能让我未出生的孩子对外边的世界充满美好的希冀。

我还特意为我的小天使挑选了家里最好的房子。这里阳光充足、空气新鲜。床和床单都是洁白的。在洁白的床上，我还为她准备了又轻又软的被子和毛毯。墙壁都被刷成让眼睛舒服的暗色，上面挂满了各种名画的临摹品。我希望，她每天睁开眼睛后，不仅可以感受到世界的美好，还能培养她对美的鉴赏力。

无论是在书本里，还是在现实生活里，我们都可以看到母亲教育孩子的重要性。我们每一个母亲都要清醒地意识到，最早对孩子进行教育的不是学校的老师，应该是家里的母亲。每一个母亲都要牢牢地记住，孩子的命运掌握在自己手中，每一个合格的母亲都应该是一个教育者。

福禄培尔曾经说过："人类的命运，与其说是掌握在当权者手中，不如说是掌握在母亲手中。因此，我们应该努力启发母亲——人类的教育者。"令人遗憾的是，真正理解这句话的人却是少之又少。

🌿 案例连连看

我 要 妈 妈

婷婷今年5岁了。2岁以后，婷婷离开妈妈，改由姥姥带，经常见不到忙于工作的妈妈。有一次，幼儿园举行集体游戏，小朋友们都踊跃参加，只有婷婷不愿意参加。一个小女孩友好地拉起婷婷的小手，不料婷婷哭着大喊："放开我，我不想和你们玩！"说着，她还使劲将小女孩推开。

幼儿园的老师也反映，婷婷性格特别孤僻，有时候还带有攻击性。她喜欢独自一人坐在座位上，不参加任何活动，对任何事情或者人都很敏感，有时候嘴里常常自言自语："我要妈妈，我要妈妈……"

🌱 专家解读

母亲应亲自教育自己的孩子

母亲是孩子的第一任老师，孩子能否快乐健康地成长与母亲的教育息息相关。婷婷性格孤僻、严重缺乏安全感，正是由于长期缺少母亲的陪伴而造成的。所以，我建议所有的母亲都要亲自教育自己的孩子。因为，任何一种教育都不能代替母亲对孩子的教育。

作为母亲，我们把孩子带到这个世界上，就要肩负起把他们培养成人的责任。除了为他们提供一个良好的生存环境外，我们还要尽可能地多陪在孩子身边，让他们健康成长。

🌱 教育要点

几种常见的亲子关系类型表

亲子关系类型	母亲的教育方式	孩子的表现	在全国范围所占的比例
稳定型	母亲有合理的育儿计划，自信、宽容，有合作精神。	孩子有强烈的心理安全感，容易建立自信心和快乐感。	30%
焦虑型	母亲缺乏自信，育儿知识匮乏，不知道如何教育孩子。	孩子胆怯、不安，不会主动探索，缺乏好奇心和想象力。	10%
暴躁型	母亲育儿知识匮乏，强势、严厉，不允许孩子犯错误。	孩子性格粗暴，缺失秩序感，情感冷漠自私，厌恶学习。	30%
溺爱型	母亲育儿知识有偏差，溺爱孩子。	孩子娇气、唯我独尊、缺乏合作精神。	30%

孩子是我们的影子

有些父母总是给孩子提出各种要求，但却从来不以身作则。我想，这样的父母是不可能教育好自己的孩子的。

孩子是父母的影子，他们一切善与恶的品行都是从父母那儿学来的。尤其是母亲，在孩子的心目中是最慈祥，最可亲的人。在我们的生活中，有很多母亲并没有注意到这个问题。

在教育孩子的过程中，有的母亲喜欢穿奇装异服。她不仅自己穿这些奇怪的衣服，还给自己的孩子也穿这样的衣服。

我认识这样一位母亲，她非常疼爱自己的女儿。她自己省吃俭用，却给女儿买各种华贵的衣服，有些服装甚至和女儿的年龄极不相称。在女儿4岁的时候，她就经常把女儿打扮得花枝招展的送到幼儿园，但女儿一点也没有对她产生感恩，相反，女儿极不喜欢自己的母亲，也不愿意在人前和自己的母亲亲近。因为女儿经常因为自己的奇装异服被小朋友耻笑。每次母亲穿着那些奇怪的衣服去接她时，她都会感到难为情。

其实，当你成为一个母亲后，你身上的很多不良嗜好都要摒弃。一个母亲做任何事都要十分检点，不能过于随便，也不能太注重外表的打扮，因为，你的这些嗜好都会对自己的孩子产生很大的影响。另外，这些行为还有可能导致你在孩子心目中的权威下降，使孩子对你产生反感。

无论孩子还是大人，都不喜欢被人命令。所以，当你命令他们干这个，禁止他们做那个的时候，他们多少都会有些反感。因此，我们要采取一种巧妙的办法，不需要命令就能使他们自然地去干或是自觉地不干。要知道，用强迫的方式命令孩子学习，效果往往适得其反，虽然，一切都是出自母亲的好意，但往往事与愿违。作为一个母亲，我们与其命令孩子学习，不如引导他们正确地对待学习。

我的好朋友劳拉经常向我诉说她的苦恼，因为她在教育女儿珍妮的时候，不仅很难取得成效，还经常和女儿陷入互相抗拒的痛苦中。最让劳拉头疼的是，珍妮花很多时间和小伙伴一起玩游戏，时常不能按时睡觉。劳拉为此一有空就找女儿谈话，向她指出贪玩的坏处和睡眠不足对身体及学习的危害。劳拉希望女儿能够意识到问题的重要性，但女儿一点也没有改变，反而学妈妈的样子，背诵妈妈的话。

劳拉为了改变女儿的习惯，规定了女儿玩游戏的时间，并要求女儿放学后先做作业。一段时间后，女儿慢慢学会了控制自己，适应了有计划的生活。劳拉总算松了口气，就雇了一个女管家，在自己忙于工作时来陪伴放学后的珍妮。

有一天，劳拉提前回到家，发现珍妮又在玩玩具，而没有先做完功课。

"珍妮！"劳拉瞪着女儿。女儿赶紧把玩具藏了起来，忙解释说："我做了一个小时的作业，刚坐下来休息一会儿。"

女管家也帮着她说："她刚坐下，讲好了只玩20分钟的。"

劳拉想到这么长时间的教育都没能改掉女儿贪玩的坏习惯，只感到胸口的气压在不断上升。她真想痛哭一场来发泄心中的气愤。

"珍妮，你太让我伤心了，你怎么能这样对待妈妈！"看见女儿似乎要辩解，劳拉急忙示意她闭嘴，斥责道："我不想听任何解释，我失望极了，你难道不知道我这样做都是为了你好？"

"那你别管我好了。"珍妮冷冷的回了一句。

"你说什么？不管你！我当然得管，这是我的责任。回你的房间去好好想一想，还有这个周末不准去凯瑟琳家过夜。"劳拉气到了极点。

听到妈妈不准自己到凯瑟琳家过夜，珍妮既愤怒又绝望，她大声地说："我要去，偏要去！你是个坏妈妈！"

"你马上闭嘴，不然我要发火了。"

"你已经发火了，我就是要这样。怎么样？"

看到女儿依旧不知悔改，劳拉怒从心起，在女儿背上狠狠地抽了两下。女儿号啕大哭，冲进自己的房间。这时，女管家来向她告辞，并告诉她，这几天珍妮都没有贪玩，今天确实是先做了一些作业，才求她让她玩一会儿的。

我们这里不讨论劳拉惩罚女儿的对与错。我们要说的是，劳拉在看到女儿违反她规定时的心理活动。当劳拉看到女儿趁自己不在玩玩具时，首先觉得委屈和辛苦，她认为自己努力了那么久，女儿仍然不顾她的要求，她所有的心血都白费了。在这种情绪的控制下，劳拉觉得女儿太让自己失望了。于是，她放弃了和女儿交流，采取了强制和暴力手段来解决问题。

其实，劳拉这种做法是极不明智的。因为过度的愤怒干扰了劳拉对事情的判断力。在怒火的干扰下，劳拉完全忘记了管教女儿到底是为了什么。她只顾发泄胸中的怒气，想让女儿尝尝失望的滋味，却忘记了这样做可能对女儿造成的伤害。假如，劳拉当时能想一想自己慈爱的本意和这样做给孩子带来的伤害，劳拉一定会尽量克制自己的情绪。

此外，我们还需要指出的是：有些母亲对孩子不管不问、漫不经心；有的母亲对孩子过分关爱、过分迁就；有的母亲粗暴地采用错误的教育方式教育孩子。这些行为，不管她们的出发点是好还是坏，都是不正确的。因为孩子是父母的影子，她们的这些行为都会影响孩子的健康成长。

🌿 案例连连看

爸爸的脏话

2岁的姗姗，到了学习说话的年纪。一天晚上，姗姗想吃糖，她对爸爸说："爸爸，我想要一块糖。"爸爸怕姗姗吃坏牙齿，就说："没有了。"姗姗想了想回答道："我估计还有。"爸爸想也不想，随口说道："你估计个屁！"

过了几天，爸爸妈妈带着姗姗去游乐园玩。路上等车的人很多，过去了好几辆车也没挤上去。这是，妈妈说："我估计一会儿下一辆就来了。"姗姗学着爸爸的口吻接过话茬说道："你估计个屁！"爸爸一下愣住了，没想到自己无意的一句话竟被女儿用在了这里。

🌿 专家解读

父母要注意自己的言行

孩子是父母的影子，父母的一言一行都会对孩子产生影响。姗姗才2岁，她能说出像"估计"这样的词语，作为父母应该鼓励孩子表达自己的意愿。姗姗的爸爸却并没有意识到自己正在跟一个处在语言和自我意识都不完善的孩子说话，他随口而出的一句脏话深深地印在了姗姗的脑海里，导致姗姗一听到"估计"这个词，就会像爸爸一样说脏话。

所以，作为父母，在孩子小的时候，尤其是在孩子的语言形成时期，我们一定要注意使用正确的礼貌用语，尽可能避免一些无意识的脏话或玩笑话。要知道，有什么样的父母就会有什么样的孩子，如果我们想要自己的孩子成为一个讲文明的好孩子，那么我们就必须首先做一个讲文明的好父母。

🌿 教育要点

父母的行为对孩子的影响表

父母的行为	对孩子的影响	孩子对父母的态度
开明、民主	善于合作，活泼开朗。	尊重父母，和父母成为朋友。
溺爱、纵容	任性、霸道，唯我独尊。	不尊重父母，对父母颐指气使。
支配、强势	不能独立，没有自己的主见。	依赖父母，做任何事情都完全依附于自己的父母。
专制、权威	有很强的反抗意识，叛逆心强，做事容易走向极端。	对抗父母，对父母产生反感。
冷漠、疏离	懦弱、消极，缺乏安全感。	疏离父母，对父母冷漠、无情，甚至仇恨。

教育女儿，我始终保持着平和的心态

在女儿维尼夫雷特出生之后，我就时常担心自己是否能尽到一个做母亲的责任，把她培养成一个有用的人。要知道，生孩子是父母的选择，却不是孩子的选择，孩子来到这个世上是由自己的父母决定的。

孩子是父母生的，父母养的，那是不是意味着父母就理所应当地可以得到孩子的尊重和感恩呢？许多父母会这样想：我为你如此"尽心"，你当然应当知恩，只要我愿意，就可以要求你服从。人类传统的道德观念让人觉得，孩子好像对父母天生就有尊敬和服从的义务。随着时代的变化，许多传统的东西都在消失了。作为父母，我们应当如何看待孩子在家庭中的地位呢？

在孩子很小的时候，要他们绝对服从我们，一般不会有什么问题。但当他们逐渐长大，再理所当然地要求他们服从我们时，就有些行不通了，甚至会带来很多麻烦。其实，万事万物都是相生相成的，你怎样对待孩子，孩子也会怎样对待你。

我觉得，造成孩子与父母之间矛盾的首要原因就是父母有这种期待孩子报恩的心理。虽然，为人父母是件光荣的事情，但父母如果不以一种正确的态度对待，总是以期待孩子报恩的心态居高临下地对待孩子，就很难得到孩子的"孝顺"。如果，一个家庭中总是被"我给了你什么"和"你一定要报答我"的气氛所笼罩，那么家就会成为一个乱哄哄的集市。在这种氛围中，孩子又怎么能够健康成长呢？

我想，那些有着良好言行的父母是一定能够得到孩子的尊重的。因为，在我看来，父母的言行是否表现得端庄得体，是能否得到孩子尊敬的关键。如果父母自己的行为不够检点，却要求孩子这样做、那样做。孩子不仅不会遵从，还会和父母发生顶撞。他会说："你能这样，我怎么不能！"面对孩子这样的顶撞，有些父母因为要顾及自己的涵养，也许会冷静下来，对孩子进行一番劝说，希望孩子可以改正。而有些父母，因为孩子触及到了自己的痛处就会方寸大乱，说出一些伤害孩子也伤害自己的话。"你竟敢顶嘴！你怎么这么不懂事啊！对大人连起码的尊重都没有！你不听话我就惩罚你！"这些父母在说出这样的话时，总觉得自己是完全正确的。在他们看来，孩子的生命是自己赐予的，对他们进行谴责一点都不为过。但在我看来，他们的这种想法简直太可笑了。我们大家可以想一想，在这些始终认为自己比孩子高一等的父母的教育下，孩子又怎么可能始终保持一种正确的心态呢？

孩子对父母的尊敬真的那么重要吗？作为成年人，我们或许为了某些利益不得不对比我们年长的人或是地位高的人言听计从，但是对于天真无邪的孩子来说，他们的大脑中从来就不会有这些概念。所以，如果一个家长的行为不检点，孩子完全有权利表示自己的不满。如果父母强迫孩子接受自己的意愿，让孩子对自己唯命是从，简直是自取其辱。即使孩子暂时屈服在你的强权下，内心也会充满不满和蔑视。

在对待孩子的教育问题上，我们应该始终保持平和的心态。当孩子对自己的教育表示质疑时，我们首先要检讨自己的行为是否妥当，这种反省，往往是对孩子最好的教育。

我在对女儿维尼夫雷特的教育中，从不以权威者的身份去命令她做什么或不做什么，也不以高高在上的姿态要求她这样或那样。因为，我坚信，行动比说教更加有力量，只要严格地要求自己，孩子就一定会跟着学习的。

在女儿两三岁时，她十分顽皮，不但时常弄坏自己的玩具，还经常来干扰我的工作。有一次，维尼夫雷特趁我不在的时候，把我未完成的论文稿全部扔在了地上，把那些整理好的顺序全都弄乱了。看到这样情景，我并没有立刻责骂她，而是自己一页页地将稿纸捡起来重新整理好。

晚饭后，维尼夫雷特照例要求我到她的房间去帮她收拾散乱四处的玩具，我走到她的房间，看见被她弄得又脏又乱的房间，我什么话也没有说，就转身想离开她的房间。女儿当时很困惑地问我，为什么这次不帮她收拾。我告诉女儿："我为什么要帮你收拾？今天，我的稿纸全都被你弄在地下，又有谁帮我收拾？你想想，把东西搞乱很容易，但要把它们整理好却很费事。这就是你为什么玩的时候不需要我帮你，而收拾玩具的时候需要我帮助的原因。更何况，那些稿子是妈妈的心血，你怎么能任意去破坏它呢？"

在我耐心的教导下，女儿慢慢地意识到了自己的错误，低下了头，对我说："妈妈，对不起。我知道错了，我以后再也不乱动你的东西。"那天晚上，维尼夫雷特自己走进房间，把那些玩具全都捡了起来，并且整理了房间。看到这样的情景，我非常感动，因为女儿已经理解了我想对她说的道理。

这次事件之后，我可爱的维尼夫雷特再也没有弄乱过我的东西，并且学会了自己收拾自己的东西。这真是一件值得我高兴的事啊！

🌸 案例连连看

说瞎话的娜娜

妈妈要求 3 岁的娜娜，每天回家后都要洗手。一天，妈妈带娜娜到奶奶家玩。吃饭前，娜娜对奶奶说："奶奶，我哪也没摸，我不用洗手了。"妈妈一听急了，觉得这不可能，就质问娜娜说："怎么说你哪也没摸！我明明看见你摸楼梯的。"娜娜也不示弱大声地说："就是哪也没摸！"母女俩很快吵了起来。

奶奶听到后，把娜娜拉到一边，对她说："娜娜，告诉奶奶，今天回来的路上都玩了什么啊？"娜娜一点一点地回忆，终于想起自己今天摸楼梯了。她马上说："是我记错了，我昨天哪也没摸，今天摸楼梯了。我去洗手啦！"

🌼 专家解读

引导强于压制

在教育孩子的过程中，当孩子开始对我们的话产生质疑，不再言听计从时，我们需要做的，不是压制，而是引导。娜娜其实并不是说瞎话，这只是她主观意识的一些表达而已。在娜娜这个年龄阶段，当她自己的意愿与父母的要求不一致时，就很容易说一些与事实不相符的话。在这个时候，作为父母，我们要保持足够的冷静，不要马上否定孩子的行为，要善于挖掘孩子的真实意图，通过引导的方式，让孩子意识到自己要表达的真实意图。

要知道，对父母说"不"，是孩子出现自我意识的一种体现。作为父母，我们应该以一种平常心去看待孩子的反抗，以一种民主的方式和孩子沟通，这样才能与自己的孩子建立起良好的亲子关系。

🌼 教育要点

孩子的反抗心理与父母的应对方式表

孩子产生反抗心理的原因	孩子反抗情绪的表现	父母的应对方式
孩子在2岁之后，开始学习思考问题，按照自己的方式办事。在这期间，他们开始独立，并通过自己的语言和行动抵制自己不喜欢的东西。	拒绝父母的要求	保持冷静，反省自己的要求是否合理。
	和父母唱反调	保持一颗平常心，缓解孩子的反抗情绪，避免和孩子产生正面冲突。
	不理睬父母	寻找和孩子的共同点，鼓励孩子表达自己的意愿。
	和父母不亲近	多陪伴、多交流，陪孩子做一些愉快的事情，让孩子感受到父母的爱。
	远离父母	孩子正在独立，离开父母是一个必然过程。在保证孩子安全的情况下，不要压制孩子的这种行为。

理想母亲应该这个样儿

在女儿维尼夫雷特出生之前，我就已经开始为怎样教育她做打算了。每当感觉她在我肚子里躁动时，我总会想，她出生后将是什么样子的呢？从那一刻开始，我时常对自己说："我要做一个好妈妈。"

那么理想的母亲究竟是什么样子的呢？我认为，一个有爱心、负责任的母亲，就是一个理想的母亲。因为，一个负责任的母亲会关心孩子的成长，并不断摸索培养孩子的经验，还会在培育孩子的同时注重自身的成长，用自己的积极心态去影响孩子。

我想一个理想的母亲应该永远都是镇定自若的。她会慈爱地对待孩子，用最好的方法去教育孩子；她舍得在孩子身上花足够的时间，永远知道怎样回答孩子的问题。当我的孩子即将降临时，我就在心中为自己描绘了这样一幅理想母亲的画像。

但是，在生下女儿后，我才发现想要成为这样理想的母亲太难了。当我看着可爱的女儿一天天长大时，我常常会想：别的母亲也许比我做得更好。我知道，这个世界上没有任何一位母亲能够永远像理想中的那么完美。因为即使做了母亲，我们也仍然要在生活中成长，仍然要面对生活中的各种考验，仍然会有自己的缺点。但是我依旧想要做得更好，依旧想要向一个完美的母亲靠近。

我的好朋友爱伦娜是个单身妈妈，生活的负担和婚姻的挫折使她灰心丧气，而女儿的欢笑则是她生活和心灵的唯一的慰藉。随着女儿一天天地长大，爱伦娜发现女儿越来越不快乐。女儿每天回家后都郁郁寡欢，也不愿意和身边的朋友交往。

爱伦娜看到女儿的样子，非常着急，她想知道，女儿到底发生了什么事情，但女儿只是沉默，不愿意多讲。有一天，老师送来了一篇女儿的作文。在作文里，女儿描写了一个自卑的女孩子。这个女孩处处不招人喜爱，头脑也不灵活，活得很不幸福。

老师告诉爱伦娜，这篇作文可能是女儿内心的真实想法，希望她能找女儿谈一谈。爱伦娜看过作文后，她仿佛从文章里看到了自己。回忆起自己平时的自怨自艾，爱伦娜意识到正是自己的态度造成女儿的低沉消极，只有改变自己才能帮助女儿。

为了让女儿变得快乐，爱伦娜开始积极寻找可以鼓励自己的方法。她把女儿叫到身边，对女儿讲述了自己的计划，要女儿监督她。每天晚上，她都写下一件明天要做的具体事情，比如与同事共进午餐等等。她把纸条留在餐桌上，早晨起来由女儿念给她听，到了晚上共进晚餐时，便和女儿一同检查这件事执行的情况。

刚开始的时候，女儿有点怀疑母亲可能出了毛病，但又为母亲坚持不懈、积极认真的态度所感动。后来，每天到了晚餐时，她们母女便常在一起讨论这些行动的效果，女儿也开始给母亲提出一些建议。

不久之后，爱伦娜的纸条旁加上了女儿的纸条，母女俩开始相互监督。有时，她们会做张条上曾经写过的事情，因为这些事情，可以让她们从中获得了快乐和自信。

最后，当爱伦娜的女儿从低沉消极的情绪中恢复过来的时候，她自己也变得精神焕发，好像获得了新生。

一个母亲必须明白，教育孩子的知识永远不会有足够的时候。因为新的问题总是不断产生，需要有新的解决方法。一个好母亲所要做的就是在不断探索和自我完善中改进自己的教育方法，一直到孩子长大成人，离开家门为止。

在养育女儿的过程中，我常常问自己这样一个问题：我是一个好母亲吗？

因为我也会在情绪失控的情况下，动手打女儿；我也会没有耐心听完她的解释，就怒气冲冲地呵斥她，后来却发现我误会了她；我也强迫她按照我认为正确的方法去做事，结果却发现自己的看法是错误的……当这些事件发生后，我常常会不断地自责，甚至怀疑，自己是否够格做一个母亲。

可后来发生的一件事情让我彻底改变了这种想法。

有一次，我冲女儿发了火，女儿竟然向我表示不满。她说："米莉的妈妈就不像你这样发火，她总是很耐心地和米莉讲道理。"女儿的话深深地刺痛了我，伤害了我作为母亲的自尊。我真的开始怀疑自己是否有能力教育好孩子。

我的脑海中开始不断地出现了这样一幅画面：我竭尽全力地大声嚷嚷，试图把女儿引上正道，结果招来的却是反抗；而米莉的母亲却轻松自如地控制着局面，把孩子安排得十分妥当。我对自己感到失望，觉得自己既无能又缺乏爱心，我甚至怀疑女儿在嘲笑我这个没用的妈妈。

不久，偶然我遇到了米莉的妈妈。当我向她转述了女儿的话，忐忑不安地希望听听她的意见时，米莉的母亲大笑起来。她对我说："这怎么可能？不要信她的话。孩子们大多都相差无几，母亲们也是大体相同的。我只是从未在你女儿维尼夫雷特面前发过脾气。我有两个孩子，要同时照顾他们，我怎么可能永远和蔼。"米莉母亲的话使我大为宽慰，自信心也增强了许多。

给大家说这件事，并非是我要为我的"粗暴"找借口，我只是想为年轻的母亲们好好地打打气。我要告诉你们的是：即使在抑制不住的情况下做了一些不明智的事，也不要为此怀疑自己拥有做好母亲的资格和能力。

其实，很多时候，只要我们尽了力，不断地改进自己的态度和方法，就可以称得上是好母亲了。

在以后的日子里，我不但没有再冲维尼夫雷特发过脾气，还逐渐掌握了一整套行之有效的教育孩子的方法。在这些方法的指导下，我可爱的维尼夫雷特变得越来越优秀。我相信，至今为止，我可以称得上是一个好母亲了。

案例连连看

敏感的林林

林林是个单亲家庭的孩子，跟着妈妈和外公住。妈妈因为婚姻不幸经常歇斯底里，导致林林也变得特别敏感，稍微有点不顺心，就会又哭又闹。

有一次，幼儿园进行数学操作活动，快放学了，林林还没有做完老师布置的任务。这时，来接他的外公，发现他还没做完老师布置的任务，就随便讲了一句："哎呀，我们的林林怎么还没做完呢？"谁知，林林听了之后，像一头发怒的小狮子，对着外公一顿拳打脚踢，还边哭边喊："外公坏，坏外公！"周围的小朋友和一些家长看到后都议论纷纷，林林对着人群声嘶力竭地叫道："不要你们看，你们给我滚！"看到林林的表现后，外公既生气又无奈。

专家解读
父母要更加关注单亲家庭孩子的成长

经过调查，我们发现：生活在完整家庭里的孩子的幸福指数，要比生活在单亲家庭的孩子幸福指数高出两倍多。林林之所以会对外公的话这样敏感，对周围的人这样戒备，与他所处的单亲环境有很大的关系。在单亲家庭中长大的孩子，如果得不到家人的正确引导，就会变得敏感、偏激，严重的还有可能导致心理问题的产生。

在单亲家庭里，为了让孩子更加健康地成长，父母往往要付出更多的努力和心血。作为父母，在对这些孩子进行教育时，一定要时刻保持一个良好的心态，在孩子面前要尽可能地表现得乐观开朗积极向上，给孩子树立一个良好的形象。

教育要点
单亲家庭的孩子的心理特点调查表

孩子常见的心理特点	产生的原因	孩子主要的表现
心理封闭，敏感且攻击性强	孩子亲眼目睹了父母之间的争吵及敌对情景，缺乏家庭应有的温馨和关爱。	情感脆弱，易激动，敏感多疑、对任何人都不信任等。
逆反心理，消极情绪明显	家长本身有令人不能原谅的错误而给孩子造成心理上的阴影。	不信任、厌恶和消极的对抗情绪明显，而且不易合群。
仇视、报复心理甚至有暴力倾向	父母的离异，使孩子在心灵深处感到有被抛弃的感觉，孩子容易厌恶或憎恨父母。	害怕与人交往，沉默寡言，仇恨父母，仇恨社会。

做一个有独创性的母亲

一位年轻的母亲曾对我说过这样的话："我真是个矛盾的母亲。有时，我会为了自己的努力有了结果而兴奋快乐，有时又感到自己简直一败涂地，所有努力都白费了。"当我问她是怎么教育自己的孩子时，她告诉我，为了教育好自己的孩子，她看了很多关于教育方面的书，尽管并不是所有的都有用。

于是我告诉她：要知道，孩子是你生的，你是最了解孩子的人。为了孩子，你一定要做一个具有独创性的母亲才行。

心理学家伊斯宾娜·杰克斯曾经给我讲过她的一段经历：

"我刚读完心理学课程，拿到相关的学位，就开始了一段时间的实习。在实习的这段时间里，我为很多问题青少年进行了心理和教育方面的咨询。我相信，这些咨询对我以后的工作会有很大的帮助。参加工作后，我的主要咨询对象就是这些问题孩子的父母。

但让我无比丧气的是，这些父母一进门，提出的第一个问题竟然是'你有孩子吗'？当我回答，我还没有结婚、没有孩子时，他们马上就会露出失望的表情。而在接下来的工作中，这些父母显然根本不相信我的诊断，对我提出的意见，他们更是敷衍了事，根本不当回事儿。

等我结婚生子之后，我始终认为凭我这些年的专业积累和对孩子满腔的爱，我一定会成为一个最优秀的母亲。因此，在孩子出生前，我为他制订了整套培养计划。

然而，当孩子真的出生之后，我所有的计划都落空了。不仅计划根本没法实行，在应对孩子最基本的日常生活时，我都会被弄得狼狈不堪。只要我们在一起时，能够做到相安无事，我就已经感到心满意足了。

在教育孩子的过程中，我发现我自己的专业知识一点用处都没有，为了能够成为一个合格的母亲，我只好跑到书店，买回了一大堆的育儿指导。直到现在，我才恍然明白，为什么那些父母根本不相信一个没有生过孩子的顾问的任何意见。"

除了这些之外，伊斯宾娜还告诉我：培养孩子是一件极其痛苦的事情，即使有了那些育儿指导的书也无济于事。

实际上，经过咨询研究育儿问题的专家们，我们可以发现，那些最有权威的专家们大多都是有过亲身育儿体验的人士。而我之所以写关于教育的书，也是因为我有了培养维尼夫雷特的经验，并且取得了一点小成就，才敢下笔的，因为我深知其中的困难。更值得我敬佩的是，有些专家们不但养育了自己的孩子，还收养了一些孤儿，组成了一个大家庭。我一直觉得，这样的专家要比那些只有书本知识的学者权威得多。

其实，抚养孩子是一件既严肃又艰巨的工作。每一位父母都希望通过自己的努力能够对孩子的成长产生有利的影响。但在实施的过程中，却发现这是一项极其艰苦而后果难料的工作。因为，为了带给孩子有利的影响，我们不光要在智力、道德、能力上为孩子打好终生受益的良好基础，还要处理一些日常生活中的琐事。这些事情都可能让我们这些做父母的显得手足无措。即便是那些受过良好教育的父母们，也常常失去理智，用非常不明智的方法来对待孩子，事后又不断地羞愧、自责。所以，教育孩子真的并不像想象的那么简单。

在教育维尼夫雷特的过程中，我也发现了这样的道理：只凭书本上的知识是远远不够的，必须有意识地调动起母亲自身的潜能，理智而细致入微地精心培育孩子，这样才能成为一个真正合格的母亲。

不久之前，我又碰到了心理学家伊斯宾娜，她现在已经是一位颇有成就的儿童教育专家了。这次，她又告诉了我一件关于她和儿子之间的事情：

"有一次，我们全家人出去吃饭，一位并不相识的女士看到儿子那样懂事，突然跑过来对我大加赞赏，因为在她看来，我真是一个优秀的母亲。

"可她的话，却让我感到无地自容，因为儿子只是今天格外懂事，别的时候都令我抓狂。我不得不承认，在某些方面我确实为自己的儿子感到骄傲，因为儿子在学习上表现得异常优秀，很多报纸上都有他的名字。但他也给我带来了无尽的痛苦和烦恼，我们经常会因为一些小事而争吵得不可开交，我不能忍受他把自己的房间弄得脏乱不堪，只要我看到那脏乱的房间，我的理智就会不翼而飞。因为这些争吵，我常常担心儿子会仇视我。

"有一次，儿子去参加一次外地野营，我叮嘱他要给我写信，但是由于他生了我的气，一直都没有给我来信。我担心极了，只好先给儿子写信。在这封信里，我向儿子承认了自己的错误，还向他倾诉了很多我自己的想法，并告诉他，我十分想念他。

"不久后，我就收到了儿子的回信，他告诉我，他特别想念我们。他说，他非常爱我，我根本不用向他道歉，因为都是他的错，是他应该向我道歉才是。直到这时，我和儿子的关系才有了根本的好转。

"看完这封信后，我高兴极了。从那次交流之后，我们之间再也没有发生过任何争吵，关系处得十分融洽。"

在伊斯宾娜的谈话中，我注意到了那封信。因为那封信是十分重要的，她在信中向儿子说出了平时难以开口的真心话，从而得到了儿子的理解；而她儿子也在信中毫不丢面子的情况下改正了自己的错误。这是一种多么好的沟通办法啊！

作为父母，我们一定要意识到教育孩子是一个不断学习的过程，因为孩子在不断地成长，问题也就在不断地变化。就拿女儿维尼夫雷特来说，当刚刚解决她吮手指的问题时，我又要对付她破坏物品的问题。而当我刚刚鼓励她敢于与陌生人交往时，却又要防止她过于勇敢而随意走出家门。问题似乎无穷无尽地接踵而至。

父母面对这些问题时，总是乐于去解决的，哪怕它不计其数。其实，最令父母懊悔的不是努力没有收到成效，而是应作的努力没有想到。

有一位母亲对我说过这样的话"我真是一个笨蛋，我怎么会这样愚蠢，让女儿在只有几个月大时每天醒那么多时候。假如不是你提醒我要给她建立规律的睡眠，我还会继续下去呢。可惜现在已经晚了。"

我告诉她说："事情并没有那么严重，很可能少睡一些觉对孩子的将来并没有十分明显的影响，而且现在建立规律的睡眠也不算晚啊。"我能够理解她的懊悔之情，因为这是她唯一的孩子。

孩子刚出生的几个月，我们一定要保证孩子充足的睡眠时间，这对孩子的身体健康起着十分重要的作用。如果在这段时间，孩子情绪十分不稳定，总是哭闹，我们也要尽可能地想办法，让孩子得到充分的休息。

这位母亲由于不忍心看着自己的孩子哭闹，只要她一哭就抱起来哄，导致孩子睡得很少。当她意识到这个问题时，已经过去几个月了。她为此而痛心，责怪自己作了那么多的准备，对这样关键的问题却没有注意。

要想当一个合格的母亲，不仅要丰富自己在育儿方面的知识，还应该掌握一些心理的、生理的知识和实用技巧。另外，我们会发现，当我们与他人交流这方面的经验时，我们常常会受益匪浅。不仅如此，阅读相关书籍也是一个非常重要的途径。对于一个母亲来说，最重要的还是要创造性地应用这些学来的知识和技巧。

在这个世界上，每个孩子都是独一无二的。这就要求每一个母亲都具有创新的能力，并在实践中不断地摸索。在这个过程中，我们不仅要学会动脑筋，还要学会灵活地运用我们所了解的知识；只有这样，才可以达到事半功倍的效果，同时也可以使自己从不必要的育子烦恼中解脱出来。

我希望，那些所有爱着孩子的母亲都能成为一个具有独创性的母亲。因为，只有这样的母亲才能更好地教育自己的孩子。对女儿维尼夫雷特的教育经验，让我明白：只有从母亲自身的教育出发，才能教导出更加聪明懂事的孩子。

案例连连看

不分白天和晚上的亮亮

小江是个年轻的妈妈，儿子亮亮才4个月大。小江曾在一本育儿书里看到，妈妈要尽可能多地和自己的孩子互动，孩子才会和妈妈亲近。尽管儿子还很小，但小江为了儿子照做不误。每次儿子醒来，小江总是拿着各种玩具对儿子说："宝宝，叫妈妈。"还不停地拉着儿子的小手晃动。每当这个时候，儿子就会睁大眼睛，和妈妈玩上好一会儿。这种状况在晚上也不例外。

两个月过去了，与亮亮同龄的小朋友都已经形成了相应的生物钟，晚上睡得很香。亮亮却分不清白天和夜晚，只要睡醒了就要玩上好一会儿才能睡着。小江开始为此头痛不已。

专家解读

教育孩子不能照搬书本

一个母亲在养育孩子的过程中，除了要对孩子倾注满满的爱外，还要有自己的独创性。小江出于对孩子的爱，参考一些育儿书籍，付诸行动，没什么不对，却忽视了儿子本身的具体状况：孩子在 4~6 个月期间，正处在睡眠规律的形成期。小江的做法完全打乱了孩子的睡眠规律，导致孩子没有形成正常的睡眠状态，分不清白天和晚上。

作为一个母亲，多阅读一些育儿方面的书籍是十分必要的，切不可把书上的东西全部照搬硬套。当我们把书本上的知识付诸行动时，我们一定要考虑到孩子自身的具体状况，灵活应用，因材施教，不要被这些知识所束缚。

教育要点

各月龄段孩子的睡眠状态表

孩子的月龄	睡眠特点	注意事项
新生儿	新生儿每24小时睡16~18小时，通常每觉睡2~4个小时。	白天尽可能多和孩子交流，晚上多制造安静的环境。
出生3周	婴儿一次睡的时间明显延长，可长达3~4小时；同时，醒着的时间也变长。	父母应尽量调整自己的睡眠模式以适应孩子的生活规律。
2个月	婴儿平均每天睡眠15~16个小时，且大部分时间会在晚上；同时，白天仍需睡3~4觉。	顺应宝宝的变化，记住大部分孩子还是需要在晚间吃好的。
4个月	婴儿平均每天睡眠9~12个小时，白天会睡2觉，每次2~3个小时。	尽量保证孩子每天的日间小睡和夜晚就寝的时间和方式相同。
6个月	婴儿每晚平均睡约11个小时，通常白天上午和下午各睡1觉，每次1~2个小时。	不需要在夜间叫醒孩子吃奶，同时坚持就寝程序，帮助宝宝一觉睡到天亮。
9个月	婴儿通常在晚上睡11~12个小时，白天上午和下午各睡1觉，每次1~2个小时。	孩子在夜间醒来时，会特别依赖自己的母亲，尽量锻炼宝宝自己重新入睡。
1岁之后	婴儿每晚会睡10~12个小时，白天再睡2觉，每次1~2个小时。	坚持自己的就寝程序，帮助孩子养成良好的性格和生活规律。

第二章

一切从喂养开始

我坚持用母乳喂养女儿

前面我已经讲了很多有关母亲的事，那么，从现在开始，我就来谈一谈孩子们了。为了让大家更全面地理解我对女儿的教育方法，我就从我女儿的出生开始讲起吧。

女儿出生之后，我首先考虑的是她怎样才能健康成长。我一开始就非常重视造就她强健的体魄。因为生命中如果缺少了健康，不管对大人还是对孩子来说都是一件悲哀的事情。身体不健康或是遭受病痛的折磨的人，就没有心情去欣赏大自然的美和日常生活的美。当然，对于还是婴儿的女儿来说，这一切都得从喂养开始。

一般来说，最好的婴儿食品就是母乳，我想绝大多数的母亲对此也会深表赞同吧。这不仅有利于孩子健康成长，对母亲也大有好处。事实上，每当小维尼夫雷特轻轻地吮吸我的乳汁时，我总会感到极大的幸福。因为这个小生命是我创造的，每次喂奶时看着她吮吸的样子，我的内心常常充溢着巨大的喜悦。

女儿还没出生的时候，就有好心人向我讲述母乳喂养的好处。尤其是我母亲，经常在我耳边念叨"金汁银汁不如母亲的乳汁"。母亲对我讲，千万不能像那些不负责的母亲那样——为了保持体形而拒绝母乳喂养。我母亲再三向我强调一个母亲对孩子负有的重大责任，她告诫我千万不能错过了母乳喂养的好时机，以免将来后悔莫及。

女儿饿了或渴了，就会产生不舒适，开始哭闹。在她刚出生的那几天里，她似乎还不明白不舒服是因为饥饿或者口渴，更不知道吮吸乳汁会给她带来舒适和满足的感觉。刚开始，女儿因为饥饿或口渴而哭闹时，我就尝试把乳头放进她的嘴里，她却还是哭个不停，并躲开乳头，甚至吮吸到了一口乳汁，也不能让她停止啼哭。

我知道这时候一定不能惊慌，我要做的不是强迫她吃奶，而是大胆地暗示她，用温情与耐心唤起她吮吸的欲望，诱使她学会吮吸。要知道，吮吸是婴儿的一种本能。所以，我没有把乳头强硬地塞进她的嘴里，而是利用她的这种本能，一步一步地诱使她吃奶。我想，只要她吮吸过几次，她就能把吮吸和乳汁以及舒适联系起来，一切都会变好。

正如我所料，这样尝试几次后，后来，只要她一哭闹，我就把乳头放进她嘴里，她就会安静地吮吸起来。我还发现，只要是能放进嘴里的东西，无论是乳头、奶嘴，还是手指，她都喜欢吮吸。

给女儿喂奶期间，我一直坚持一个原则：要充分满足她吃奶的需求，只要她饿了就让她吃奶。刚开始那几天，我基本上每隔两个小时就给她喂一次奶，要是因为她哭累了，睡过吃奶的时间还没醒来，我就不叫醒她，让她继续睡着，她醒来后自然会找奶吃的。无论是白天还是夜晚，我都十分留意女儿的哭声，以便及时给她喂奶。就这样，我的女儿在哺乳期吃得特别香，特别安稳。

此外，在给女儿喂奶的那个时期，我绝不喷洒香水或涂抹香味很重的化妆品。因为新生儿的嗅觉非常敏锐，太浓的香味会让婴儿觉得这不是自己的妈妈。有一次，我稍稍涂抹了一点护肤霜，小维尼夫雷特就表现得非常不安，试着用小手把我推开。

在喂养女儿的这段时间里，我无微不至地照顾着她。我想，只有婴儿在这段时期得到了悉心的照料和耐心的呵护，她才能在以后有一个健康的身体和智慧的头脑。

案例连连看
吃奶的孩子

儿子乐乐出生后，年轻的小梅一直采取母乳喂养。乐乐今年已经1岁多了，到了断奶的时候。小家伙每次吃奶都要吃一两个小时，夜里也整夜不松口，还要人抱着才能睡着。更令人头疼的是乐乐白天几乎不睡觉，小梅抱着哄半天，乐乐才勉强不含着乳头睡半个小时。

为了给孩子断奶，小梅采取了很多的方法，但成效都不显著。最后，小梅采取了强硬的手段，在乳头上抹上了辣椒油。这次，乐乐真的不敢吃妈妈的奶了，对妈妈产生了畏惧感，不敢接近妈妈。小梅为此头疼不已。

专家解读
断奶要考虑孩子的感情

断奶不单单是妈妈的事情，更多的是孩子的事情。对孩子来说，断奶不单是不让他吃妈妈的乳汁了，还会让他产生和妈妈分离的感觉。乐乐之所以1岁多了，还不能断奶，不是因为还需要母乳中的营养，而是不想和自己的妈妈分离。小梅用辣椒油的方式强行给乐乐断奶，虽然达到了预期的效果，却伤害了乐乐的感情，导致乐乐对妈妈产生了恐惧感，与妈妈疏离。

作为母亲，孩子到了断奶的年龄，最好不要采取强硬的手段给孩子断奶。在给孩子断奶的时候，最好给孩子一个过渡期，遵循必要的程序，防止伤害到孩子的感情。

教育要点
断奶前的准备（针对母乳喂养的孩子）表

孩子的年龄	具体方法
0~4个月	纯母乳喂养。出生后最初1~2个月，按需喂养。慢慢地，从不规律到规律。适时喂一些水。
4~6个月	1.从第4个月开始，可适当添加半流质辅食，如果汁、菜泥、烂粥、烂面条、蛋黄等。 2.辅食的添加要从少到多，从细到粗，循序渐进。

孩子的年龄	具体方法
7~9个月	1.辅食要求：食物品种多样化，食物形状多样化，以流质和半固体食物为主，色、香、味俱全。 2.为孩子逐渐建立一日三餐的饮食规律。
10个月左右	1.进入正式断奶期，白天应逐渐停止喂母乳，逐渐增加辅食量。 2.在早饭和午饭、午饭和晚饭之间可增加饼干等固体食物。

我从来不用美食贿赂女儿

女儿4个月的时候，每次在喂她吃母乳之前，我通常会让她喝点蜜柑汁。一段时间之后，我就尝试着喂她喝汤，喂她吃煮熟的鸡蛋、马铃薯等。大多数宝宝都很喜欢吃谷类食物，这对他们来说也是非常有营养的食物。

在我看来，食物对孩子来说，不应该是一种款待，也不能说成是一种义务。我从来都不会用食物去贿赂或是惩罚我的女儿维尼夫雷特。因为在我看来，这完全没有必要。在管教孩子的时候，我尽可能把管教和食物分开。只要是吃饭的时候，我就会尽力给她营造一种愉悦的气氛，让她可以轻松地进食。

吃饭的时候，我们最好尽量让孩子愉快地进餐。这样做能在无形中促进孩子身心的健康发展。有些父母总是担忧孩子吃得太少、太多或者怕孩子不会吃，在吃饭的时候，花尽心思来照看孩子，说孩子这不对，那不行，挑这个，拣那个，这无形当中就会给孩子造成一种压力。渐渐地，孩子就会把吃饭当成一种负担，这不但不利于孩子进食，而且会给父母带来很多不必要的麻烦。

我表妹的儿子小约翰在6岁时得了厌食症，然而在这之前他一直是个健康活泼的孩子。两年前，他还是一个胖乎乎的小伙子，面色红润、神采飞扬。但现在完全不一样，他瘦得像一只猴子，简直像换了一个人。

以前，小约翰是个很顽皮的孩子。他的母亲为了让他听话，就常用不让他吃东西的办法来管教他。

有一天，小约翰和其他的小朋友在外面玩到很晚才回到家，一不小心错过了吃饭的时间。

小约翰可能是太饿了，他一跑回家就钻进了厨房，四处寻找食物。看到回家的小约翰，他的母亲马上出现了。

"你在找什么呢？"母亲一脸的不高兴，厉声问道。

"我饿了，我在找吃的。"约翰回答。

"你现在才知道饿啊，谁让你这么晚才回来！"母亲十分生气，"你已经错过了吃饭的时间，我不会给你东西吃的！你整天就知道在外面玩，连饭都不知道吃了……你真是太不像话了！"

就这样，母亲一边训斥，一边揪着小约翰的耳朵，把他锁进了屋子里。

第二天一大早，约翰的母亲就为他准备了丰富的早餐，然而小约翰却什么都不想吃，因为他早就饿过头了。

从此之后，小约翰的食欲消失了，他每天都只吃很少的东西，有时候，他一点东西都不想吃。

小约翰怎么会变成这样呢？他告诉我，挨饿的那天晚上，他做了一个十分可怕的梦。他梦见很多平时他喜欢吃的食物，但他刚想大吃一顿时，母亲就带着一条大狼狗出现了。那条特别大的狼狗恶狠狠地盯着他的食物，他害怕极了。后来，他的母亲就命令那条大狼狗来咬他，并且对他破口大骂。

自此，每当他饿了而想吃东西的时候，他就会想起那条凶狠的大狼狗，所以他根本不敢吃东西，后来就渐渐变得不想吃东西了。

听完小约翰的讲述，看着小家伙日渐消瘦的脸庞，我心里感到一丝丝的悲伤。我指责了表妹。我认为，这样教导孩子是十分无知的，应该对孩子采取更为合理更为健康的教育方法。

后来，我们带小约翰去看了心理医生，费了一番周折才治好了小约翰的厌食症。

很显然，在这件事情上，小约翰是没有什么过错的。我必须强调一下，教育孩子的方法有很多种。这种通过禁止孩子吃喝的方法是十分愚昧无知的。我们都知道，大人在干什么事情时都应该就事论事。在对待孩子时，更应该如此。我认为，我们应该用一种正确的方式来对待孩子，只有这样，孩子才

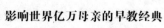

能很快意识到自己的错误，并及时改正，这样才不会影响孩子其他方面的发展。

在我们周围，孩子之所以会有这样或那样的缺点，很多都是因为小时候没有受到良好的教育。我如果用吃喝来奖惩女儿，就会让她误以为她生活的目的就是为了吃喝，这很容易使她滋生出自私、狭隘的性格。

如果女儿因为做错了某件事情而挨饿，很容易使她变得消极而忧郁，她会觉得父母不爱她，一旦她脑海里产生这些错误的认识，对她的将来一定会产生种种不利影响。我当然不愿意自己最心爱的女儿受这种不良因素的困扰。

🌿 案例连连看

不写作业的小石

小石是家里的独子，爸爸妈妈特别宠爱他。可是，小石很贪玩，每次从幼儿园回家后都不想写作业。为了让小石好好写作业，妈妈每次都会对小石说："小石乖，好好写作业，妈妈就给你买零食吃。"小石想吃零食，只好乖乖地写作业。

有一天，小石放学后，又想跑出去玩，妈妈拦住他，像往常一样对小石说："小石乖，写完作业再去玩，妈妈就给你买零食吃。"没想到，小石听了以后，理直气壮地说："我不吃零食就不用写作业啦！我出去玩了。"说完，小石头也不回地跑了。

🌿 专家解读

把管教和食物分开

在管教孩子的时候，千万不要把管教和食物联系在一起。管教一旦和食物相连，就会让孩子漠视管教的真正意义。当小石不想写作业的时候，小石的妈妈就用零食来贿赂小石，让小石单纯地认为，写作业就是为了可以吃到零食。而当零食对小石的诱惑力降低后，小石就会认为没有写作业的必要了。

在教育孩子的过程中，我们一定要注意，我们教育孩子是为了让他明白做一件事情的道理，而不是因为他做这件事就可以得到什么东西。所以，当孩子对做某件事产生抵触时，我们要耐心地为孩子讲解其中的道理，千万不要用美食来诱惑孩子。

教育要点

用食物奖惩的错误表

错误用法	孩子的表现	产生的后果
奖励孩子	孩子容易看重食物本身，而忽视事情本身的意义。	孩子容易变得自私、贪婪、不明是非。
惩罚孩子	孩子会对食物产生畏惧，厌倦，甚至仇恨的感觉。	孩子容易患上厌食症，性格变得消极、忧郁。
诱惑孩子	孩子吃饭的时间延长，饭桌将成为孩子和父母讨价还价的战场。	孩子容易把吃饭当成"交换条件"，形成错误的价值观。

让吃饭成为一件美好的事儿

在喂养女儿的过程中，我始终坚持这样的原则：鼓励女儿吃饭的独立性，让她觉得吃饭是一件既美好又自由的事情。尤其是在她很小的时候，如果她觉得用手指吃饭方便，我就让她用手抓着吃，而不会去指责和训斥她。

因为只要给孩子提供充足的食物，他就不会挨饿，这对所有的孩子来说都是一样的。孩子喜欢吃什么，爱把哪些食物一块吃都可任由他自由选择。只要孩子没有挑食或贪吃的坏习惯，父母大可以让整个进餐过程进行得轻松愉快。需要注意的是对孩子采取多提醒少斥责的方法，有利于孩子逐步养成良好的饮食习惯。

哈里斯莱恩斯特有一本著作，叫作《关于大脑的营养》。他在这本书中讲道："营养不足不仅会降低某些神经信息的传递水平，对其他相应的行为也会产生很大的负面影响。不仅如此，身体或精神的毛病也可以通过其他的传递因素的改变而得到矫正，而饮食的简单改变就可以达到这种功效。"

在书中他还详细讲述了有害大脑功能的各种营养不良的情况，特别提到了一种人体自身不能产生的多元不饱和脂肪——油酸缺乏时的情形："我们发现，一匙玉米油足以满足一个成年人一整天的需要。但这一匙玉米油对正常大脑功能是相当重要的。失去这一匙玉米油，大脑就不能修复髓脂质鞘，甚至可能导致人动作的不协调，严重地还会出现混乱、失忆、偏执、冷漠、发抖等现象。"

在现实生活中，类似的营养不足而引起大脑功能降低或缺损的情况十分常见。反之，要想保证孩子大脑的高效运行，使得孩子能够胜任所有形式的智力活动的话，为孩子安排合理的、平衡的饮食就十分关键。

在我看来，合理而营养的饮食，给大脑供给正确的"食物"是提高孩子脑力和促进孩子智力发育的基础。

女儿出生后，除了按时给女儿喂养母乳外，我还用牛奶、羊奶等食物喂养女儿，并在喂养中搭配用各种米粉、面粉、黄豆等调制成的代乳品。在女儿1~3个月时，我就给女儿喂一些果汁及菜汁、橙子汁、西红柿汁、胡萝卜汁、菠菜汁。4~6个月时，我就给女儿喂一些香蕉泥、苹果泥、土豆泥、胡萝卜泥、蛋黄泥、鱼肉糊、青菜粥等，对女儿也是十分有好处的。7~12个月时，我开始给女儿做菜末、牛肉末、鱼肉泥、鸡肉粥，还让女儿喝一些鸡汤、骨头汤等。我发现，女儿在吃这些东西的时候，总会表现得异常兴奋。

在女儿1周岁时，我决定给女儿断奶。在断奶之前，我先是给女儿喂一些牛奶，并且在每天的正餐之间补充一些果菜类的辅助食物。这时女儿大部分的营养已经不是来自母乳，主要从每日的饮食中摄取。

在女儿2岁时，我开始给女儿吃一些菜、肉、鱼、蛋、豆制品，并搭配一些面包、薯类等食品。

那时候，维尼夫雷特十分讨厌吃蔬菜，经过仔细观察，我发现，因为蔬菜纤维长，口感不好，她才不喜欢吃。所以我就在做蔬菜时，花费了一些心思，我把菜做得十分精细。女儿看到后，十分喜欢，就能愉快地吃下。

女儿3岁时，处于各种类型的营养摄取的关键时期。在这一时期，那些基本的营养类型就是必不可少的。特定的营养能给女儿带来成长必需的能量。如果脂肪汲取的不够，女儿体内的热能就会明显不足，这就需要一定的糖类来弥补。需要注意的是，糖类的摄取一定要适量，过多的甜食会使女儿食欲不振，甚至还会产生蛀牙。因此，在给女儿补充脂肪时，我一般不会给女儿吃太多的糖，即使要吃，也是限量的。

从女儿3岁起，我开始让女儿养成良好的饮食规律。通常我会在一日三餐之间加一些辅助食品，让女儿全面地摄取各种必需的营养。

女儿5岁时，乳牙已经出齐了，咀嚼能力开始增强，这时，女儿的饮食结构已基本接近成人，因此我开始给她吃各种大人吃的食品，那些刺激性强的食物，我一般都不给女儿吃。

女儿边吃边说话的时候，我基本不会干预他，影响到她的正常进食情况除外。有时候，如果孩子边吃边说还边比划，不但吃得慢，而且长期下去，会给孩子的身心健康带来不利影响。如果孩子出现这种情况，切记要及时加以引导，并适当阻止。但是别对孩子大声斥责，过分的斥责会影响孩子的就餐兴趣。而且，如果完全不让孩子说话，整个进餐过程会变得非常沉闷，同时也影响孩子表达的愿望与能力。

此外，食欲对孩子的成长和发展来说，具有十分重要的意义，合理的调节和适当的控制能够让孩子成长得更健康。孩子食欲旺盛固然是一件好事，但食欲太旺就有问题了。因此，调整好孩子的饮食是十分重要的。

女儿维尼夫雷特也有贪吃的时候，每当她想在正常进餐之外的时间吃东西时，我就会想办法帮她学会忍耐，帮助她克制住食物对自己的诱惑。

吃是人的天性，孩子偶尔嘴馋也是正常的，关键在于怎么去引导他们。孩子的饮食方式有很多种，作为父母应该充分考虑孩子的年龄、体质、营养等各方面的因素，科学地选择适合孩子的饮食方式，并在这个过程中一步步地帮助孩子建立起健康的饮食习惯。也只有这样，孩子才能健康茁壮地成长，才不会白白辜负父母的良苦用心。

案例连连看

一吃饭就哭闹的真真

真真今年两岁半了，长得特别瘦小。妈妈认为真真的营养没有跟上去，每次吃饭都会让真真吃很多食物。当真真不想吃时，妈妈就会说："来，宝贝，再吃两口就不吃了。"真真不肯，妈妈就会恐吓真真说："你不将这些饭吃光，我就不给你吃冰激凌！"在妈妈的压力下，真真总是把饭全部吃完。

过了一段时间，真真开始对吃饭产生了恐惧。只要看到妈妈往桌子上端饭，她就会变得不安，并试图从椅子上爬下来。当看到妈妈端起饭想要喂她时，真真就开始又哭又闹。无论妈妈用什么办法，真真都会哭闹个不停，直到有人带她离开桌子为止。

🌿 专家解读

让孩子自由地进食

对孩子来说，吃饭是一件美好的事儿。当孩子饿了的时候，他自然而然就会对美食有一种渴望，当他吃饱之后，他也会自然而然停下来。当真真不想吃饭时，就说明她可能已经吃饱了，这个时候真真的妈妈再用恐吓的方法逼真真吃饭，在一定程度上伤害到了真真对吃饭这件事的好感，让她觉得吃饭是一件十分可怕的事儿，从而对吃饭产生畏惧感。

作为父母，在孩子吃饭的时候，要尽量让气氛轻松愉快，让孩子感觉到"吃饭是一件幸福的事情"。要从小就让孩子知道，我们是因为饿了才吃饭，而不是为了吃饭而吃饭。

🌿 教育要点

孩子厌食的应对策略表

孩子厌食的原因	孩子的具体表现	父母的应对策略
零食过量	饭量降低、出现营养不良的状况。	减少正餐之外的食物，杜绝垃圾食品。
边吃边玩	吃饭的时间延长，下一顿饭不能按时。	限制孩子吃饭的时间，把吃饭的时间和玩的时间区分开。
气氛紧张	孩子排斥吃饭，对吃饭产生恐惧感。	为吃饭增添趣味性，不对孩子施压。
缺乏规律	孩子饥一顿、饱一顿或是暴饮暴食。	固定开饭的时间，让孩子定时、定量地吃饭。

第三章

孩子的感觉在哪里

 美妙的音符唤醒了女儿的小耳朵

我对女儿维尼夫雷特的教育，是从训练她的五官开始的。我认为，人的能力如果得不到开发和利用，就永远不会发展。所以，我认为，训练孩子五官的能力必须要尽早开始。这种训练最好从听力开始，因为从这里开始往往会收到意想不到的效果。

婴儿的听力比视力发育得早，早在母亲的腹中她就能听到母亲体外的声音。在孩子没有出世之前，如果父母没有进行有效的胎教，那孩子就可能只能听到母亲心跳的声音；而如果父母进行过有效的胎教，那孩子的听力就会得到突飞猛进的发展。

也正是因为如此，在女儿没有出世之前，我不仅每天都会给她唱动听的歌曲，还为她取了名字，叫着她的名字和她说话："小维尼，小维尼，你听到妈妈在叫你吗？"我想我可爱的女儿一定听得到这美妙的声音。

许多父母都有过这样的经历，孩子会在高亢的声音中受惊。一般情况下，这种声音越尖利，孩子的反应就越强烈。当我发现小维尼有这样的反应时，我就知道孩子已经具备了一定的听的能力。从那时起，我便开始对女儿的听力进

行训练。

我记得，女儿维尼夫雷特在很小的时候就讨厌刺耳的声音。相比其他杂乱的声音而言，她更喜欢有节奏的韵律，比如有节奏的击鼓声和时钟的"嘀嗒"声。所以，从她有了这种感受开始，我就开始用音乐和诗歌来开发她的听力潜能。

在小维尼夫雷特整个幼年生活中，她几乎是完全沉浸在音乐之中的。加上，我一直有音乐方面的爱好，并时常在家里弹奏钢琴。每当维尼夫雷特听到悦耳的琴声时，就会流露出激动的表情。

虽然那时维尼夫雷特还很小，我却能感觉到她对音乐的敏感。我记得，有一段时间，我经常练习贝多芬的《致爱丽斯》。有一天，当我刚弹完琴，去看待在隔壁房间的女儿时，我突然听见女儿似乎在"咿咿呀呀"地哼着什么。于是，我就站在门口，仔细地分辨她到底在"咿呀"什么。让我感到不可思议的是，她小嘴里咿呀的居然是《致爱丽斯》刚开始的几个乐句，虽然她唱得并不准确，但大致的感觉已有。

当时，我激动极了。接下来的几天当中，我都反复弹奏《致爱丽斯》刚开始的段落，当然，并不是因为弹不好而反复练习，而是为了让女儿加深印象。

我的努力没有白费，不久，小维尼夫雷特就能将那几个乐句完全仿唱出来了。她唱的不仅音准，而且旋律和节奏也完全正确。那时，维尼夫雷特只有 8 个月大，这真是一个伟大的奇迹。

维尼夫雷特 3 岁时，我开始教她学琴。在学《致爱丽斯》的时候，除了几个特别难的地方外，她很快就把大部分学完了，几乎是一气呵成。我想，这和她在摇篮中的"学习"是有很大的关系的。

那时候的维尼夫雷特虽然很小，但已经能够把许多的音乐记录在脑海中，我发现，对于不同的音乐，女儿的反应也有很大的不同。听到巴赫的音乐时，她会表现得很平静；听到莫扎特的《小夜曲》时，她会表现得非常快乐；听到贝多芬的音乐时，她便会格外激动和兴奋；听到舒伯特的《摇篮曲》时，她便会安详地进入梦乡。

我不但让女儿听不同的音乐名曲，还让她接触钢琴。每当女儿敲响那些白键和黑键时，总是会咯咯地笑。因此，只要女儿不高兴和哭闹不休时，我总会把她抱到钢琴前，弹几个音给女儿听，或是让女儿自己去弄响它。只要一听到琴声，哭闹的维尼夫雷特就会马上平静下来。有时我为了不让女儿受到太多琴声的刺激而抱开她时，她反而会大哭起来。

为了让女儿对音形成一定的概念，我特意在钢琴 C 大调的位置，将红、橙、黄、绿、青、蓝、紫七种颜色的纸条分别贴在七个基本音的琴键上，分别给它们起名叫红色的声音、橙色的声音、黄色的声音等。每天我都把女儿抱到钢琴前，敲响这些琴键给她听这些不同的声音，在维尼夫雷特还不到 6 个月的时侯，她就已经能准确地区分它们了。

后来，在维尼夫雷特能够说话时，我就开始为她讲解这些颜色各自代表了什么音。我还时常考问女儿："你知道红色是什么音吗？你知道黄色是什么音吗？"维尼夫雷特总会迅速地回答："红色是 do，黄色是 mi。"

维尼夫雷特开始学钢琴时，我专门为她请了一位音乐教师。第一堂课下来，音乐老师非常惊奇地告诉我说："简直太不可思议了！你的女儿如果仅仅有音乐的感觉，并不足为奇，因为你本人爱好音乐，她可能受到了你的影响。但是，她的音准概念太好了，居然能把标准音记得那么牢，这简直不敢想象。你要知道，学音乐的人要想具有标准音的概念，是要花很长时间来训练的。"

当这位老师听了我的教育方法后，她非常感叹地对我说："如果所有学音乐的孩子都能在婴儿时期得到这样的训练，她们以后的音乐学习一定格外轻松。这样的话，我们身边不知会出现多少天才音乐家呢！"

在女儿婴儿时期，我不仅给她听音乐，还会和她长时间地谈话。我认为，孩子一来到这个世界，父母就应该尽早与她们交流。在和女儿相处的过程中，我经常会发现这样的情况，当女儿哭闹或是不安时，只要听到我的声音就会安静下来。

其实，婴儿要听懂父母的话，的确需要很长一段时间。但是，我们还要知道的是她们自从来到这个世界上，就会天生地对父母的话作出反应。当父母轻声细语时，婴儿就会温柔地看着他们；如果父母大声嚷嚷，孩子也会变得浮躁不安起来。因此，我劝告那些年轻的父母，千万不要忘了尽早与孩子说话，有意识地锻炼孩子的听力。

初生的婴儿除了会哭之外，还会发出一些别的声音，虽然那些声音并没有什么特别的意义，却是她身体的正常应激反应。例如，她们在吃饭后，会高兴地发出"咯咯"声；而在哭泣前，便会发出的悲伤的"呜呜"声。维尼夫雷特在6周大的时候，就已经对我的微笑、谈话的声音有了很大的反应。到了2个月时，她不光会微笑，还开始发出一些声音。这时，我就抓住时机开始跟她交流，因为，只有照顾孩子的人喜欢说话，喜欢和孩子或者是其他的大人交流，孩子说话的机会和时间才会增多，孩子说话的能力才能得到很好的锻炼。有时候，孩子即使听不见大人说话，也会自言自语。这个时候，我们一定要抓住这个机会，好好地和孩子交流一会儿，这样孩子的听力才能得到更好的锻炼。

在维尼夫雷特2个月的时候，为了更有效地提高她的听力，我还特意为她准备了很多诸如小鼓、铃铛之类的可以发出声响的小玩具，当这些小玩具发出声音时，女儿总是会转过头来寻找声源。

除了跟女儿说话外，我还时常轻柔地为她朗读诗歌。要知道，诗歌在很多方面与音乐有相同的功效，音乐是纯粹的听觉，而诗歌则是深含意义的东西。事实证明，给孩子朗读诗歌很有效果，维尼夫雷特在刚满1周岁时就能背诵维吉尔的某些诗句了。

案例连连看

不会说话的小宝

小宝今年1岁半了，同龄的孩子早都会说话了，可小宝却还一个字都不会说，总是"嗯嗯啊啊"的。小宝的爷爷奶奶却说："没关系，晚说话的孩子有福。"小宝的爸爸妈妈听了老人的话，也就没在意。

转眼，小宝已经2岁了，却从来没叫过爸爸妈妈，当爸爸妈妈在背后对他说话时，小宝也总是没有反应。小宝的爸爸妈妈开始着急了，马上带小宝到医院检查，才发现宝宝有轻度的听力受损。小宝的爸爸妈妈追悔莫及。

专家解读

听力受损影响语言发展

一般来说，孩子的听力要比视力发育的早。在孩子听力的发展时期，孩子的听力如果得不到很好的训练，就会影响孩子其他能力的发展。小宝1岁时还不会说话，并不是因为他在语言表达方面存在缺陷，而是因为他的听力有问题。

　　作为父母，在孩子的成长过程中要随时注意孩子的各种反应。当发现孩子某方面的能力存在缺陷时，需要马上到医院做检查，找出问题的症结所在。另外，我建议所有的父母要提早对孩子进行有关听力的训练，让孩子从小在有声的环境中成长。

🌿 教育要点

婴儿的听力评价标准表

年　　龄	评价标准
1个月	孩子听到巨大的声响（如用力关门声、拍手声）会有惊吓的反应。在孩子浅睡时，如果有较大的说话声或噪音，孩子会因为受到干扰而扭动身体。
2个月	孩子会对环境中的一些声音表现出兴趣，如电铃声、狗叫声、电视声等。孩子可以区分不同的声音，如男的和女的、熟悉和不熟悉的，乐于接受父母的声音。
3个月	孩子能分辨从不同方向发出的声音，并会向声源处转头，还能倾听音乐的声音。
4个月	孩子的听力发展和成人差不多。在听音乐方面，不仅能听出音乐的节拍，还能听出调子。
5个月	孩子的听觉变得更加灵敏，对许多声音都能作出相应的反应。
6个月	孩子的声音定位能力发育良好，当有人在他背后轻轻呼唤他的名字时，他会立刻把头转向声源。
7~12个月	孩子能够听懂大人说话，还会根据大人的话，作出相应的动作。

培养色彩感让女儿拥有敏锐的观察力

大多数人认为，孩子的听觉和视觉是自然而然地形成的，所以，我们不必在这方面费心。我认为这种看法是错误的。对婴儿的眼睛和耳朵进行有效的训练，将对孩子的成长具有十分重要的意义。

有的人认为，在婴儿小的时候，他们的眼睛根本看不见东西。其实这种观点是错误的。婴儿只要睁开眼睛之后就能看见东西。我相信，很多父母都遇到过这样的情况：婴儿在醒着的时候，总是喜欢呆呆地看着一个地方。其实，这是因为孩子没有东西可看，而不是孩子根本就看不见东西。

以我的女儿维尼夫雷特为例：有一次，小维尼芙雷特呆呆地盯着天花板，眼睛一动也不动，样子显得有些傻。我走过去逗她："怎么啦，小维尼？"但她还是没有反应。当时我手里正好拿着一本红色封面的书，恰巧在她眼前晃了一下，她马上露出了笑容，使劲挥舞着小手，还不停地蹬腿。我这才明白，女儿喜欢看鲜艳悦目的东西。

了解这个情况后，当天我就去外面买回了许多颜色鲜艳的东西：漂亮的图画，颜色丰富的布娃娃，并把窗帘换成了绿黄相间的花窗帘。另外，为了更好地锻炼女儿的观察能力，我还在她房间的四面墙上挂上了各种美丽的图片，便于她观察。

我认为，要开启孩子的智力，图画能起到非常重要的作用，在善于绘画的母亲的培养下成长的孩子是非常幸福的。由于认识到了图画的重要作用，我特意为维尼夫雷特准备了许多花草和鸟兽的图画。不仅如此，我还给她看有各种漂亮插图的小人书，并读给她听。当我读这些小人书的时候，小维尼芙雷特总是饶有兴趣地看着，安安静静地听着。我想，孩子尽管还什么都不懂，但她已经对母亲的声音和图画的颜色开始感兴趣了。

等到维尼芙雷特稍大一点后，我又给她买来了颜料、画笔和纸，开始教她画一些简单的东西。有意思的是，当时她还不会拿笔，但仍然表现出对画画的巨大热情。有时候，她看着那一大堆花花绿绿的颜料，却不知怎样去用它们，就急得咿咿呀呀地一直叫，那副样子真是太可爱了。

有一次，我索性把各种颜料都给她挤在调色板上，让她自由自在地玩。看到那五彩斑斓的颜色，她高兴极了。等我帮她做好所有的准备工作后，我就离开了她的房间。当我再次走进女儿的房间时，房间已经发生了翻天覆地的变化。我可爱的小维尼夫雷特满脸都是颜料，本来洁白的衣服也成了花衣服，连地板上也到处是颜料。

我想，如果换了别的父母看到这种情况，也许早就发火了，我没有这样。因为脸和手脏了可以洗干净，床单弄脏了可以再换，如果女儿在我的呵斥下失去了对色彩的感觉，那却是再也无法挽回的事了。"啊，维尼夫雷特，你看你，把房间搞得多脏啊。"我虽然这样说，但语气很温和。

后来，我注意到，在角落的墙壁上有一个淡黄色的图案，我仔细一看，原来是一只小鸭子。当时我很激动，不管是有意还是无意，女儿毕竟在墙上画了她的第一幅画。

我考虑到女儿在绘画上的"成就"决定教她使用画笔。我把笔放在她的手上教她怎样握住笔，经过多次努力之后，女儿终于能牢牢地握住画笔了。后来，女儿就不再用手去抹颜料了，开始真正地用笔"画画"了。

不仅如此，为了培养女儿对色彩的感觉，我还为她买来了色谱，耐心地教她区分不同的颜色。慢慢地，女儿不仅记住了红、黄、蓝这些基本色，还能说出不同灰度的颜色的名称。直到今天，维尼夫雷特还会说出一些专业的色彩名称。要知道，除了受过专业训练的人，人们通常只会说"那是红色，那是橘黄色"，或者"那是灰色"，而我的小维尼夫雷特从小就会说："哦，那是紫红，那是普鲁士蓝，那种灰色有点偏黄，哦，那块黄色有点偏绿……"她后来虽然没有成为画家，但她对色彩的认识却超过了一般人。

当维尼夫雷特会走路后，我经常带她出去散步，让她观察大自然中的各种色彩，这时的她已经是一个"小色彩专家"了。她观察天空的颜色、原野的颜色、森林的颜色、海水的颜色、建筑物的颜色以及人们服饰的颜色。那时候的她，时而陶醉在自然界的美丽色彩之中，时而又对周围的色彩品头论足。

每一次散步，我都会听到我可爱的小维尼夫雷特不停地评论周围的色彩。"妈妈，你看那片天空。上边是深蓝色，左边有点湖蓝的味道，右边在向钻蓝过渡。快看，快看，接近地平线的地方在向紫灰和蓝灰过渡……""妈妈，你看那位女士的衣服，颜色搭配很不协调，一点也不好看，……花里胡哨的。""看那座教堂，色彩真是太美了……"

每当这时候，我都感到很欣慰，积极地参与她的观察和评论，有时还会和她发生一点争执，但更多的还是高兴。因为我知道，女儿正沉浸在周围事物的美丽之中。基于这一点，我认为女儿是幸福的，她不像有些人那样对身边的美视而不见，而是尽情地享受它们。

女儿通过对周围色彩的观察，不仅得到了美的享受，更重要的是形成了敏锐的观察力，建立了一种独特的视觉感受力。这种善于观察的能力，对她智力的发展和潜力的开发都具有十分重要的意义。

案例连连看

色彩深浅不分的小敏

小敏 3 岁了，但还是分不清颜色的深色和浅色。有一次，妈妈给小敏准备了很多彩色的卡片让小敏和小伙伴玩。妈妈看到好多小朋友都能找出相同色的卡片，可小敏总是会找错。妈妈觉得奇怪极了，就走过去和孩子们一起玩。

妈妈拿起一张深红色的卡片和蔼地对小敏和她的小伙伴说："谁能找出和它相同颜色的卡片啊？"小伙伴们都积极地把深红色的卡片举了起来，抢着让小敏的妈妈看，只有小敏把浅红色的卡片举了起来。直到此时，妈妈才发现小敏原来一直都分不清颜色的深和浅。

专家解读

关注孩子所处的色彩期

一般情况下，宝宝在刚出生的时候，还分不清颜色，只能看到光和影。出生 3 个月后，宝宝开始具有三色视觉，这时候，他们对黑白最感兴趣。到了 6 个月的时候，宝宝开始进入辨别物体物象细微差别能力的关键期。在这期间，他们会对颜色的深浅有一定的辨别能力。小敏 3 岁多了还不能辨别颜色的深浅，很可能是在这期间没有得到很好的引导和训练。

作为孩子的父母，我们要特别注意孩子所处的色彩期。在相应的色彩期间，我们要为孩子提供一些相应颜色的图像或是玩具，并对孩子进行很多相关的训练，以确保孩子在这期间形成正确的色彩观。

教育要点

孩子视觉发育的四大时期表

年　龄	所处的色彩期	锻炼方法
0~6个月	黑白期	这个时候他们最感兴趣的就是对比强烈的黑白两色，尤其是黑白相间的图案，这个时候你可以在宝宝眼前20~38厘米处放一些具有黑白对比色的玩具。
6~12个月	色彩期	这是宝宝辨别物体物象细微差别能力(简称"视敏度")的发展关键期，此时他们需要的是颜色对比鲜明的图像和玩具。
1~3岁	立体期	孩子开始对远近、前后、左右等立体空间有了更多的认识，这时家长可以给孩子准备一些3D玩具引导宝宝视觉从二维向三维转化，激发想象力。
4~6岁	空间期	通过视觉，孩子能判断出物体大小、上下、内外、前后、远近等空间概念。这个时候，家长应利用游戏发展孩子的空间视觉能力，如走迷宫、识别各种标志等。

游戏也是很好的教育手段

我不仅通过色彩来锻炼女儿的观察力，还有意识地培养她专心致志地观察某些事物的能力。因为我觉得，只有从小让孩子养成专心的好习惯，她才能在长大之后，全心投入自己的事业，而不会被其他事情所牵绊。不仅如此，一旦养成了专心的好习惯，孩子的记忆力和自我控制能力就会得到相应的提高。这对他以后的成长是十分重要且必要的。

在维尼夫雷特小的时候，我们经常玩一种"注意看"的游戏。这种游戏不仅能激发女儿浓厚的兴趣和好胜心，还能培养她对任何事都不认输的决心。

那时候，我常常抓住五六根彩色的发带，在她眼前一晃而过并立马问她："你看到了几根发带呢？"开始的时候，我会刻意地把速度放慢，好让她能够看清楚。随着时间的推移，我逐渐把速度变快，到最后，我的动作只是眨眼间的事了。开始，她并不能猜对，但经过一段时间的训练，她猜对的几率就变得很高了。

在玩这个游戏时，我们会交换着来玩，如果她说对了，就会换她来考我。一开始，她总是会输，渐渐地，输的便总是我了。

有一次，我拿了八根发带，在女儿眼前晃。由于这次的数量比较多，她总是输，她都要急坏了。

"好了，维尼夫雷特，今天到此为止好吗？"我对女儿说。

"不好，妈妈，我想再试一次。"维尼夫雷特坚决地说。

为了让女儿恢复信心，我故意放慢了速度。

"妈妈，你不能这样！你这样慢，我当然能看到是八根发带了。你要再换个数目才行，还是要像开始那么快才行。"维尼夫雷特一下就看破了我的"花招"，并极力要求不能降低难度。

没有办法，我只能按照女儿说的去做。这次我把发带换成了七根，依然保持起初极快的速度。

第一次，女儿没有说对。

第二次，女儿说没有看仔细，说再试一次。

第三次，还是毫无结果。

"算了，维尼夫雷特，我觉得数目太多，对你来说太难了。"我试图劝女儿放弃这次训练，"恐怕妈妈也说不出准确的数目。"

"不，再试试。"女儿丝毫不退让。

就这样，我们一次一次地试着。

终于，到了第18次的时候，女儿准确地说出了答案。我肯定她不是瞎猜的。因为从她的神态里我看到了她抑制不住的喜悦。

后来，轮到女儿来考我，三五次下来，我被弄得晕头转向，不得不服输。

像这种"注意看"的游戏还有很多。比如，我给女儿一个有各种图案的小花瓶，让她观察一分钟，然后把花瓶拿开，让她说出花瓶上面有几朵花或有几条鱼的图案。由于经过了长期的训练，她总能说得很准确。

有时我还把她带到一个房间里待一会儿，让她仔细观察房间里的东西，然后让她出去。我就把房间里的某样东西拿走，或是在房间里摆放本来没有的东西。然后再把她带到那个房间里，让她说出房间里的变化。比如，她会说，"少了一个花瓶，多了一个盘子"……

有一次，我索性"捉弄"了她一下。

像平时一样，我和女儿一起走进厨房，并让她仔细观察里面的摆设。接着，我让她离开。

过了一会儿，我又让她回到了厨房。

我站在门外，让她一个人走进厨房，并问她："这次有什么变化呢？"

"咦，有些奇怪……"女儿东瞧瞧西看看，似乎在寻找着什么。

"没有什么变化呀！"女儿对我说。

"不，肯定有变化，你再仔细看看。"我笑着对她说。

事实上，她离开厨房的时候，我的确没有动厨房里的东西。但变化肯定是有的，就看女儿能不能察觉到。

由于我告诉女儿说肯定有变化，她就更加认真地观察。

我在门外不由得笑了起来。

"妈妈，你笑什么？肯定没有变化，你在捉弄我。"女儿噘起了小嘴。

"不，肯定有变化。"我对女儿说，"再看看……我给你一个提示，厨房里是少了某样东西。"

我倚在厨房的门框上，对着她笑。

这时，维尼夫雷特忽然察觉到了什么，她回过头看了看我，发现我虽然靠在门框上，却没有跨进厨房半步。

"啊！妈妈，你真坏！"女儿大叫着，"好啊，你敢捉弄我，原来厨房里少了个大坏蛋！"女儿这时完全明白了。厨房里的东西什么都没有变化，只是少了我。因为第一次进入厨房的时候，我和她是一块进去的。可是，第二次我没有进去，自始至终站在门外。

我总是和女儿一起做这样的游戏。因为，这样的游戏不仅能训练她的观

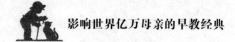

察力，还能训练她的反应能力。

一旦有了很强的注意力与观察力，女儿的记忆力也跟着得到了很快的提升。到最后，只要是她见过的东西，她都能记得很清楚。

每当我和女儿路过某个地方，过后我就会让她把刚才见到的东西说出来。比如，当我们路过水果店后，我就会让她说一说，水果摊上都有些什么水果。

每当这时，女儿就会掰着手指数"有苹果、梨、茄瓜，还有葡萄"……

我发现，这一类游戏对提高女儿的记忆力十分有效。在维尼夫雷特5岁时，她差不多能做到对任何事物都过目不忘。只要她看过的书，除非太难太长，她都能一字不落地背诵下来。这些事常常让她周围的人感到吃惊。

女儿2岁的时候，我的老同学——著名的儿童教育家大胡子比利来我家，曾和女儿见过面，那时候他还留着胡子。后来，他由于皮肤发炎就不再留胡子了。女儿5岁的时候，大胡子比利再次来我家做客时，女儿看到他的第一句话就是"先生，您的胡子怎么没有了？"当时大胡子比利非常惊讶，他见过很多孩子，但从来没见过像维尼夫雷特这样有着超强观察力和记忆力的孩子。

后来，我告诉他我对女儿的训练方法，大胡子比利听后，决定把这种方法用到他对儿童的教育上，并向他的同行们介绍和推广。

案例连连看
爱走神的佳佳

佳佳今年3岁了，活泼好动，但就是爱走神，总是不能集中注意力。有一次，妈妈教小佳佳做手指操游戏，刚开始的时候，佳佳做得特别认真，可才做了几个动作，佳佳就开始走神了，妈妈只好提醒佳佳要注意力集中。

听到妈妈的话，佳佳才又重新做起来。可是游戏刚继续了一会儿，佳佳又走神了，妈妈只好又一次提醒佳佳。游戏持续了3分钟，妈妈却提醒了佳佳五六次。游戏做完了，佳佳一点也没学会手指操。妈妈无奈地说，佳佳是个爱走神的佳佳，佳佳觉得可难为情了。

专家解读

孩子注意力不集中不容忽视

孩子在3岁的时候已经基本具备了成人的视力，也具有了固定视物的能力。佳佳出现这种现象，可能是多方面的原因造成的。孩子注意力集中时间的长短除了与孩子的主观条件有关外，还与引起孩子注意的客体有一定的关系。太难或太容易的内容，讲话人单调的声音，阴暗的课室，都是不利于儿童持续注意的因素。

当孩子注意力不集中时，我们一定要考虑一下孩子周围的环境，找出孩子注意力不集中的具体因素。另外，我们平时也可以让孩子多进行一些需要耐心注意的活动，如慢慢地行走，慢慢地画线等等，这些都有利于孩子注意力的集中。

教育要点

0~6岁宝宝的视力发育指标表

年　龄	孩子的视力状况	检 测 标 准
1个月	能看清眼前8~12厘米内的物体。	宝宝可以用眼睛跟踪移动的物体。
3个月	眼睛更加协调，两只眼睛可以同时运动并聚焦。	婴儿可以在半个房间的距离内对人微笑，或仔细研究一个距离他几米远的玩具。
6个月	视力约为0.1。	婴儿能从几米远处认出父母，也能判断出谁是让他害怕的陌生人，并且喜欢玩捉迷藏游戏。
9个月	视力在0.1以上。	婴儿能随移动的物体上下左右地移动眼球，能追随落下的物体。
1岁	视力约为0.2。	婴儿能观察物体不同的形状。
3岁	视力可达0.5。	已经快接近成人视力，但此时视力不稳定。
6岁	进入成人的视觉。	各种眼部生理反射已形成并趋于稳固，此时已不易丧失视力。

孩子的感觉能力培养

我可爱的小女儿维尼夫雷特，她的感受能力十分惊人。不只如此，她很小的时候就能运用词汇恰如其分地表达自己的感受。在这里，我想谈的是，怎样采取一些有效的方法，培养女儿的身体感受能力，并且在这个过程中，让她慢慢地学会一些有用的词汇。

在小维尼夫雷特出生后的第 6 周，我就特意给她买了一些各种颜色的气球，并把这些气球用细绳子轻轻地绑在她的小手腕上。这样一来，只要她稍稍一动，气球就会随着手的上下摆动而上下摇动。看着她那惹人怜爱的模样，我满心洋溢着抑制不住的喜悦。

这时，我轻轻地对她说："这是圆圆的气球，很轻。这一只是红色的，那一只是绿色的。"我想通过这种让女儿亲身体验的方式，让她的脑海里产生红的、绿的、圆的、轻的这些概念，并在不知不觉中让她学会这些形容词。其实，这不仅是玩，也是一种学习的开始。我发现，女儿对这个方式十分感兴趣，非常愿意接受。

等小维尼夫雷特稍稍长大后，我又给她准备了一些小木片，有的粗糙，有的光滑。我想，这些东西一定会对女儿感受物体的质感非常有帮助！

在那一段日子里，只要女儿感兴趣，无论什么东西我都会尽力教给她，当然，那些不利的东西除外。在对女儿进行教育的过程中，我从来不会强迫她去做她不喜欢的事情。因为我相信，只有让孩子顺其自然地发展，孩子才能充分发挥自己的潜能。我在确保女儿的精力不被白白浪费掉的情况下，努力对她进行各种有利的引导。我发现，由于进行了这样的教育，女儿总是有事可做。她也绝不会因无事可做而去啃咬手指，因无聊而沮丧，甚至哭闹。

我的邻居卡丽特丝夫人曾对我说，她的小儿子整日啼哭，要么无精打采，要么吮吸自己的手指头，她常常担心儿子是不是生病了，为此多次去看医生，诊断结果都说没有什么病。她说，每当看到我女儿神气活现的样子，她就非常羡慕。她还向我请教是怎样带孩子的。

"你平时让孩子玩什么玩具？"我问卡丽特丝。

"什么？这么小的孩子需要玩具吗？"卡丽特丝十分惊讶。

"当然，我想你儿子无精打采，就是因为他的生活太单调的缘故。你不能小看了孩子，不要认为他在摇篮期就不需要玩具。你应该给他买一些能够吸引他注意力的东西。那些有趣的东西，不仅可以让孩子开心，更重要的是它们还能够开发孩子的智力。"

"从维尼夫雷特出生那天起，我就开始教育她了。你看她现在多么活泼，多么有精神，这都归功于我的这种教育方式。"我详细地给卡丽特丝介绍了我的教育方法。

没过多久，卡丽特丝跑到我家，兴奋地对我说："太神奇了，现在我儿子好像每天都十分开心，再也不像以前那样无精打采了……他似乎还时常想和我说话，我能感到他想表达什么。"

"这就对了，你就和他尽情地交谈吧！还应该陪他玩，并有意识地教会他一些东西，现在就应该开始培养他的各种能力了。"听到卡丽特丝那样说，我也替她高兴。

为了培养和锻炼维尼夫雷特的感受能力，我确实花了不少心思，想方设法地让她懂得一些感知概念。

"蒙眼睛"是我和女儿时常玩的另一种游戏。玩这个游戏的目的是培养她在不用眼睛的情况下去感知身边的事物，并让她学会一些形容词。

我常常用一块布蒙住她的眼睛，让她触摸各种物品。例如，她摸到一个玻璃杯的时候，我就会问她："这是什么？"

"是一个杯子。"她说。

"杯子是用什么做的？"我问她。

"是玻璃。"她回答。

"玻璃是什么样的啊？"我继续引导。

"光滑的、冰冰凉的、很硬的东西。"她回答道。

"那么光滑的、冰冰凉的、很硬的东西还有什么啊？"我接着问。

"还有金属勺子、叉子，还有盘子。"她联想道。

"那么它们有什么区别呢？"我又问。

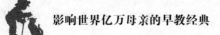

维尼夫雷特仔细摸了一下，还是想不出来。

"你想想，假如你能看到的话……"我给了她一点小提示。

维尼夫雷特马上回答道："我知道了，玻璃是透明的，而勺子、叉子是不透明的。"

事后，我会让女儿记住刚刚学的形容词：光滑的、冰冰凉的、透明的、不透明的。我就用这类形容词来培养女儿的感受能力。

女儿长大读书之后，非常善于使用修辞，并能运用各种词汇写出十分华丽的文章。我想，这很大一部分就归功于她小时候受到的这种训练。

此外，在这种玩耍和训练之中，还会发生很多非常有趣的事。而这些事总是让我们母女俩永生难忘。

女儿后来在日记里，曾记下了我们做"蒙眼睛"游戏的事情。她写到：老师认为我有写作方面的天分，这虽然让我感到愉快，但他却不知道这所谓的天分都来自于妈妈从小对我的培养，我从心底里感谢我的妈妈。

案例连连看

不会模仿的天天

天天的爸爸妈妈每个周末都会带天天去动物园玩。有一次，天天和爸爸妈妈回家后，妈妈对天天说："天天，你在动物园都看到什么了呀？可以模仿那些小动物的样子给妈妈看吗？"天天疑惑地看着妈妈说："模仿？我不会。"

妈妈继续引导道："那你可以画给妈妈看吗？"这时天天赶紧拿出自己心爱的蜡笔与白纸，迫不及待地想与妈妈分享。但过了5分钟，白纸依旧是白纸，天天却迟迟没有下笔。他转头对妈妈说："妈妈，我不知道怎么画，怎么办？"

专家解读

对孩子进行感官教育

人是通过各个感觉器官来接触周围的事物的，感官是开启心灵的钥匙，它对智力发展具有很重要的作用。天天之所以不会表达自己，就是因为感受能力有所缺失而造成的。孩子在幼年时期正处在各种感觉的敏感期，在这段时间，作为家长，我们一定要特别注意对孩子进行感官教育。

感官教育主要包括视觉、听觉、嗅觉、味觉及触觉的训练，其中以触觉练习为主。在锻炼感官的过程中，我们要尽可能地为孩子提供实物，让孩子通过各种感官去真实地感受这些实物，并用一些形容词来表达。

教育要点

0~3 岁的孩子进行感官训练表

年　　龄	发展状况	相应的措施
0~3个月	视力快速发展时期，孩子能聚焦20厘米远的物体。	可以制作长宽为10厘米的方块黑白卡，在他的聚焦点缓慢移动，引导视线发展。
3~6个月	孩子视觉与听觉基本发育完成。	可以引导孩子观察周围的事物，利用自动寻声能力增强眼睛与耳朵的协调。
6~12个月	了解事物细节差异的敏感期。	可以培养孩子关注事物的细节差异，可提供区分大小、色彩、声音、软硬、冷热、外形特征等不同属性种类的玩具，培养他的视觉、听觉、嗅觉、味觉、触觉等各大感官能力的发展。
12~36个月	探索事物的兴趣持续时期，也是五大感官能力精准练习时期。	可以由简到繁地为孩子提供细化感官练习，如制作系列色卡，区分色彩差别；用小罐子制作音筒，里面分别装米、绿豆、石粒，辨别声音；用绒布片、纸片、木片，训练触觉；用糖水、清水、盐水，训练味觉等；带他到大自然中，区分不同物体的气味，如各种花朵、树叶等。

第 四 章

插上学习语言的翅膀

孩子学习语言越早越好

当女儿能够发出第一个音节时，我开心得几乎忘乎所以。尽管这一声是那样含糊不清。那一刻，我突然觉得自己要担负起发掘女儿语言潜能的责任。我要抓住一切有利时机，对女儿进行培养。因为我明白这是开发孩子头脑最有效的方法。

很多父母只注重孩子的身体却不重视孩子的大脑，这种做法是十分不明智的。很多父母仅仅是让孩子自由成长，并没有有意识地采取一些鼓励孩子说话的措施。在我看来，这些父母显得非常无知，对孩子极不负责。

我认为，只有尽早地教孩子学习语言，才能让孩子的头脑得到更好的发展。无数事实证明，如果能在孩子6岁以前努力教会他准确的语言，那么就非常有利于这个孩子以后的发展，而且发展速度是其他孩子怎么努力也很难超越的。如果过了那个时候，孩子的先天语言功能就会退化，那时再开始着手教孩子语言，孩子学起来也会困难，甚至有的时候反应迟钝。

在教维尼夫雷特语言的时侯，我始终认为听和说应该同步进行。在我看来，听和说就像孩子学习语言的一对翅膀，两者缺一不可。

维尼夫雷特小时候和其他孩子一样,听声的主要对象就是我和我的丈夫。我们在那个时候,就非常重视和女儿的交流,让女儿倾听我们说话。

在和女儿说话时,我一般都会说一些准确的语言,尽量把说话的速度放慢,并且不断重复,好让女儿可以听得清楚。我相信,只要我耐心地和女儿说话,女儿的听说能力一定会得到很好的锻炼的。

后来,每当我和女儿说话时,女儿就会有所表示。有的时候,她会摇摇手;有的时候,她会笑一笑。每当这个时候,我就会马上鼓励女儿,让女儿随时保持说话的热情。渐渐的,女儿会说的东西越来越多,刚开始是双音词、短语,后来就是一些简短的句子了。

在我看来,当孩子可以清晰地发出"爸爸"、"妈妈"时,孩子的听说能力就已经很好了。这时候,我们就可以用语言和孩子交流了。除了和孩子交流之外,我们还应该为孩子制造说话的环境和内容,让孩子的听说训练同步进行。这样才能抓住教孩子说话的重心,让孩子越来越聪明。

克拉夫特是女儿幼年时的玩伴,他比维尼夫雷特大一岁,但在语言方面他却远不及女儿。原来由于父母工作很忙,克拉夫特的童年几乎是在孤独中度过的。他的母亲没有时间,也不懂得怎样对儿子进行早教,致使克拉夫特没能像维尼夫雷特一样健康成长。

后来,我毫无保留地把教育维尼夫雷特的方法教给了克拉夫特的母亲,并建议她从语言方面着手来培养克拉夫特。不久之后,克拉夫特发生了很大的变化。他不但在语言方面有了很大的进步,还变得开朗活泼起来。

最终,克拉夫特变成了一个聪明的孩子。在他和维尼夫雷特六七岁的时候,我经常看到他们一起读书、学习,常常一起讨论诗歌和音乐。

案例连连看

不会表达的孩子

兵兵已经两岁多了,可还是不知道怎样和人交流,也不会表达自己的想法。当他看到想要的东西或是不喜欢的东西时,总是会哇哇大叫。有一次,兵兵想要去大便,但不知道该如何表达自己,就一个劲地哭闹。

兵兵的妈妈试图弄明白儿子的想法,说了好几种情况,兵兵只是哭闹。

兵兵的妈妈生气极了，大声地训斥兵兵道："你到底想干什么啊？你不会说话啊！"在妈妈的训斥下，兵兵更加紧张了，连哭闹都不敢了，更别提说话了。妈妈以为兵兵已经没事了，就离开了。结果可想而知，兵兵就把屎拉在了裤子里。兵兵的妈妈为此大发雷霆。

专家解读

鼓励孩子说话

很多时候，孩子不善于表达自己，家长总会认为是孩子性格内向的缘故。其实，孩子不善于表达自己，多与他周围的环境有很大的关系。兵兵想要大便的时候，一个劲地哭闹本来就是一种表达方式，他在着急的情况下，不会用语言表达自己的想法也是在情理之中的。兵兵妈妈的训斥方式却彻底扼杀了兵兵表达的勇气，导致兵兵把屎拉在裤子里了也不敢哭闹。

孩子 0~6 岁期间，正是语言发展的重要阶段，作为父母，我们要为孩子提供一个相对宽松的说话环境。当孩子不知如何表达自己的想法时，我们要以一种平和的态度加以引导，不断地鼓励孩子表达自己的意愿，即使孩子不能正确地表达自己，也要心平气和，千万不能因此而大发雷霆，给孩子造成表达想法的心理阴影。

教育要点

0~6 岁孩子的语言发展状态表

年　　龄	宝宝语言能力的发展状况
0~6个月	这个阶段，孩子开始听懂语言，开始咿呀学语，不时会发出"a"、"o"、"e"，"ou"、"h"、"k"、"ai"等比较简单的"语言"。
7~12个月	这一阶段，孩子的发声明显增多，已经能用简单的语言以及较为清晰的发声来表达自己的意思了，如，"打"、"爸"、"妈"、"奶"等声音。
1~2岁	孩子的语言能力开始由单双词句向完整词句发展，经过练习可以背诵儿歌或短诗。

年　　龄	宝宝语言能力的发展状况
2~3岁	孩子的说话内容开始丰富，能完整地描述事件，能使用礼貌用语，并对语言有了一定理解，会自己故意重复说一些自己认为有意思的词。
3~6岁	孩子开始具备比较成熟的语法知识，在别人语法错误时，还可以进行指正，会询问抽象词语的意义并尝试运用，能使用语言描述过去和未来的事件。

一开始就教给孩子完整的语言

在女儿很小的时候，我就尝试像与大孩子交流那样与她交流。我一般都会用完整的语言和女儿交谈。因为我认为，虽然那时她还不能完全听明白，但让她养成用完整语言说话的习惯是非常有必要的。

我总是充满爱意地用心观察躺在摇篮中的小宝贝。我发觉，我的小宝贝似乎对声音异常敏感。有些父母虽然也意识到了这一点，但是他们之中很少有人能在孩子很小的时候就下意识地用完整的语言同他们说话。

我认为，如果在跟孩子交流时，使用的是不完整的语言，那么即使孩子的听说训练进行得很早，对孩子的发展也是没有好处的。因为如果没有用完整的语言和孩子进行交流，那么等到孩子长大之后就会承受不能正确发音的苦恼。另外，要使孩子尽可能早地学会更多的语言，这种教不完整的语言的方式也是种浪费。

据我观察，现在有很多人，他们虽然接受过良好的教育。但是说起话来，往往会出现发音不准，语法也不对的现象。我想这跟他们小时候受到的听说训练是有很大关系的。

我有一位大学同学，是心理学的博士。他就常常遭受这种因为发音不正确带来的苦恼。

他告诉我说："我小的时候，我的母亲在开始教我说话时，怕我听不懂完整的话，就教给了很多儿语。那时候，当她想让我看一件东西的时候，她从来都不会说'你看一下这件东西'，而只会含糊地暗示我'宝宝，快看看，快看看，小玩玩'。其实她是想让我看一个小小的玩具，但她却没有告诉我那个就是玩具。所以，在我长大之后，我一直都会把玩具叫作'玩玩'，很多小朋友时常因此而笑话我。那时，我的母亲不知道教给了我多少这样的词汇，例如，'果果'、'轮轮'、'翻翻'……等我长大之后，我不得不花费大量的时间来纠正它们。你也看到了，在学习语言时，我的进程非常慢，直到现在，我还不能掌握两种以上的语言，这跟我母亲对我的教育有很大的关系。

后来我仔细想了想，母亲这种不当的教育方式，让我在不知不觉中学会一种多余的、完全没用的语言，这就是那些不完整的话：把苹果叫果果，把汽车叫轮轮。虽然在小时候，它们能够形象地让我记住，可是现在却没有丝毫用处。他们根本就是错误的语言。你以前经常因为我奇怪的发音而笑话我，我想就是那些不完整语言带来的后遗症。"

我的这位老朋友的话非常正确。因为那些不完整的语言会像病毒一样占据着孩子的大脑，还会在那里作怪，表面上似乎对孩子理解周围的事物有利，实际却在损害孩子的语言感觉。

其实，在我看来，教1岁的婴儿学拼音并不是一件很困难的事情。我认为，孩子在小的时候，是有很强的接受知识的能力的，我们做父母的完全不必用一些不完整的语言来教孩子。只要我们教给孩子的是正确而有用的东西，不仅孩子会记得很牢，还会避免错误的知识给他们带来麻烦。

像我大学同学的母亲一样的父母还有很多，他们总是喜欢用一些不完整的语言和自己的孩子交流。有时候，我也会觉得很奇怪，难道非要教给孩子这些将来注定要费工夫纠正的错误语言吗？难道从一开始就教他们正确的语言不好吗？

在我们周围，我们经常会听到一些这样错误的发音。例如，他们会把一只小狗叫"汪汪"，把一只小猫叫"喵喵"。我们要知道，这些错误的发音对孩子的成长是没有一点好处的。它不仅浪费了孩子幼年时期的宝贵时间，还让孩子在这些错误的语音中不能自拔。如果，我们把这些宝贵的时间用在学习其他东西上，我相信孩子获得的知识会更多。

我认为，从小就教给孩子完整的语言是十分重要的。以我女儿维尼弗雷特为例，由于我在教她英语时，一开始便使用标准完整的句子，所以在很短的时间内，她就完全掌握了这门语言。之后，我用同样的方法又很快教会了她世界语。在我看来，维尼夫雷特是一个十分平凡的孩子，如果有什么特别之处，仅仅是她从一开始学的就是完整的语言，在别人纠正那些儿语时，她又学会了另外一种完整的语言而已。

有一次，维尼夫雷特的好朋友指着天上的一只小鸟说："维尼夫雷特，你快看，天上有一只飞飞。"维尼夫雷特马上纠正道："你说的不对，那根本不是飞飞，那是一只可爱的小鸟。"之后，她便又用法语完整地说了一遍。

🌾 案例连连看

说儿语的星星

星星经常说一些儿语，例如"抱抱"、"饭饭"等。星星的爸爸妈妈觉得孩子这样说特别好玩，就一直没有纠正，还经常用这样的儿语和星星交流。星星已经上幼儿园了，但爸爸妈妈依旧用儿语和星星交流。

有一次，老师让小朋友们看图说话，小朋友们都能正确地表达自己看到的东西，告诉老师他们看到地是什么，"一个红苹果"或是"一只可爱的小鸟"。等轮到星星时，星星毫不犹豫地说："是飞飞，是飞飞。"小朋友们听了，都哈哈大笑起来。星星看到小朋友都笑了，哇的一声大哭起来。

🌾 专家解读

不要用儿语和孩子对话

有些父母在孩子小的时候，为了让孩子容易表达自己所看到的东西，总是习惯用一些儿语来教孩子。星星小的时候，看到小鸟，听到父母叫"飞飞"，他也跟着叫"飞飞"。等到星星长大一点后，星星依旧看到小鸟叫"飞飞"，父母也没有纠正星星的表达，让星星错误地以为他的表达是准确的，导致他不能准确地表达自己看到的东西。

其实，孩子的语言发展都有其自身的阶段性，一般都是经历单词句（用一个词表达多种意思）、多词句（两个以上词表达意思）、说出完整句子这几个阶段，父母对孩子进行教育时，一定要遵循这一规律，通过正确的教育引导孩子表达自己的意思，切不能因为孩子小而迁就他说话的方式，拖延了孩子向语言的更高阶段发展的时间。

教育要点

孩子学说话时的五大误区表

误 区	父母的具体表现	对孩子的影响
父母认为孩子听不懂。	孩子小的时候，几乎不和孩子交流，或是在孩子面前口无遮拦。	孩子语言发育能力迟缓，养成不良的语言习惯。
父母过分满足孩子的要求。	孩子还没有表达出自己的意愿时就主动满足孩子的要求。	孩子失去说话的机会，语言发展缓慢。
父母用儿语与孩子对话。	不纠正孩子的儿语，并用儿语与孩子交流。	孩子不会完整地表达自己，停在语言发展的低级阶段。
父母重复孩子的错误语音。	孩子发错音时，父母以同样的错误回应孩子，反复重复错误的语音。	孩子不能正确地辨别各个语音的区别，发音含糊不清，错误语音过多，难以纠正。
语言环境复杂	家里多种方言并存或时而变化语言环境。	孩子语言发育能力迟缓、没有规律、时好时坏。

孩子语言天赋源于正确的训练

我深信婴儿期的语言教育对孩子一生的语言发展有着重要的影响，因此，从一开始我便教给女儿准确的发音、精选的语法以及词句。虽然，那时候的女儿还不能完全明白这些语法和词汇的意义，但我相信，只要坚持下去，女儿一定能够掌握它们。

在我的教育下，女儿很小的时候便表现出了惊人的语言能力。很多人怀疑这些能力是维尼夫雷特与生俱来的。但我明确地告诉他们，其实维尼夫雷特并没有任何语言天赋，她的成就完全来源于小时候我对她的正确训练。之后，便有很多人来向我请教教育维尼夫雷特的方法了。

其实我教女儿的方法很简单，时刻从周围的事物之中学习就行。因为孩子出生后，就已经开始有意识地学习了，可以说学习是每个孩子的天性。由于每个孩子都有非常强的好奇心与求知欲，所以，只要父母引导得当，孩子就能轻而易举地学到很多的知识。

维尼夫雷特出生后，虽然那时候她还不会说话，我也会经常抱着她在屋里走来走去，让她可以看到周围的环境，并开始告诉她一些物品的名称。我经常会指着某件东西对她说："桌子、椅子、窗户、床……"在我看来，即使她根本发不出这些音来也没有什么关系，因为这些事物会深深地留在她的脑海中，对她以后的学习有很大的帮助。由于我说的都是完整而标准的语言，所以，等到她能开口说话时，她发出的也是完整而标准的语音。

孩子都喜欢说话。他们从小时起，就时常一个人把学到的单词反复地说着玩。维尼夫雷特也不例外。自从她开口说话以来，我经常发现她独自一人在地毯上喋喋不休，常常把自己已经掌握的词汇反反复复地念叨。有时，她一边玩玩具，一边不住地说"桌子上的苹果，娃娃也要吃苹果"等。

从那时起，我就计划利用孩子们普遍存在的这种念单词的倾向，用精选的词句把我认为女儿能理解的有趣的故事，组成简单的短文讲出来，让女儿记住。由于都是有趣的故事，维尼夫雷特不但能很快地记住，并总是开心地复述着。在她学会大部分的英语之后，我就把这些短文翻译成各种外语，让她记住。我发现，维尼夫雷特对这种做法十分感兴趣，因为她对同一个故事竟然能用不同的语言来表达感到好奇，于是就努力地记住它们。由于她有兴趣，觉得新鲜，所以就很自然地将其他的语言也记住了。

根据我的经验，在人的一生中，1~5岁可能是最具备语言才能的时期。所以我劝诫那些年轻的父母一定要尽早地教孩子语言，不要错过孩子学习语言的大好时机。

我认为，在教孩子语言的时候，语法并不是最关键的。因为在实际应用当中，语法出现的机会较少，尤其是对孩子来说，更没有多大用处。因此，在维尼夫雷特8岁之前，我基本不教她语法。我认为通过听和说来教孩子语言，比教她枯燥的语法有用得多。比如，我在教她主语和宾语时，并没有教她句子的结构，而是通过直接的对话来教。

有一天，她说错了一句话。

"Give I an apple(给我一只苹果)."

我对她说："不是 give I 而是 give me。"

她说："l want you give me an apple. "

我知道她一定没有弄清楚"I"与"me"之间的差异，但是如果只给她讲语法，只会让她更加迷惑。于是我就列举了好多例子。最后，她终于弄清楚了"I"和"me"的用法的区别。当她正确地说出"give me an apple"时，我特意奖给了她一个又大又红的苹果。

案例连连看

自言自语的图图

图图的妈妈为了锻炼图图说话，给图图买了很多的图画书。第一天，妈妈教图图念乌鸦喝水的故事，图图念得特别认真，妈妈高兴地奖励了图图一个大苹果。

第二天，妈妈在洗衣服时，图图就一个人坐在地板上自言自语。妈妈听到图图喋喋不休地说"小乌鸦"、"小乌鸦"，妈妈觉得好奇，就问图图："小乌鸦怎么了啊？"没想到图图马上接口到："小乌鸦口渴了，要喝水。"妈妈惊讶极了。妈妈马上又提醒道："小乌鸦落在哪里了啊？"图图兴奋地说到："小乌鸦落在树枝上。"妈妈看到图图表现得这样棒，开心极了。

专家解读

反复是孩子学习语言的方式

反复是儿童学习语言的方式，一遍又一遍地说可以加深他们的记忆。而父母在这个时候适当地和孩子交流，往往会有意想不到的收获。图图还不能记住完整的长句子，但他能记住一些多次出现的词语。当他一个人嘀嘀咕咕地说这些词语时，图图妈妈的引寻提高了图图说话的积极性，图图马上正确地表达了自己的意思。

孩子在学习语言的过程中，总是会自己一个人说一些莫名其妙，谁也听不懂的话，这是孩子学习语言中常见的现象。这时候，作为父母应该努力地去领会孩子的意思，积极地和孩子交流，并借此机会教孩子正确地发音。

教育要点

语言能力发展的四个必经步骤表

步　骤	所处的阶段	教育方法
学听话	接受信息阶段	从出生开始，就让孩子大量地听取各种简单或复杂的语音和句子，进行语言的储备。
学说话	表达信息阶段	伴随发音器官的逐渐成熟，让孩子先后发出单音、双音，逐渐学说简单句、复杂句。给孩子朗读，让孩子反复练习儿歌，随时随地让孩子学习、练习使用词语。
学认字	接受信息阶段	从出生开始，让孩子大量地接触(视听)各种表现形式的文字。培养孩子的阅读意识，多给宝宝读书，帮助孩子注意字的形状，当孩子主动问起字、词时，要耐心地给他讲解。
学写字	表达信息阶段	伴随孩子手部小肌肉协调能力的逐渐成熟，让孩子从简单笔画的字开始，一笔一画地学习写字。

学好母语前，
最好不要教孩子任何一门外语

为了加强女儿语言方面的训练，我准备尽可能早地为她打下学习一门主要外国语的基础。虽然一部分语言学家认为，孩子同时学会两三国的语言是很正常的事情，但根据我的经验，这样做并不好，因为很多时候孩子会把这些语言混淆，到最后反而连一国的语言也掌握不好。

所以，在维尼夫雷特完全学好英语之前，我不打算教给她任何一种外国语，因为我认为，无论我们教给孩子什么，都要遵循一定的规律，千万不能急于求成。

等到维尼夫雷特完全掌握英语之后，经过仔细考虑，我决定教给她西班牙语。因为在我看来，相对于其他语言，西班牙语是最简单的。我相信女儿学起来一定很容易。

在教女儿西班牙语时，我采用了和英语一样的教法，从听力训练开始。维尼夫雷特完全学会西班牙语之后，我便开始教给她法语、德语、拉丁语等其他外国语。

在我的教育下，维尼夫雷特在5岁时就已经表现出了惊人的外语才能。她完全掌握了8个国家的语言，并能用它们充分表达自己的想法。我知道，如果我继续教她其他的外国语的话，她也许能够掌握更多的外国语，10个，甚至20个国家的语言。

在维尼夫雷特学会几种外国语后，我将女儿学语言的重心放到了世界语上，在教女儿学世界语的时候，我有些后悔了，因为世界语是一种十分简单的语言，据说托尔斯泰只学了一个小时就能够用它写信了。假若我重新教育孩子的话，我准备先教她英语，接下来就只教她世界语，而不选择教其他的语言。

我认为，任何一个孩子在摇篮期就能学会世界语。在我的教育下，维尼夫雷特4岁时，不但能用世界语进行读写，而且能灵活地运用它说话。

于是，我决定让女儿在这一年尝试用世界语写个剧本。不久，维尼夫雷特写的一个剧本就在一个慈善会上上演，并受到了人们的一致好评。据我所知，这是在美国上演的首部世界语剧。

维尼夫雷特从5岁时开始，就热衷于教其他孩子学习世界语。她不仅借用了我教她时所运用的各种游戏的方法，而且，她自己还发明了各种新的语言游戏来帮助自己教学。

女儿5岁那年，我曾去纽约讲演。为了让听众了解世界语简单易学，我让女儿背诵用世界语写的各种诗歌，或者用世界语讲故事给大家听。女儿的行动使许多人对世界语有了重新的认识，并赢得了他们对世界语的认同。

有一次，维尼夫雷特在斯宾塞夫人家中的走廊上，给加拿大诺茨库斯大学的一位教授讲解《世界语入门》。有位大学教授对我说："太太，你不能这样做！小姑娘这样执著，我担心会影响她的寿命！"我不禁问他道："我女儿体弱吗？"

他说："不，外表很难说明问题。但是，小孩子这样用脑是不会长寿的。"

我笑着说："是这样吗？"

为了打消这位好心人的顾虑，我决定让他见识见识女儿的健康秘诀。

正当我们谈话时，女儿就出去运动了。她跑到外面活动起来，一会跑步，一会跳跃。

我对那位好心的教授打趣地说："您看，我的女儿正在吃药呢。谢谢您对我女儿的关心，其实运动就是她最好的良药。"

为了给他证明维尼夫雷特的健康，我特地找来一个比女儿大两岁的男孩子和她一起玩球。我们站在树下边休息边观看，当他看到小维尼夫雷特不管是投球、跑步还是跳跃都不输于那个男孩时，顿时心悦诚服地对我点了点头。

在对女儿的教育上，我最大的秘诀就是让她感兴趣，尤其是学习语言，我常常在她充满兴趣的时候让她很有效地完成学习。

其实，只要采取一种循序渐进的方法，孩子的学习就不会太过吃力，反而会感到有趣味。在轻松有趣的状态下学习外国语，那么一切问题都能够很容易得到解决。

🌱 案例连连看

明明学英语

明明的幼儿园请来了一位教英语的法国老师，每天教小朋友们学英语。明明学得可认真了。过了一段时间，明明的妈妈发现，明明在念英语的时候，总是会发一些她根本听不懂的音，或者前半句是英语后半句又是一些莫名其妙的发音，等到妈妈给她指出时，明明不以为然地对妈妈说："你说错了，老师就是这样教的。"妈妈感到很困惑。

后来，妈妈去学校见到了明明的英语老师，她发现，明明的英语老师在教小朋友们说英语时，经常会夹杂几个法语单词。而小明明在家发的模糊不清的音居然是法语，明明的妈妈为此感到很忧心。

🌱 专家解读

学外语要循序渐进

任何一种学问的学成都不是一蹴而就的，都需要经过一个循序渐进的过程。上幼儿园的明明正处在语言的启蒙阶段，老师的启蒙对她有着十分重要的作用。英语老师把两种语言的发音同时教给明明，让明明完全混淆了英语和法语的发音，当妈妈纠正明明的发音时，小明明根本就不知道哪一种发音是对的，更别说去改正了。

当孩子具有一定的语言表达能力之后，教给孩子一门外语是十分必要的，但一定要循序渐进。在孩子接触外语之初，我们最好只教给孩子一门外语，等到孩子完全掌握之后，再考虑教孩子其他的语言，以防止孩子因为同时学习多种语言而进入语言的混乱状态。

教育要点

孩子学习语言的三大阶段表

年　　龄	所处的阶段	学习的主要方法
0~6岁	启蒙阶段	制造学习语言的氛围，以童谣或是歌谣为主，让孩子在玩中学，学中玩。
7~10岁	自然习得阶段	可以为孩子提供音标类课程，为孩子打好发音基础，让孩子进一步了解基本的发音规律，帮助孩子正确朗读，培养自学习惯。
11~14岁	有意识学习的阶段	在掌握语言知识的同时，孩子还需要通过专项技能培训，从兴趣、活动、游戏为主的感性学习过渡到以知识为主的理性学习。

世界语给女儿带来了友谊和欢乐

从肖特卡返回到万兹维尔后，女儿维尼夫雷特便在《世界语》年报上找到外国孩子的名字和地址，给懂得世界语的孩子写信。女儿从小就是个机灵鬼，她常常能想出一些绝妙的办法来，换了我，说什么也想不出这个办法。

维尼夫雷特的第一封回信来自俄罗斯。她高兴地给我朗读了信中的内容。

那位俄罗斯孩子在信中讲述了俄罗斯的山川地貌、风土人情，还给女儿讲了几个有趣的俄罗斯的历史故事。从此，她对俄罗斯产生了浓厚的兴趣，读了很多有关俄罗斯的书。

接着，她又开始与日本、印度的孩子通信。她对那些遥远的国度十分感兴趣，还热情洋溢地研究起那些国家的风俗习惯、地理环境。

看到女儿能有这样的热情，我心里有说不出来的喜悦。我知道要让孩子对地理感兴趣，这也许是一种最好的办法，所以对她的通信一直持鼓励的态度。更重要的是采用这种办法，还可以加强她和其他各国朋友之间的了解。

不久之后，维尼夫雷特开始使用其他的外国语给她的小伙伴们写信。她用俄语给俄国孩子写信、用日语给日本孩子写信、用法语给法国孩子写信……这样的做法不但大大提高了她的外语水平，而且使她的沟通和交流能力得到了很好的锻炼。

有一次，维尼夫雷特收到了一位日本姑娘的来信。那位日本姑娘，在信里表达了自己对维尼夫雷特的敬意，并向维尼夫雷特请教要怎样学习外国语。女儿马上给她回了信，用日语详细地介绍了自己学习外语的经验和我对她的教育方法。

在第二封信中，日本女孩表现出极大的惊讶，她没有料到维尼夫雷特的日语居然也那么好。她告诉维尼夫雷特道："我曾经为自己懂世界语而感到自豪，但看了你的信后，我感到惭愧极了，因为我认为对于外国人来说，日语是非常不容易学的，但你竟然学得那么好，真让我羡慕。"

还有一个法国孩子在信中写道："你真是一个天才。我本想用英语给你写信的，但看了你的来信后，我就打消了这个念头，因为你的法语棒极了。你写的法语简直就同法国人写的一样，我的英语水平实在不及你的法语水平，所以这封信我还用法语给你写，我不想让你看到我糟糕的英语。我从你那里汲取了学好外国语的勇气。从今往后，我一定认真学好英语，总有一天，我会用漂亮的英语和你对话，你一定要相信我呀！"

"你会来巴黎玩吗？法国是个很美丽的国度，这里处处都是欢乐与艺术。如果你来法国的话，我要带你去卢浮宫和埃菲尔铁塔玩。我相信你会很开心的。那时，我一定会用流利的英语和你说话。"

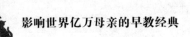

就这样，通过与外国朋友写信，维尼夫雷特的外语水平不仅大大提高了，还认识了不少异国他乡的好朋友，既开阔了眼界，又增长了知识。

维尼夫雷特曾对我讲："妈妈，我真幸福啊。是语言让我认识了这么多的新朋友，他们虽然都离美国很远，但我却感觉他们离我很近。这一切都是你的功劳，妈妈。你不知道我有多么爱你。"

案例连连看

写给小咕咚的信

最近，龙龙的妈妈非常苦恼。小龙龙学英语已经有两年多了，总提不起兴趣。妈妈为此想了很多办法，作用都不大。

这天，龙龙又准时守在电视机旁，津津有味地收看"智慧树"节目。龙龙的妈妈惊奇地发现，每当小咕咚读各地小朋友的来信时，龙龙都是一脸的羡慕。妈妈忙抓住机会说："龙龙，你想不想给小咕咚写封信？"龙龙点了点头。妈妈趁热打铁说："妈妈和龙龙一起，用英语给小咕咚写封信吧！向小咕咚展示下我们龙龙的英语水平，好不好？"龙龙一边答应，一边飞快地拿来纸笔。

在妈妈的帮助下，龙龙把信寄给了小咕咚。从此，龙龙对英语学习的热情也慢慢地提高了。

专家解读

写信的乐趣

很多家长在教孩子学英语时，总是会遇到这样的问题——让孩子主动去学习实在太难了。龙龙也是一个不喜欢主动学英语的小朋友，但一封写给小咕咚的信彻底改变了龙龙的学习兴趣。因为，对孩子来说，写英文不再是一件枯燥的事情，而是充满乐趣的交流。

当孩子在学外语感到厌倦时，我们不妨用写信的方式来激发他们学习的热情。如果没有来自外国的朋友，我们也可以让孩子给电视台写信等，让孩子在写信的过程中体会到学外语的快乐。

🌸 教育要点

联合国六种工作语言的分布地区表

常用的语言	国家名称
英语	英国、美国、加拿大、澳大利亚、新西兰、巴哈马、牙买加、安提瓜－巴布达、圣露西亚、圣基茨－尼维斯、特立尼达－多巴哥、多米尼克自由邦、格林纳达、圣文森特－格林纳丁斯、巴巴多斯、伯利兹、圭亚那、印度、巴基斯坦、孟加拉国、新加坡、马来西亚、文莱等
法语	法国、比利时、卢森堡（卢森堡语）、摩纳哥、加拿大、瓦努阿图、喀麦隆、卢旺达（卢旺达语）、科摩罗、加蓬、尼日尔、布基纳法索、贝宁、多哥、科特迪瓦、塞内加尔、几内亚、中非、乍得、毛里求斯、吉布提、海地等
阿拉伯语	埃及、以色列、约旦、巴勒斯坦、黎巴嫩、叙利亚、伊拉克、科威特、沙特、巴林、卡塔尔、阿拉伯联合埃米尔国、阿曼、也门、苏丹、利比亚、突尼斯、阿尔及利亚、摩洛哥、毛里塔尼亚、吉布提、索马里、科莫罗等
西班牙语	西班牙、赤道几内亚、墨西哥、危地马拉、萨尔瓦多、洪都拉斯、尼加拉瓜、哥斯达黎加、古巴、多米尼加、巴拿马、哥伦比亚、委内瑞拉、厄瓜多尔、秘鲁（凯楚亚语）、玻利维亚、智利、阿根廷、乌拉圭、巴拉圭语（瓜拉尼语）等
俄语	俄国、白俄罗斯（白俄罗斯语）、哈萨克、摩尔多瓦（摩尔多瓦语）、塔吉克（未明塔吉克语是否趋向波斯语改革）、土库曼（土库曼语）、吉尔吉斯（吉尔吉斯语）、乌兹别克、阿塞拜疆（阿塞拜疆语）、亚美尼亚（亚美尼亚语）等
汉语	中国、新加坡等

第五章

学习和游戏如影随形

猫咬尾巴给我的教育启发

事实上，对孩子头脑的训练越早越好，而这种训练必须通过游戏的方式进行。游戏不仅对于人，对于动物们也同样重要，我经常看见那些可爱的小动物们在尽情地游戏着。

有一天，我看见一只小猫在院子里玩耍，它一会儿去咬自己的尾巴，一会儿在地上打滚，即使一块小石子，它也玩得兴高采烈。看到这只小猫，我受到了很大的启发。因为那只小猫不仅是在玩耍，更重要的是，它在锻炼自己以后捕捉老鼠的能力。

当时我就想，小猫都知道在游戏中学习，我们人类更应该这样！我的小维尼夫雷特要从小就学会在玩耍中学习，只有这样，才能充分发挥她各方面的潜能，让她的能力得到更好地锻炼。正是因为有了这样的想法，维尼夫雷特的整个早期教育几乎都是采用游戏的方式进行的。

在她6个月的时候，我在她房间四周的墙壁上贴上了干净的白纸，并在白纸上粘着用红纸剪下的文字与数字，这样，她随时都能看见它们了。也正是这样，小维尼夫雷特从小就对文字和数字有了深刻的印象。

在白纸的某一个地方，我贴上最容易认懂的单词，如：cat、mat、pat、bog、hog、dog、log（猫、席子、拍打、沼泽、肥猪、狗、圆木）等等。这些都是女儿最感兴趣的名词，也是她最容易弄明白的一些词汇。

在另一处，我为女儿并列贴上了从 1 至 100 的 10 行数字，在某一处画上乐谱图。因为婴儿的听觉比视觉发达，我决定对女儿从听觉入手教ABC，遗憾的是我不会唱歌，这一点很不方便。幸运的是，保姆会唱歌，当我指出 ABC 字母时，就请她像唱歌似的唱给女儿听。当然，因为维尼还是个 6 个月的婴儿，起初收效甚微。但别放弃，天天听、天天看是非常有效的。很快，维尼就学会 ABC 了。

然后，我在卡片形的小板上，做了很多写有大小不一的 ABC 的卡片，开始用它教字母。我的教法是这样的：首先让她看画有猫的画册，同时教给她 CAT（猫）这个单词。接着指着墙壁上的 CAT，反复让她听 CAT 的发音。然后在字母盒中选出字母 C，再选出 A 与 T，再用这些字母拼写成 CAT 让她看。当然，这些都是由我和女儿一起以游戏的方式进行的。孩子学习的时候，我会在一边给她表扬和鼓励，并且让她把学会的单词适度地、循序渐进地反复练习直到熟练掌握。

我用这种方法教女儿，收效非常好。维尼还不到 1 岁半就能看书了。由于她有了阅读能力，以后的教育就进行得非常顺利。从那时起，维尼就十分喜欢阅读各种书籍。

不管是读书还是工作，如果没有目的，不仅对精神有害，还会损伤身体。因此，我有意识地培养女儿养成有目的的读书习惯。她在写《和仙女作圣诞节旅行》一书时，就阅读了一百多种参考书，还研究过各国圣诞节的风俗。她在写《跟兔子作复活节旅行》这本书时，为了弄明白各国复活节的风俗习惯，几乎跑遍了匹兹堡所有的图书馆。在写《我在动物园里的朋友》一书时，她几乎每天都要去动物园，而且想尽各种办法博览各种参考书。

当人们看到维尼夫雷特在那么小的时候就能写书，惊讶之余总会感到十分困惑。然而在我看来这并没有什么特别奇怪的地方，因为这是我对女儿进行早期教育的结果。

维尼夫雷特那样地热爱学习，完全是因为她在学习中能体会到了快乐。基于此，我相信女儿一定会为自己创造出一个美好幸福的未来。

案例连连看

讨厌学习的悠悠

悠悠今年 5 岁了，都上幼儿园中班了，但她特别不喜欢学习。为了让小悠悠好好学习，悠悠妈每天回家后都要给女儿做辅导。每次，妈妈都让小悠悠规规矩矩地坐在椅子上，然后逐字逐句地教小悠悠学习，可小悠悠总是心不在焉。

有一次，妈妈教小悠悠学习拼音，妈妈领着小悠悠读了很多遍，小悠悠还是不会读，妈妈特别生气地说："别的小朋友都爱学习，为什么就你不好好学啊！"小悠悠委屈地说："才不是呢，别的小朋友放学了都去玩，就我天天在家学习，我讨厌学习！"

专家解读

游戏是孩子学习的源泉

孩子的生活与游戏密切相关，游戏把世界丰富多彩的一面展示在孩子的面前，使孩子在玩耍的过程中培养了各种能力，知道了更多的东西。小悠悠的妈妈为了小悠悠的学习付出了很多的辛劳，但由于没有与游戏结合，让孩子觉得学习是一件枯燥无味的事情，再加上其他的小朋友都在玩耍，让小悠悠产生了心理不平衡的感觉，甚至讨厌学习。

作为父母，我们不能以大人的标准去要求一个懵懂无知的孩子。当孩子出现厌学情绪时，我们最好不要对孩子采取强硬的态度。我们可以换一种方式，用孩子喜欢的方式去引导孩子爱上学习。在这些方式里，游戏无疑是最好的选择。

教育要点

根据孩子不同的年龄阶段设计游戏表

年　　龄	孩子身心发育的特征	游戏特点
婴儿期 （0~1岁）	1.孩子的动作发展速度较快，学会了抬头、坐、爬、行走，小手也会抓握东西。 2.能发出一定的语音，对成人的语音能作出正确的反应，对外界刺激也有一定的反应。	针对婴儿期的特点，家长可为孩子设计一些以训练感官和动作为主的游戏。例如为4~6个月孩子做摇铃游戏，家长既可摇给他听，也可将铃放在孩子伸手够得着的地方，逗他去拿；当铃铛掉地上时家长应很耐心地为他捡，这样孩子在"觉得好玩"的过程中学会了握住与放开这个动作，会发出开心的笑声。
幼儿期 （1~2岁）	1.孩子已会独立行走，并会跑跳，双手动作也有了很快发展。 2.语言发展迅速，会用词和简单的句子表达一定的意思。	针对幼儿期的特点，家长可为孩子设计一些练习行走和学习说话的游戏，例如为1~2岁孩子设计追球、成语接龙、打电话、逛超市、洗衣服、看电视等游戏。
学龄前期 （3~6岁）	1.孩子的行走动作更加协调，双手的精细动作有了一定的发展。 2.智力发展迅速，会用完整的句子连贯地表达意思。	针对学龄前期孩子的特点，家长可为孩子设计一些跑、跳及练习精细动作的游戏和智力游戏，如串珠游戏、手指操游戏等。

我用打字机教会女儿学拼写

女儿通过 ABC 小木板的游戏方式学会字母后，我开始教她拼写。一个偶然的机会，我发现，打字机也许是一种很好的教孩子拼写的工具。

那一天，维尼夫雷特看到我正在使用打字机，就走到我身边，让我教她怎样使用打字机。因为我当时很忙，我答应第二天有时间会教她。第二天我外出回来时，竟然看见她在一张纸上用打字机打上了某一儿歌书中的一页内容。当然，她只是打上了字，既没分大小号，也没设置间距。虽然如此，这也不容易啊！我当即夸赞她打得很好。

从那天起，我就开始教女儿用打字机打字。她非常兴奋，每天都学着敲打各种诗歌和故事。就这样，女儿在还不到3周岁的时候，就在不知不觉中就学会了拼写，接着又学会了写诗和写故事。这以后，她天天用打字机打出一些古今名诗与著名文章，并在不知不觉之中背下了这些有名的文章。

当然，虽然有先进的现代工具，也不能把钢笔这种传统书写工具给遗弃了。由于孩子什么都喜欢模仿母亲，因此当维尼夫雷特也模仿妈妈要用钢笔时，我便利用这一机会，教她写字。为此，我努力让女儿学会使用钢笔写字。我觉得，只要父母耐心教，孩子是很容易学会的。

由于有了打字的基础，女儿在学习写字时，显得十分轻松。因为打字也是一种书写形式，只是没有一笔一画地书写罢了。大家都知道，孩子在刚开始学写字的时候，总是把字写得歪歪扭扭，并且还会出现很多的错误，这些都很正常。因为维尼夫雷特在学写字前，通过打字接触了大量的文字，所以她在书写时就很少出现错误，尽管写的不尽如人意，但比起其他孩子好多了。

有一天，我发现维尼夫雷特在写字时常常会犯一个错误。她经常会把 G 写成 C，我说了好几次，她都没能改正过来。后来，我让她把在打字机上打出的这两个字母与她用钢笔写的字母进行比较，小家伙很快就看出了他们的不同。"哇，妈妈，我知道了，原来 G 还有一个小尾巴呢。"当时我真的非常高兴。

女儿刚学会写简单的文章后，我开始让她天天写日记。这样，小维尼从2岁开始就学会写日记了。每当刮风下雨不能在室外玩时，她就坐下来拿出日记本，回想自己的幼年时光，感到很开心。我提醒每位父母：孩子幼年时代写的日记，将来对孩子会更加有趣，并且也会是她的子女最好的读物。

我还建议母亲们：抚养孩子时，母亲自己更应当写日记，来记录孩子的发育情况。这也是留给子孙后代的珍贵遗产，使他们在培养和教育孩子时，能够从中受益。

为了培养孩子写文章的兴趣，我还鼓励维尼给朋友写信。我认为，孩子如果对学校老师布置的作文不感兴趣，是因为她觉得那是在做功课，如果让她写有实际内容的信，她就会努力认真地写。此外，小维尼还给《圣尼古拉斯》

报写应征作品，她年仅 5 岁时便已经是该报的读者了，还获得了该报的金质与银质奖章。

最让孩子感兴趣的还是读书。不过父母们应特别注意的是，要留心孩子对书的选择。一个人喜欢什么书，常常决定于他第一次读的是什么书，并且孩子在幼年时期读的书往往能影响他的一生。

案例连连看

不爱写字的丹丹

丹丹今年已经上幼儿园中班了，幼儿园老师也开始教写字了，丹丹的爸爸妈妈对此特别重视，每天都在家辅导丹丹写字，但女儿每次都写得乱七八糟，有时根本就不肯写。每到这个时候，丹丹的爸爸妈妈就特别着急。

为了让丹丹学好写字，爸爸妈妈采用轮流监督的战术，监督丹丹写字，直到丹丹写好了，才肯罢休。不久，丹丹开始讨厌写字，每到写字的时候，就开始大哭小叫，家里简直乱作一团。丹丹的爸爸妈妈都是名牌大学的高才生，看到女儿的状况却百思不得其解：我们都这么优秀，怎么就生了个不爱学习的女儿呢？

专家解读

让孩子体会学习写字的乐趣

孩子在学龄前期正处在对学习的体验阶段，如果父母对儿童施加压力，儿童就可能体验失败，对学习产生反感，彻底失去学习的兴趣。丹丹的爸爸妈妈由于对女儿的要求过高，在女儿刚接触写字的时候，就对女儿采取了轮流监督的战术，让女儿感到写字是一件很可怕的事情，彻底地打消了女儿学写字的积极性。

对学龄前期孩子的父母来说，我们首先要做的不是灌输知识和培养技能，而是从培养兴趣出发，帮助孩子在学习中体会快乐。所以，我们不妨把学习和孩子平时喜欢的游戏相结合，让孩子在玩中学，学中玩，体会到学习的乐趣。

🌿 **教育要点**

写字的小游戏表

游戏名称	具体方法
涂格子	1.对于年龄比较小的孩子，可以让孩子在格子里图上不同的颜色，在涂颜色的过程中，不要让颜色超出格子之外，这是培养孩子未来写字能力的基础。 2.孩子4岁时，就可以让孩子在格子里写字了，为免局限过多，格子最好介于1.5厘米×1.5厘米或是2厘米×2厘米之间。另外，我们也可以在一张A4的纸上定一个字，再慢慢缩到小格子里
触摸字	家长可用特殊的纸（如砂纸）剪成数字、字母和字的形状，让宝宝用手指沿着书写顺序描绘。这样不仅可以让小朋友练习写字，还可以给他足够触觉的刺激。除了砂纸之处，家长也可以拿毛线拼贴成小朋友的名字，还可以利用不同颜色的毛线贴上爸爸妈妈及其他家人的名字，让孩子一边游戏，一边认字和颜色，一举两得。
连连看	1.家长可以拿一张纸先用铅笔写上一个简单的字，接着再用彩色笔沿着字点上虚线，之后再将铅笔笔迹擦拭掉。 2.请孩子用不同颜色的蜡笔或彩色笔沿着虚线连连看。家长还可以和孩子比赛，看谁先连成一个字。

女儿在模仿的快乐中获得了知识

对于现在许多美国的学生而言，拉丁语是非常艰涩的。由于拉丁语是西方很多语种的起源，人们要进行学术研究就必须先打下良好的拉丁语基础。对于学习外语的人而言，一旦学会了拉丁语，学习别的语言，比如法语、德语、意大利语等，就是一件十分容易的事儿了。

在我看来，孩子们如果从小就能打下坚实的拉丁语的基础，以后学习外语就会易如反掌。也正是基于这个原因，维尼夫雷特刚开始学会说话的时候，我就下定决心坚持教女儿拉丁语。

针对婴儿的听觉比视觉敏锐的特点，我把用听的办法来教女儿拉丁语作为重点。在我的细心教育下，维尼夫雷特4岁就能够灵活地使用拉丁语说话和读写了。

女儿曾经和一位来自蒙特尼哥大学的拉丁语教授交流，遗憾的是这位教授竟然一点也听不懂。其实这种现象也很普遍，学校里拉丁语成绩好的学生往往听说能力特别差，这是由于他们学到的知识都来自于书本和各种图表，学校更偏向语法而不是实际的运用。因此，学校就培养出了许多与这位教授一样只能看，听不懂，也不会说的人。

现在的大学生一般都不喜欢学习拉丁语，这主要是因为他们没有在早期给自己打下学习拉丁语的基础。因此，在我看来，尽早开始给孩子打好学习拉丁语的基础是十分有必要的。我的女儿还在摇篮里的时候，我就已经开始培养她学习拉丁语了。

我认为学习语言首先应该从听说开始，如果只懂句子与结构，那就失去了学习语言的意义和价值。其实小孩子的语言天赋是很高的，他们非常善于模仿。鉴于这一点，母亲们应该在各种游戏中让他们体会到模仿的快乐，并进一步丰富他们的知识。

维尼夫雷特有13个不同国籍的玩偶，每天早晨，我会和她一起给这13个玩偶说"你好"。我们使用的是不同国家的语言，并模仿不同人的语气说出来，维尼夫雷特十分喜欢这样的方式，她总能准确而清晰地发音。

另外，我每天教给她一些简单的拉丁语的句子，通过游戏的方式训练她的听说能力。日积月累，女儿不但学会了一些简单的句子，还能用多种语言表达自己的思想。

女儿5岁时，就能记住《艾丽绮斯》的第一卷以及各种著作者的名诗500首以上。现在还能背诵西塞罗、恺撒、利维乌斯亚等人著作的部分内容。

为了学好外语，弄清词源是非常有用的。我教会女儿从小就这样做，现在她还有好几本笔记。当她记住某一个拉丁语的单词时，就会接着寻找由此产生了哪些现代词，并把它们都记在笔记本上。不过我认为，教女儿学习外语最有效的办法还是各种游戏。

我认识一位小学六年级的小姑娘。有一天她对我说："在我们班里，我是文法学得最好的一位，我这次考试拿了98分。"

我向她祝贺，并问道："你父亲对此表扬你了吗？"

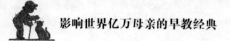

她回答："Oh，nuthin；he don't never say nuthin bout my school grades."（他从来不说什么。）

于是，我问她："你的老师教过你 nuthin，he don't never say nuthin 这类的说法吗？"

她说："I don't."（不知道。）

事实上，这位小姑娘说出的英文都是错误的。她的考试成绩再好，实际上等于什么也没学会。

案例连连看

爱模仿的波波

波波的舅舅给两岁半的波波买了一张幼儿英语光盘，由于光盘里有很多英语歌谣，妈妈总是在波波一个人玩的时候，就给他播放光盘。小波波一听到音乐，总是快乐地手舞足蹈，那样子简直可爱极了。

有一天，妈妈发现波波抱着玩具苹果，一个劲地喊着一些模糊不清的音符，还把玩具苹果往嘴里塞。经过仔细辨认，妈妈发现波波念得居然是苹果的英语发音。出于好奇，妈妈把正确的发音念给波波听，想不到的是波波不仅正确地读了出来，还把苹果塞给妈妈吃。

妈妈感到奇怪极了，从来没人教波波学英语，小波波怎么会说英语呢？正想着，突然听到音乐里苹果的英语发音，妈妈回头一看电视，发现电视里的小朋友也正在吃苹果呢，妈妈恍然大悟。

专家解读

模仿本身就是有趣的游戏

模仿是一切学习的起源，对孩子来说，模仿不仅是学习的起源，也是一种十分有趣的游戏。波波的妈妈并没有刻意地去教波波学习英语，而小波波也没有意识到自己在学习，对于两岁半的他来说，模仿本身就充满了乐趣。

所以，如果我们想让自己的孩子很好地掌握住一门语言，不妨从最简单的模仿开始，让孩子在模仿的过程中体会到学习的快乐。等到孩子有了一定的兴趣后，再结合一些学外语的小游戏，让孩子快乐地学外语。

🌺 **教育要点**

快乐学外语的五种小游戏表

游戏名称	具体操作方法
高低音	教孩子学单词时，家长可以用手势表示高低音。家长手抬高，孩子相应地要大声把单词念一遍；手抬低，孩子就小声念。
木头人	家长可以让孩子跟着音乐读句子，家长可以和孩子一起说，当家长说："停！"孩子必须马上停止。如果孩子做得好就可以给予一些奖励。
仔细听	家长一边读单词或是句子，一边躲起来，并且声音越来越小，让孩子重复家长所说的内容，锻炼孩子的倾听能力。
跳房子	在地板上画出有很多格子的小房子，在房子里放进单词卡片或句子，要求幼儿跳格子前要大声地念出单词或句子。
跨越障碍	将地垫或是其他的障碍物摆成一定的形状，在障碍物上放上单词卡片或实物，要求幼儿先说出障碍物上的单词或实物，才可以跨越障碍物，跨越后还要大声地重复一遍刚才的单词。

游戏让女儿爱上了数学

我在培养女儿的过程中发现一点，在所有的学科中，数学是最难让孩子感兴趣的学科。虽然我曾通过游戏很轻易地就教会了女儿数数，并用做买卖的游戏很容易地让她掌握了钱的数法。然而，当我在教女儿乘法口诀时，却遇到了麻烦：女儿有生以来第一次厌倦学习。

这一点让我十分担忧。女儿5岁时，已会用8个国家的语言说话，还在报刊上发表了许多诗歌和散文，在神话、历史及文学方面，她的水平已经能和初中毕业生相提并论。可是，在数学方面，女儿连乘法口诀都学不会。她是否在学业上出现偏科了？一个偏科生是不符合我培养孩子的理想的，因为我的理想是让女儿均衡发展，在成才的同时感到真正的幸福。我认为，片面发展是不能成为真正幸福的人的。

尽管我对女儿厌倦学习数学很苦恼，但并没有强制女儿死记硬背乘法口诀，因为我坚信强制是行不通的，反而很容易抑制孩子性格的健康发展。最终，我的苦恼在和洪布鲁克教授的一次幸会中被解开了。为了宣传世界语的优越性，我曾带女儿到纽约州的肖特卡去演讲，在那里，我很幸运地遇到了芝加哥的斯他雷特女子学校的数学教授，她就是洪布鲁克女士，她的数学教学技巧十分高明。

在听了我的忧虑后，她一语道破了问题的症结所在："虽然你女儿缺乏对数学的兴趣，但这并不意味着她在片面发展，而是你的教法不正确所致。因为你不能让孩子学习数学的过程充满乐趣，因此孩子也就不会对学习产生兴趣。你自己喜欢语言学、音乐、文学与历史，所以能有趣地教孩子这些，孩子也能学得好。可是数学这门学科，因为你自己就不喜欢它，因此就不能饶有趣味地教，孩子自然厌恶它。"

接着，这位杰出的女士十分热情地教给我一套教数学的方法，还用大量的事实来向我证明她的方法的重要性。

那天晚上，我仔细琢磨了这位教授的话，最后得出了一个结论：有兴趣才能学好一切。我认真反思了一下我教女儿数学的方法，确实存在很大的问题。

虽然我知道用游戏的方法来教女儿数学，但由于我的兴趣都在文学、历史和艺术上，在教女儿的时候会想出各种花招，不停地变换花样，让女儿时刻对它们保持着极大的热情。可是我对数学一直都抱有十分冷漠的态度，我想，在我教女儿时一定显得特别枯燥，让女儿失去了学习数学的热情。为了让心爱的女儿学好数学，我决定让自己也去喜欢数学。

从那之后，我每天都挖空心思地改变教学方法，还专门下功夫学习数学，给自己补课。这样一来，我的数学水平不仅有所提高，还对女儿学数学帮助不小。

为了让孩子对数字感兴趣，我在日常生活中，也时常和女儿进行数学游戏。例如把豆子和纽扣等一起放入纸盒里，母女二人每人抓出一把，数数看谁抓的多；或是在吃葡萄等水果时，数数它们的种子；或是在帮助女佣剥豌豆时，一边剥一边数不同形状的豆荚中各有几粒豌豆粒。

很快，维尼夫雷特就对数学产生了很大的兴趣。一旦有了兴趣，以后的教学就进行得十分顺利，从算术开始一直到学会代数和几何，整个过程非常轻松。

我记得有一次，我在女儿的每个手指上各画一个小红点，和她一起做数学游戏。

我问她："你手上一共有几个小红点？"

她开始回答不出来。

我再问她："那么你数数你有几个手指头呢？"

她立刻回答出来："10个。"

我又问她："你有10个手指头，每个指头上都有一个小红点，那么共有多少个小红点呢？"

这时她弄清楚了："自然是10个。"

我接着问她："10个减5个还有几个呢？"

她又不明白。

于是，我把她的一只手放在了她的身后，问她："你看这一共几个？"

"5个。"她答对了。

我对她说："你看啊，因为你每只手都有5个手指头，所以每只手就有5个小红点。两只手加起来就有10个小红点。你把一只手藏起来呢，就只剩下一只手，一只手只有5个手指头。这就是10减5。你看看，10减5等于几呢？"

女儿想了想，回答说："10减5等于5。"

在我的引导下，女儿渐渐地学会了10减5、10减2、5加5、5加3等一系列基本的加减运算。

接着，我又用同样的方法教女儿学习乘除法。

我问她："一只手有5个手指头，那么两只手有几个手指头呢？"

她立刻回答："有10个。"

然后，我告诉她这就是乘法，叫作5乘以2等于10。接着，我又让她把自己的脚趾也算进来，就这样，慢慢的，她又学会了5乘以4、5乘以3、10乘以2等一系列基本的乘法运算。

一天，女儿兴致勃勃地跑到我跟前，她对我说："妈妈，我知道怎么做乘法题了，我现在学会了5乘以6、2乘以3，还会很多其他的乘法运算呢。"

我惊讶极了，马上问她是怎么学会的。

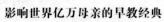
"我刚才想如果把爸爸也算进来，那么我们就有6只手，这样每只手都有5个手指头，我们就一共有30个手指头，这就等于5乘以6得30，对不对？你看，我有2只胳膊，你有2只胳膊，爸爸也有2只胳膊，我们三个人一共就有6只胳膊，这就等于2乘以3得6。"看见她兴奋的样子，我开心极了。

接下来的日子里，维尼夫雷特面对乘法口诀的时候，就不像以前那样厌倦了，表现出极大的兴趣。不久，她就将乘法口诀完整背了下来。

案例连连看

排斥数学的涛涛

涛涛的妈妈是个数学天才，从涛涛3岁开始，妈妈就开始教涛涛学数学。刚开始，涛涛对数字感到好奇，学得很认真，很快就会从1数到10了。接着妈妈开始教涛涛认识数量，妈妈反反复复教了很多遍，但涛涛总是出错。

妈妈为了让涛涛早点学会，就给涛涛讲了很多关于数字之间的逻辑关系，希望涛涛可以弄清数字之间的逻辑。奇怪的是，涛涛把她说的逻辑顺序都能完整地说下来,但就是不能成功地分清数字的多少。更令涛涛的妈妈苦恼的是，涛涛开始觉得学数学是一件很困难的事情，对数学越来越排斥。

专家解读

数学要"教而有法"

数学是一种比较抽象的知识，对于父母来说，教孩子数数字还算轻松，但要真正让孩子把数字和数量的关系弄清楚，认识数学，喜欢数学却很困难。涛涛的妈妈在教儿子学数学时，向儿子灌输数学的逻辑关系，其实是很不明智的行为，因为对于一个3岁多的孩子来说，他根本不知道什么是逻辑关系，他学习的目的是从学习中获得快乐，一旦学习不能让他感到快乐时，孩子就会本能地排斥学习。

因此，在教孩子学数学的时候，我们最好能从兴趣入手，采用一些孩子容易接受的方法来指导孩子学习。例如，我们可以将数学转换成有趣的游戏，结合实物来让孩子弄清数量间的关系，让孩子在游戏的同时学会知识，并体会到学数学的快乐。

教育要点

轻松学数学的四种游戏方法表

学习项目	游戏名称及操作方法
认数字	公园游戏：带宝宝去公园玩，让他收集一些喜欢的树叶，然后妈妈在地上写下1~10这10个数字，并让宝宝把拣来的树叶按照数字1放1片，数字2放2片的规律一直放到数字10。这样宝宝就在树叶的帮助下，直观地学会了1~10这10个数字，并了解了数名、数字、数量之间的对应关系。
学数数	马路游戏：带宝宝出门，走在马路上就可以和他玩数数游戏了，数数的对象可以是汽车、树或者电线杆。数汽车时，可以站在一个地点，数数1分钟内共有多少辆汽车开过，当然为了让游戏更有趣，可以只数某种颜色或某种类型的汽车。
学加减	拔萝卜：老太太在山里种了颗大萝卜，怎么都拔不动。后来老爷爷来帮忙，萝卜还是不动。（这时可问，现在有几人在拔萝卜？）接着来了两个小姑娘帮忙，也没拔动萝卜。（这时可问，现在有几人在拔萝卜？）最后，在三个小伙子的帮助下，大萝卜被拔出来了。（这时可问，一共有几人在拔萝卜？）用有趣的故事一步一步引导宝宝使用加减法。
学乘除	餐桌游戏：吃饭前，可以给宝宝布置分配碗筷的小任务。"今晚有七个人来家里吃饭，在这七个位置上各放一双筷子，我们需要几双筷子？"孩子回答对后，对孩子进行鼓励，然后进一步引导孩子。"每双筷子有两根，那七双筷子就有十四根了。现在我们来摆碗，七个人需要几个碗呢？"这种一配一的概念当然不久就会延伸到乘与除的概念了。

第六章

遨游在想象的天空

千万不要扼杀孩子的想象力

在我们周围，有很多人，无论干什么都只讲究事实，他们排斥想象，不懂风趣，更不知道怎样在想象之中得到生活中的另一种快乐。

更让人无奈的是，这些人还将这种枯燥无味的生活态度传染给自己的孩子。在这种沉闷的气氛中，孩子们根本就得不到快乐，就连想象力的发挥和其他智力的发展都受到了这种气氛的严重影响。

在我们学院有一位颇有名气的教授——莱斯顿教授。他对自己研究的科目可以说是兢兢业业，但在我的眼里，他却是一个只会翻书本，一点想象力都没有的老古板。

莱斯顿教授虽然在学术上有一定的威望，却总是爱板着脸，用成套成套的清规戒律教育自己的学生。在认识莱斯顿教授的所有人里，很少有人听到他对学生说："按你的想法去做。"他总是喋喋不休地对自己的学生说："千万不要这样，千万不要那样，千万别胡来，这太不合规矩了。"对于莱斯顿教授的严谨，我表示一定程度的赞赏，但对于他那种古板的教学方法，我感到十分的厌恶。因为这种枯燥的教育方式不可能造就优秀的人才，反而会让学生们失去生活的乐趣。

莱斯顿的儿子卡勒斯也和父亲一样，虽然拿到了很多学位，但也是个只会啃书本的书呆子。据说，在卡勒斯四五岁的时候，就已经成了当地众所周知的"小大人"，人们虽然都说他懂事，但私下里又对他议论纷纷：这个孩子成天板着脸，像他的父亲一样，一点也没有孩子的天真活泼样。

后来，我得知了卡勒斯小时候的教育状况，顿时恍然大悟。原来小卡勒斯那种没有生机的性格不是天生的，而是他的父亲莱斯顿教授一手造成的。

有一次，5岁的卡勒斯拿着自己刚画好的一幅画，兴冲冲地跑到父亲（莱斯顿）跟前。

"爸爸，爸爸，你看我的画，漂亮吗？"卡勒斯满怀期望地望着父亲，他多么想得到父亲的赞扬啊。

"你画的是什么呀，嗯？一点也不像。"父亲给卡勒斯泼了一瓢冷水。

"哪儿不像呢？"卡勒斯问。

"天空不可能是这种蓝色，还有这些花，画得太大了。"父亲不客气地批评道。

"可是……"

"不要可是，先听我说完。"莱斯顿先生不顾儿子的解释，继续大力讨伐。"胡闹，怎么这儿还有个小人？人怎么可能飞到天上去？完全不符合逻辑。"

"可是我觉得这样很好啊。这是我想象的。"卡勒斯辩解道。

"想象？干吗要想象？做事不应该凭想象，应该凭事实。"

"可是，画画的时候，想象是可以的。"

"不，不，不能靠想象，想象不能带来任何实际的好处。"

"可我觉得只有想象才能画得好，而且，想象会使人快乐。"卡勒斯说出了自己的想法。

"胡说，我就不靠想象，但我不也一样快乐吗？"莱斯顿先生得意地说。

"可是别人都说你太死板，都不愿意和你打交道。"

这句话惹怒了父亲，他给了儿子一记耳光。

"一派胡言！一派胡言！我警告你，无论如何，我就是不许你胡思乱想，干什么都必须讲事实。"

从此，小卡勒斯再也不敢说什么想象了，也不再画画，而且，本来活泼的性格也变得阴郁起来。后来，人们发现小卡勒斯变得和他父亲一样，只会死读书，毫无情趣。事实上，虽然莱斯顿父子学问很好，却始终没有取得多大的成就，他们的生活始终是那么枯燥和孤独。

我记得维尼夫雷特在四五岁时也喜欢画画，他时常和卡勒斯一样将自己充满想象力的画拿给我看。每当这个时候，我都会极力地赞扬她的想象力，至于她画得到底像不像，对我来说一点也不重要。

不仅如此，我还鼓励她充分发挥自己的想象力，让她大胆一些，再大胆一些。在我的鼓励下，维尼夫雷特不仅画得越来越好，也变得越来越快乐，越来越健康了。

🐿 案例连连看

祖国的花朵

幼儿园放学了，妈妈去接小海回家。路上，小海委屈地问妈妈说："妈妈，我是花儿吗？"妈妈马上肯定道："是啊！你是祖国的花朵啊！"小海哇的一声哭了起来，委屈地对妈妈说："老师说是错的，说小海不是花儿，还不给我小红花。"

原来，今天在幼儿园的时候，老师提问了小朋友们一个问题："你们都知道哪些花儿？"孩子们一个接一个回答，有的说玫瑰，有的说月季，有的说桃花，老师给说对的小朋友每人一朵小红花。等轮到小海时，小海站起来大声地说："我，我是花儿！"听了小海的回答，老师愣了一下，接着马上更正道："错，小海说错了！不奖励小红花！"全班的小朋友都得到了小红花，只有小海没有。

🐿 专家解读

没有标准答案

孩子的天性之一就是富有想象力，当我们提出一个问题时，孩子们总是会有一些奇思妙想。小海就是一个极富想象力的孩子，当老师说到花儿时，他马上想到了自己也是祖国的一朵花儿，而且勇敢地说了出来。老师的反应是我们当今教育中经常会出现的现象，她的做法虽然规范了问题的答案，却限制了孩子想象力的发展，对孩子想象力的形成和发挥都十分不利。

今天的教育,最突出的一大弊端就是过于讲究实际,让孩子错误地认为"想象不能当饭吃",完全扼杀了孩子的想象力和创造力。作为父母,我们在教育孩子的过程中,一定要十分明确,对孩子来说,没有标准答案,因为想象力比知识要重要得多。当孩子出现与众不同的答案时,一定要多引导,多鼓励,少否定,少限制。

教育要点

家长行为影响孩子的想象力表

培养孩子想象力的行为	扼杀孩子想象力的行为
1.与孩子一起学习,并在这个过程中鼓励孩子发问、比较、猜测、画下来、演出来、发表不同的想法。 2.多让孩子做一些脑筋急转弯的练习,鼓励孩子思考时多转几个弯,同时鼓励他们不按成年人的思维定式进行思考。 3.鼓励自己孩子拆装废旧物品,适当给孩子买一些智力玩具。 4.常给孩子一些想象力方面的训练,让孩子独立完成一些事情,充分发挥孩子的想象力。	1.从小向孩子灌输大量的现成知识,让孩子失去了对未知世界的探索兴趣。 2.给孩子唯一正确的标准答案,制止孩子的与众不同。当孩子有什么奇思妙想时,完全忽视或是都给予否定。 3.不允许孩子破坏家里的任何东西,不给孩子买玩具;给孩子买过多的玩具或是买很多不适合孩子发展的玩具,这些行为都会抑制孩子的创新能力。 4.替孩子做事,比如替孩子洗碗、洗衣服、背书包、系鞋带,使孩子丧失基本的动手能力和好奇心。

维尼夫雷特"不见"了

　　在女儿很小的时候,我就给她讲那些伟大人物的故事。我要让她懂得想象力是多么重要的一件事情。我还告诉她,一个没有想象力的人不但不能成为诗人、小说家、艺术家,就连数学家和法律学家都成不了,更不要说要成为一个成功的人了。

　　我不仅告诉女儿想象力的重要性,还告诉她想象力可不是胡思乱想,而是开发人的智力的源动力。

有一次，维尼夫雷特对我说："妈妈，人们都说想象力是艺术家的事情，如果我不想成为一个艺术家就应该从实际出发，一切以实际为标准。"

听了女儿的话，我知道她还没有弄清想象力和实际之间的关系，于是就耐心地给她讲其中的道理。"从事实出发当然是正确的，有想象力并不意味着就是不从实际出发。没有想象力的人事事都以实际为标准，被实际里的条条框框所限制，这样的人干什么事情都会畏首畏尾，没有开拓新事物的勇气和能力，这样的人只能是一个平庸的人。妈妈让你有想象力，并不是要求你什么都要全靠想象，而是要你在实际的基础上发掘出新的东西。"

维尼夫雷特说："是的，艺术家需要想象。那科学家呢？难道科学不是完全以实际为依据的吗？"

"当然，科学是以实际为依据的。如果没有想象力，科学同样也不会有进步和发展啊！"

"这是为什么？"维尼夫雷特不解地问。

"如果没有想象的出现，人们就不会发现水有浮力，更别说发明大船了！如果人们没有想象力，恐怕我们现在还住在山洞里呢。"

"原来是这样的啊！我明白了，要是没有想象力，人们就不可能造出汽车和火车，我们就不会像现在一样生活。"

"你说的太对了，那你现在知道应该怎样做了吗？"

"当然了！我现在知道世界上最美好的事物都来自于人们的想象，我一定要充分发挥自己的想象力。"

从那天起，维尼夫雷特不光在画画和音乐上尽情发挥自己的想象，还把自己奇妙的想象力充分地用到了自己的游戏和生活之中。

有一天，维尼夫雷特和邻居家的孩子们一起玩捉迷藏，孩子们都选择有遮掩的地方，躲在门的后边或是院子里的灌木丛中。因为平时都是藏在这些地方，所以很容易就被人找到了。这一次，我可爱的维尼夫雷特充分地发挥了自己的想象力，她不仅没有藏在平时藏的那些地方，还把自己暴露在了客厅的沙发上，只是她用一块大花布包裹住了自己。

不一会儿，孩子们就一个一个地被找了出来，只有维尼夫雷特一直都没有被找到。游戏结束了，孩子们依旧没有找到我的宝贝女儿。不一会儿，他们找到了我，告诉我，维尼夫雷特不见了。

我奇怪极了，房间也就这么大，维尼夫雷特能躲到哪去呢？难道跑到外面去了，可是我一直在房门口，根本就没有看到她。

"维尼夫雷特，快出来！我们都知道你赢了。"我大喊了几声，但维尼夫雷特一直没有出来。

孩子们又在房间里四处寻找了一遍，还是没有发现维尼夫雷特，大家都感到很奇怪。难道说维尼夫雷特消失了？不然我们不可能找不到她。

我们无奈地站在客厅里，不断地猜测她可能躲藏的地方。突然我听到维尼夫雷特隐隐的笑声。在那一瞬间，我注意到了沙发上胡乱卷放着的一堆花布，这个小机灵鬼竟然躲在这里！她的身材比较瘦小，当她蜷缩在里面时，我们根本无法发现任何异样。

"维尼夫雷特，你怎么会想出这样的办法？"我好奇地问道。

"别人总以为我会躲在不容易找到的地方，我却偏偏躲在客厅里最显眼的地方，你们谁也没有想到，是不是？是因为想象力，我才想出了这个办法。妈妈，你不是说过想象力能撑起整个世界吗？现在我只是把它运用了啊！"

案例连连看

学剪纸

小玲的女儿晶晶特别喜欢学剪纸。有一次，妈妈剪了一个圆形，让晶晶照着剪，结果晶晶剪得"乱七八糟"。妈妈拿着晶晶的作品去向爸爸告状："你看，晶晶剪得一点也不像个圆形。"爸爸看到晶晶的作品后，也哭笑不得，就问："晶晶，你剪得是圆形吗？"

晶晶小嘴一噘："才不是呢！"她拿起自己的作品，一个一个地讲给爸爸听。"你看，这个是我压扁的皮球，这个是我的小铃铛，这个是爸爸的头……"听到小晶晶的回答，爸爸妈妈都愣了。

专家解读

用游戏激发孩子的想象力

孩子的想象总是会令我们这些大人感到不可思议。在剪纸的过程中，小玲妈教给女儿的是剪一个圆形，但女儿却剪出来很多她想不到的东西。对于晶晶来说，她根本不知道什么是圆形，当妈妈把圆形展示给晶晶看时，晶晶的想象力充分地发挥了作用，让小晶晶创造了自己与众不同的作品。

想象能够撑起整个世界，世界上任何一项发明，都含有想象的因素。在孩子小的时候，我们一定要让孩子多玩一些可以激发想象力的游戏，让孩子们在玩耍的过程中，不仅能获得来自游戏本身的快乐，还能充分感受到想象所带来的无穷乐趣。

🌿 教育要点

开发孩子的想象力的游戏表

游戏名称	具体做法
自制望远镜	准备一张纸，教孩子将纸卷成圆筒状，当望远镜。然后，教宝宝拿着自制的"望远镜"环视周围的物体。
敲水杯	准备几个玻璃水杯，往杯子里添加不同量的水。然后，让孩子拿筷子去敲击不同的杯子，听听发出的声音有什么不一样。
剪纸	给孩子准备一些纸和一把安全剪子，让他随意地剪。开始时，你要先教孩子拿剪子的正确方法。当宝宝剪出不同形状的时候，可以让他说一说，剪的像什么。
购物	大人去超市购物的时候，可以带上孩子。在购物过程中，可以和孩子讲一些相关的话题。比如，你要买胡萝卜，可以这样对宝宝说："胡萝卜是我们常吃的蔬菜，它会摆在哪里呢？"如果孩子找到了，就好好地鼓励他一下。
编故事	给宝宝讲故事的时候，可以讲讲停停，让宝宝自己续编故事。

❧ 神话和传说给女儿插上了想象的翅膀 ❧

很多人往往会忽视神话故事和传说的重要性，他们认为这是没有价值的东西，但我却不这样认为。我时常给维尼夫雷特讲美丽的神话和传说来开发女儿的想象力。

维尼夫雷特本身也非常喜欢这些故事，她和其他小孩子一样，也喜欢坐在青青的草地上眺望夜空中不停眨着眼睛的星星。每当此时，我都会轻轻挨着女儿坐下，给她讲一些有关星座的神话故事。

一天晚上，小维尼夫雷特像往常一样坐在院子里，眺望星空，看得十分出神。

"孩子，你在想什么呢？"我悄悄地走过去。

"星星上是不是真的有仙女呢？"

"你认为呢？"

"有，当然有。"

"为什么呢？"

"你看那些星星那么明亮，一定是那些仙女把它们擦干净的。不然，它们怎么会那么亮呢？"

"是的，我也认为有仙女。你看，她们多么勤快啊！你要向她们学习把自己的东西都收拾得干干净净的才行。"

"嗯，妈妈，你说天上到底有多少星星呢？"

"啊，这我可不知道。我认为，天上的星星是数不清的。我想，谁也不知道到底有多少。"

"哇！那就是说世界上有数不清的仙女啦？"

"当然！"

"可是，我怎么见不到她们呢？"

"孩子，仙女并没有什么神奇的啊。一个勤劳、善良，有美好心灵的人，就能成为美丽的仙女。"

听了我的话，维尼夫雷特高兴地笑了。"妈妈，那些星星上到底有什么呢？有人住在上面吗？"

"这个我也说不清楚。这个问题，现在有很多天文学家在研究呢。"

"天文学家是做什么的呢？"

"天文学家是大科学家，他们专门研究宇宙的秘密。他们专门研究太阳上有什么，月亮上又有什么，还研究那些星星离我们有多远呢。"

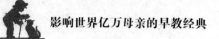

"这么说，天文学真有意思啊。妈妈，我也想研究天文学。"

"这很简单啊！只要你努力学习，一定能成为一名优秀的天文学家。"

那天之后，维尼夫雷特简直成了一个天文迷，成天缠着我给她讲关于宇宙的故事。我当然会尽力满足女儿的求知欲了。我不仅给女儿讲故事，还专门买了一些有关宇宙的插图版科普书籍让她看。

在我的熏陶下，维尼夫雷特4岁的时候就掌握了大量的天文学知识，和她同龄的小朋友掌握得远远没有她多。

我时常看见孩子们聚在女儿身旁一起讨论世界的奥秘，大多时候都是女儿在讲，其他的小朋友在听。

有一天，女儿给小伙伴讲了有关太阳系的事，她的学识让其他的小朋友感到吃惊。

"我告诉你们，我们生活在宇宙中的一个很小很小的星球上。"维尼夫雷特说道。

"小星球，不会吧，地球怎么会是小星球呢？"

"我们不是生活在大地上吗？"

"不是的！我们生活在城里。"

……

孩子们七嘴八舌地议论起来，维尼夫雷特拿出画有太阳系的图画给这些孩子们看。

"你们看看，这个就是地球，这是火星、水星……这些星球都围绕着太阳旋转。"维尼夫雷特一边翻书，一边把自己知道的都分享给小伙伴们。

"可是你说地球是个小星球，这是为什么呢？"

"当然小了，你们看这张图中，地球就是一个小点。太阳系有那么大，有九颗行星和太阳。可是宇宙中还有多得数不清的其他的太阳系呢。你们想想，这样一来，地球不就是宇宙中的小星球吗？"

"我却觉得地球很大，我父亲花了好多时间在世界各处旅行，都没有走完地球呢！"一个小女孩不服气地说。

"这个有什么奇怪的！地球再小也比人大很多的啊！这只能说明我们人类在宇宙中实在太渺小了。"维尼夫雷特解释道。

就这样，维尼夫雷特从眺望星空开始喜爱上了天文学，并学习了大量的自然科学知识。她从对神话、传说的想象开始，对科学产生了浓厚的探求兴趣。

案例连连看

星星是从哪里来的

5岁的静静是个好奇心很强的小姑娘，总是问妈妈很多奇怪的问题。有一次，妈妈正在做饭，静静坐在小凳子上看着，忽然提了一个问题。"妈妈，星星是从哪儿来的啊？"妈妈听了以后，觉得女儿的问题一点也不实际，就心不在焉地说："不知道！"

不一会儿，女儿又问："妈妈，星星是月亮的宝宝吗？"妈妈听了感到很好笑，就说："不是！""那星星是谁的孩子呢？"静静马上接口道。妈妈感到厌烦了，就对女儿说："你怎么这么烦人啊！看不到妈妈在忙啊！不要再问我了！"静静委屈地走出了厨房，以后再也不敢问妈妈一些"奇异"的问题了。

专家解读

别扼杀了孩子的想象力

很多家长朋友都会惊叹于发明家的想象力。其实，每个孩子都有丰富的想象力，只不过，有的被家长注意到了，有的却被家长忽视掉了。静静今年5岁了，正是好奇心强烈，想象力丰富的年龄，她会突发奇想问妈妈"星星是哪里来的"？这本来是一件值得惊喜的事情，因为孩子开始独立思考问题了，静静的妈妈却没有意识到女儿的发展，对女儿的突发奇想给予了嘲笑，甚至斥责，严重地打击了静静想象力的成长。

作为父母，当孩子喋喋不休地问我们一些问题时，我们要尽可能地引导孩子发挥自己的想象力回答问题，多说一些"你觉得呢""你再想想"等话语。当孩子回答出的问题让你哭笑不得时，也不要嘲笑甚至斥责孩子，多给孩子一些肯定和鼓励，让孩子体会到想象的快乐。

🐾 教育要点

3~6岁幼儿的想象特点表

年　　龄	幼儿想象的特点
3~4岁	1.幼儿的想象活跃，他们的脑袋里经常装着许多神奇美妙的东西。这时的想象是自由联想性质的无意想象。 2.无意想象在幼儿的想象中占主要地位，是最简单最初级的想象。
4~5岁	1.这段时间是幼儿想象力最发达的时候。 2.随着幼儿活动的日益丰富，无意想象中出现了有意成分。幼儿在日常生活中接受了那些适合自己的教育内容之后，会以自己的方式进行消化、吸收并使之内化为自己知识经验的一部分。 3.幼儿可以将基于教育内容的新知识经验与自己已有的知识经验相联系，通过新的知识经验和已有知识经验的联结进行想象。
5~6岁	1.幼儿的想象开始带有明显的创造性，想象内容进一步丰富。 2.想象的内容新颖性程度增大。新颖性的出现表明幼儿已经具有了对各种内容进行处理，并在此基础上结合所要解决的问题展开多方面的想象能力。

❀ 幸福快乐的人都拥有想象力 ❀

女儿小的时候，我经常这样对她说，对于一个人来说，再也没有比拥有丰富的想象力更重要的事了。我告诉她，那些善于想象的人，当他遇到不幸时也会感到幸福，即使他陷入贫困也会感到生活的快乐。而那些不善于想象的人，只会在生存中屡屡失败，不会取得什么大的成就。

有一天，维尼夫雷特告诉我，她的小伙伴托尼最近总是垂头丧气，对什么都不感兴趣。

原来小托尼生了一场大病，整天躺在床上，不能和小伙伴们一起玩，他感到非常沮丧。有一次，维尼夫雷特去看望他，还特意给他带去了很多有用的书籍，托尼似乎一点儿也不感兴趣，还说这些书没有用。为了让托尼高兴起来，维尼夫雷特还给他讲了很多有趣的故事，但他依旧不为所动。

"你就不能想象一些美好的事情吗？"维尼夫雷特问道。

"想象？想象有什么用？"托尼这样回答。

"想象可以让你摆脱生病的痛苦，还会让你的心情好起来啊！"维尼夫雷特劝道。

"才不是呢！想象一点用都没有，我现在只想快点好起来，马上出去玩！"托尼沮丧地说道。

"在你生病的时候是不能出去玩的，为什么不读点书改变一下糟糕的心情呢？"维尼夫雷特还是不放弃地劝道。

"你确定这样做有用吗？"托尼问道。

"当然有用了。有一次我生病了，就是通过想象才治好的，一点也不像你现在这样灰心丧气。那时候，我躺在病床上，经常会想象我自己在美丽的大草原上奔跑，我还穿着一件美丽的花衣服，在蓝色的天空飞翔呢。我一这样想，马上就会忘了自己生病这件事，还过得很开心呢。"维尼夫雷特向托尼介绍自己的经验。

托尼终于被维尼夫雷特说服了，但他闭上眼睛，什么也想象不出来。只想到自己现在正在生病，不能出去玩。维尼夫雷特给他讲了很多的故事，但托尼依旧那么沮丧，没有一点好转。

其实，在我们的生活中还有很多像托尼这样的人。他们没有想象力，一遇到困难就会自怨自艾，快乐不起来。

由于我的教育，维尼夫雷特具有极其丰富的想象力。这不仅为她的智力发展打下了良好的基础，还对她乐观性格的形成有着很大的影响。

维尼夫雷特5岁的时候，她的舅母不幸去世了。刚听到这个消息的时候，维尼夫雷特就陷入了极大的痛苦之中，为此她不知道哭了多少次。

有一天，维尼夫雷特突然不哭了，还去安慰正陷在痛苦中的舅舅。后来我问维尼夫雷特，为什么会想到安慰自己的舅舅。

她居然说出了一番让我惊讶不已的话："我想，舅母是个很好的人，虽然她去世了，但我相信她的灵魂一定得到了安息。舅母一定驾着美丽的云彩，到了天堂，在天堂里享受着幸福的时光。我这样想，就不再那么伤心了。看见舅舅这么伤心，我想让他像我一样想，我希望舅舅能够很快高兴起来。"

听了女儿这番话，我感到特别欣慰。我相信女儿这么小就能够如此乐观地看待周围的事物，等她长大之后，一定有足够的能力去应对所有的挫折和挑战。

很多人觉得用想象摆脱痛苦是自我麻痹，是逃避的表现。但我却认为，只要能把人从痛苦中解救出来，无论运用什么方法都是可行的。因为，在我看来，对我们最重要的是快乐和幸福。我的女儿小维尼夫雷特，在她5岁的时候就明白了这个道理。她告诉我：一个人只有拥有了想象力，才能成为一个真正幸福快乐的人。

案例连连看

颜料洒在了床单上

露露和一群小伙伴在房间里画画，他们把颜料弄得满身都是，还到处乱跑。一个孩子不小心摔了一跤，整瓶颜料都散在了洁白的床单上，所有的小伙伴都惊呆了，他们害怕极了。万一露露的妈妈回来教训他们该怎么办啊！闯祸的小朋友眼看就要哭出来了。这时候，一个小女孩跑了进来，看着眼前的景象说道："你们在床单上画了什么？真漂亮啊！看，它像棵大树。"

孩子们马上被她丰富的想象力吸引了，七嘴八舌地讨论起来，有的说画得是一棵大树，有的说画得是房子……最后孩子们干脆拿起画笔，在床单上按自己的想象画了起来。那个刚才快哭出来的孩子，也早已把恐惧抛到了九霄云外，拿着画笔，在床单上畅想着给大树画上一对翅膀。

专家解读

想象是获得幸福的捷径

有人觉得想象是没有任何意义的，因为它们都是想象出来的东西，都是不实际的。但很多时候，想象却可以让人们忘却伤痛、恐惧，获得幸福。露露的小伙伴闯祸之后，立刻被恐惧笼罩，但突然闯进来的小女孩丰富的想象力却让他彻底忘记了自己犯错误的事实，而沉浸在自己无意的创造中。

作为家长，我们一定不要陷入"想象不能当饭吃"的误区，要清楚地认识到，想象也是孩子获得幸福的一种方式。要知道，一个富有想象力的孩子，在困难面前，不仅能克服恐惧，还能把自己想象成一个英雄，勇敢地去挑战困难。

教育要点

丰富的想象力带给孩子的五大好处表

好　处	具体内容
树立信心	小孩子难以掌控自己的生活，当孩子想象自己是超级英雄并拥有强大的力量时，就会激发自己强烈的自信心和无尽的潜能。
克服恐惧	孩子们模仿扮演不同角色可以帮助他们克服恐惧和担忧。当孩子角色扮演游戏中出现怪兽时，孩子们认为自己可以制服它，怪兽也就显得不那么庞大和邪恶。
提高语言能力	孩子们与朋友一起模仿扮演不同角色时需要很多的沟通。这会丰富他们的词汇，提高语言组织能力以及交流的技能。
锻炼社交能力	当孩子模仿扮演不同角色时，他们探索家庭成员之间、朋友之间以及同学之间的关系，学习人们如何相互交往。如果孩子能够想象在游戏中被冷落或失去宠物的感受，他们可以更好地帮助有需要的人，将来更愿意公平行事，乐于分享和积极合作。
促进智力发育	发挥想象力是抽象思维的基础。无论是在沙滩上堆起国王城堡还是用泥团做出美味的晚餐，这些想象都是孩子们在学习形象思维的过程。

没有背景的表演更激发女儿的想象力

我时常和维尼夫雷特表演儿歌和传说中的内容来激发她的想象力。很多人认为表演都需要一定的背景，但我和女儿的表演从来都没有背景。因为我认为这样，更能激发女儿的想象力。

儿童剧场的创办人阿里斯·朋尼·赫茨女士说过："儿童剧场的场景设置得过于逼真不仅不能促进反而会限制孩子们想象力的发展。现在的教育过于实际化，使孩子越来越缺少发挥想象力的空间。"我非常赞同她的观点，所以在和女儿进行表演时，我总是尽量给她自由发挥的空间，从不死板地限制她的思维。

有一次，我和维尼夫雷特决定一起表演一个王子和公主的故事。

故事的大致情节是这样的：年轻的公主被魔鬼抓走了，被困在一个山洞里。深爱公主的王子费尽千辛万苦，终于找到了公主，他在山洞里拿着宝剑和魔鬼英勇搏斗，打败了魔鬼，把公主救了出来。

由于这个故事主要表现的是王子的英勇，维尼夫雷特就主动要求自己来演王子，由我来演公主。

在表演中，"英勇的王子"拿着"宝剑"和魔鬼搏斗，还不停地痛骂魔鬼的邪恶。在原故事中，王子是骑着马的，但维尼夫雷特完全打破了原文，一直做着飞翔的动作。她一边飞翔，一边和魔鬼搏斗，并试图把"公主"抱起来和她一起逃走。她演着演着就开始忘记了台词，不再叫我"公主"而是"妈妈"。她一直不停地喊："妈妈，快来，我们一起飞到天上去。"当时，我差点儿没有笑出来，但我还是没有打断她，并配合她表演下去。

表演结束后，我问她："王子是骑着马的，你为什么会飞起来呢？"

"我原来是骑着马的，可是我想到公主会在山洞里被魔鬼欺负，就觉得骑马太慢了，干脆就了飞起来。这样有什么不对吗？"维尼夫雷特对我说。

"当然没有，我觉得你演得棒极了呢！"我鼓励道。

"是啊！飞翔的感觉太奇妙了。我仿佛听到了耳边的风声，看到了地上的山川树木。那是多么美丽的画面啊！"

"那美丽的公主呢，她会怎样呢？"我问道。

"公主当然会很高兴了，我帮她脱离了魔爪。那个可恶的魔鬼一定会在地上气得发抖，他看见我们飞得那么高，也抓不到我们，一定会被气死的！这就是做坏事的下场！"

"那后来呢，后来会怎样呢？"我接着问女儿。

"后来，后来我们还没有演啊！"女儿疑惑地问。

"后来没有演，你也可以想象啊，你想当你救出公主后，你会怎样呢？"

"救出公主后我就带她去见国王，让他们父女团聚。"维尼夫雷特想了想说。

"再然后呢？再然后你会怎样呢？"我进一步引导女儿的想象力。

"我会要求国王将女儿嫁给我！"她认真地说。

我再也忍不住了，哈哈大笑起来。

"妈妈，你在笑什么？我说得不对吗？"她困惑地看着我。

"对的，这样做是合情合理的。"我开心地说。

我真为女儿感到高兴，她表演得那么生动，那么富有激情和想象力。即使表演结束了，她依旧可以按照故事的线索将故事继续下去，我真为她惊人的想象力感到自豪。

为了开发女儿的想象力，我还为女儿和自己各找了一位朋友，他们都是想象中的人物，一个叫内里，另一个叫鲁西。当我们到乡村度假，身边没有朋友时，我们就会请出这两个想象中的朋友一起玩。这样即使维尼夫雷特自己一个人的时候也不会感到无聊和孤单了。这样做，不仅丰富了她的想象力，也使她的生活增添了无穷的乐趣。

案例连连看

谁是错的

小丽和小红是好朋友，两个人每天都在一起玩。有一天，两个人突然争吵了起来，原来两个人在玩"大灰狼和小红帽"的游戏，小丽演小红帽，小红演大灰狼。在游戏的最后，"大灰狼"要把"小红帽"一口吞进肚子里。但"小红帽"突发奇想，在"大灰狼"要把自己吞到肚子里的时候，突然把"大灰狼"按在地上，大喊："快捉住大灰狼！它要吃'小红帽'了，我要把它打倒！"

小红被小丽的举动吓坏了，但她马上反应过来了，大声地斥责道："你演得是错的！我应该把你吃了！你错了！你真讨厌！"小丽也不服输："大灰狼是坏蛋，我们就应该捉住它！我是对的！"两个人为此争执不休。

专家解读

给孩子自由发挥的空间

对孩子来说，表演是不需要背景的，而故事的结局也不是一成不变的。在小红和小丽的表演过程中，小红循规蹈矩，完全按照故事原来的情节发展，没有任何的想象和创新，对她而言，演的和故事一样才是对的，是好的，她在乎的不是能否从游戏中获得快乐而是故事的对错。而小丽却完全地打破了故事本身的界限，充分发挥自己的想象，并把自己完全置身到了表演之中，畅游在想象的时空之中。

对两个孩子的表现，我们不能草率地认为谁对了或是错了。我们所要强调的是哪个孩子从这个游戏里获得了更多的快乐。作为孩子的父母，我们在孩子游戏的过程中，最好不要给孩子规定什么是对的，什么是错的，而是给孩子一个空间，让他自己自由发挥，去体会想象的快乐，这样对孩子的发展也许会更好。

教育要点

培养孩子的想象力表

措　　施	采取此项措施的原因	家长的具体做法
鼓励孩子独立思考	独立思考，是孩子丰富想象力的前提，因为只有孩子真正地用脑去思考问题的时候，才是想象力诞生的时候。	随着孩子年龄的增长，家长就要及时给孩子足够的时间去思考问题，要让孩子自己去面对问题，学会思考，并用自己的智慧和能力去解决问题。
允许孩子实践	想象力只是在脑中的想法，只有把这个想法付诸于实践的时候，才能得到真正的锻炼，才可以增加对表象认识的积累，刺激他对事物本质的思考。	孩子很多时候会做一些我们不能理解的事情，当出现这个状况时，我们一定不要制止或是约束孩子的行为，要鼓励孩子去实践，哪怕是错误的。
给予孩子自由	孩子需要充分的自由。用这些自由的时间和空间来整理自己的思维，发挥自己的想象。	让孩子随心所欲地玩耍，可以为孩子提供一些玩具，或让孩子自由地绘画或是表演，都可以培养孩子的想象力。

❧ 我从不给女儿完整无缺的玩具 ❧

为了让孩子开心，很多父母会为孩子买各种各样的玩具。我想，他们的出发点都是好的，这种做法却不一定对孩子有利。因为过多的玩具，只能帮助孩子打发无聊的时光，并不能对孩子起到教育的作用。

在我看来孩子的玩具不应该是完整无缺的，因为玩具太完美，孩子的想象力就会得不到很好的发挥。对孩子来说，玩具不应该仅仅是个玩物，还应该承担起辅助孩子智力发展的任务。所以，我从来不会给女儿完整无缺的玩具。

在维尼夫雷特小的时候，我送给她的玩具，大多都是用布或是胶皮做的娃娃。她可以和这些娃娃一起说话，一起游戏，也可以和它们一起睡觉，这些玩具可以激发女儿无穷的想象力。

另外，在维尼夫雷特小的时候，我还让她自己做玩具。我会给她提供一些碎布和剪刀，教她缝制娃娃的衣服。让她从小学会一些基本的生活技能。

为了让她学会这些基本的生活技能，我经常用碎布给她做一个样本，让她照做，用来训练她的动手能力。可是女儿常常创造出一些新的样本，很多时候她做得样本比我做的还要好很多。

有一次，女儿双手举着两个不同的玩具娃娃跑到我面前，让我欣赏它们的"新衣服"。

"妈妈，你认为哪个更漂亮呢？"女儿问。

我仔细地观察了女儿手中的娃娃，发现女儿左手拿的娃娃的衣服是我做的，而右手拿的娃娃的衣服却是她自己做的。经过对比，我发现我做的衣服中规中矩，像真正的衣服一样，而女儿做得衣服却颇有创意。她做的裙子像孔雀的尾巴一样，显得极为华贵，颜色的搭配也显得十分的独到。

见我没说话，女儿开始着急了。"妈妈，快说，哪个更漂亮啊？"

"当然是右手的漂亮了，你看她的裙子多么的华贵。"我回答。

"妈妈，那我能穿这样的衣服吗？我也可以穿得这样漂亮吗？"女儿马

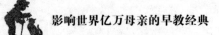

上问道。

"当然，我美丽的女儿也能穿这样美丽的衣服。"我说道。

"真的吗？那明天你能给我做一套一模一样的衣服吗？"女儿开心地说。

"乖女儿，我很乐意为你做这件事。但这样的衣服太奇异了，穿在大街上恐怕不好呢。"我实话实说。

"妈妈，你不是说它漂亮吗？为什么我不能穿呢？"女儿不解地问。

"她当然很漂亮，我的意思是这样的衣服比较适合在舞台上穿，因为它很有艺术性。这样吧，维尼夫雷特，等你下次参加演出的时候，我一定给你做一套。"我对女儿承诺。

女儿表示同意了。

后来，在圣诞节的时候，女儿穿着她自己设计的衣服参加了一个非常精彩的节目，获得了很多小朋友的赞扬。那一天，女儿高兴极了。从那以后，女儿不仅为自己设计衣服，还为其他的孩子设计衣服。

那件极具纪念价值的衣服至今仍然保留在我的衣柜里，每当看到它，我就会想起女儿小时候可爱的样子，并为女儿丰富的想象力和创造力感到自豪。

案例连连看

牛牛的玩具山

牛牛前两天过生日，收到了大量的玩具。牛牛的妈妈为此感到特别苦恼，因为牛牛的玩具都可以堆成山了。更让牛牛的妈妈焦虑的是，以前玩具少的时候，牛牛一件玩具一个人能玩半天呢。现在玩具越来越多，牛牛却越来越不会玩玩具了。

有时候，牛牛经常对着自己的玩具山，不知道从哪件玩具下手，他常常是拿起一件，摆弄两下，再拿起另一件，玩不到两分钟就又扔下了，跟狗熊掰玉米差不多。更让人着急的是，有时候牛牛对着他的玩具山还会发呆，一件玩具也不肯拿。牛牛的妈妈越来越为这件事感到发愁。

专家解读

孩子的玩具不宜过多

经过研究显示，过多的玩具或不适当的玩具会损害孩子的认知能力。当牛牛面对一大堆玩具的时候，他根本不知道选哪件玩具更好，他看这个想玩，看那个也想玩，根本就不能把注意力完全集中在一件玩具上，更别说从中学到知识了。

作为家长，为孩子置备一些玩具是理所应当的，也是必要的。因为玩具不仅可以开发孩子的智力，还能充分发挥孩子的想象力。但切记，不要太多，也不一定越贵越好，我们可以根据孩子的具体情况，为孩子置办几件适合他们身心发展的玩具。

教育要点

不同的玩具对孩子的智能有不同作用表

玩具的种类	代表物品	对孩子的影响
形象玩具	娃娃、动物、交通工具、餐具等	孩子通过这类玩具来模仿周围的事和物或大人的动作，体会人与人之间的和谐关系。
科技玩具	会下蛋的"母鸡"、会翻跟头的"孙悟空"、会说话的"熊"等	孩子在玩这类玩具时，家长在孩子遇到困难时可以给孩子讲解一些简单的道理，满足孩子的求知欲望，提高孩子爱科学、学科学和用科学的兴趣。
体育玩具	如皮球、跳绳及呼拉圈等	家长可以借助此类玩具，有意识地发展孩子动作的灵活性、手脚的协调性和身体的平衡性。这类玩具孩子玩起来很兴致盎然，但不要过量，家长要给以适当的控制。
智力玩具	拼图、七巧板、棋类、魔方等	孩子通过玩这类玩具不仅能够丰富知识面，而且有利于孩子思维能力的发展。
音乐玩具	小喇叭、电子琴等	通过玩这类玩具可以提高孩子的乐感和节奏感受，增进孩子的音乐感受力，培养孩子的审美观。
建筑玩具	积木、积塑粒、变形胶泥等	通过游戏可以训练孩子分析、比较和认识物体结构的能力。这类游戏不但能提高孩子的观察力、记忆力、想象力，还能培养孩子的操作能力和创造精神。

第七章

好习惯是一把万能钥匙

有难题尽量让孩子自己解决

在我看来，一个人的成败与这个人是否具有独立思考与判断的能力，以及个性有很大的关系。

为了让维尼夫雷特能够独立思考，我尽量让她自己做自己的事，并让她表达自己对一些事情的看法。在学习上，我从来不会轻易地帮助女儿解决问题，甚至对是否给她提示也往往很慎重。因为在我看来，对女儿来说，能够自己独立思考，然后解决问题才是最有意义的事情，至于问题解决的是否正确，就显得不那么重要了。这样的做法不但对女儿养成主动学习和解决问题的习惯有好处，对她的智力开发也有很大的好处。

有一天，我正在写论文，丈夫很着急地跑来，对我说："亲爱的，我们的女儿是怎么回事？她在房间待了很长时间了，早就过了学习的时间，你快去看看吧。"

为了看个究竟，我和丈夫一起去敲女儿的门。

"维尼夫雷特，你在干什么啊？"

"我在做作业呢。"

"你看都几点了，应该让脑袋休息一下了！"

"可我还没做完这道题呢！"

女儿一定是遇到了难题，我和丈夫互望了一眼。以往这个时候，女儿早就做完作业，出来弹钢琴了。

"维尼夫雷特，打开门好吗？让爸爸看看是什么题目这么难。"丈夫敲着门对女儿说。

女儿打开门后，又回到了书桌前。

我和丈夫来到女儿书桌前，丈夫仔细看了看那道题，确实非常难。

"维尼夫雷特，让我来帮你吧。你看这个地方，应该……"

丈夫的话还没说完，女儿就打断了他的话"等一等，爸爸，我不需要别人帮忙，虽然它很难，但我一定能做出来。"

丈夫愣了一下，对女儿说："维尼夫雷特，我不是要帮你答题，只是想提示你一下。"

"提示也不行。这种题只有那么一点难度，如果别人告诉我突破口在哪儿，我做出这道题就一点意义也没有了。"女儿抗议道。

看到女儿这样，我知道我们再怎么着急也是没用的。因为以我对女儿的了解，她一定会坚持自己解决这个难题的，别人劝也是白劝。我和丈夫只好走出了女儿的房间，

吃晚饭的时候到了，女儿终于从房间里走了出来。我和丈夫都担心地看着女儿，生怕她因为那道做不出的题而感到不高兴。果然，女儿从房间走出来后，闷闷不乐地坐到了餐桌前，什么话也不肯说，只是有意无意地拨弄着自己的勺子和叉子。

"维尼夫雷特，你怎么了？那道题还没有做出来吗？"我问道。

"嗯，那是我遇到的最难的一道题。我怎么做也做不出来，那道题就好像上了一道解不开的魔咒。"

"维尼夫雷特，不要担心，一会儿让你爸爸来教你，他可是这方面的行家呢。"我安慰道。

"对啊，对啊，我的小女儿，这有什么关系，我一会儿就帮你解决那个难题。"丈夫也赶紧安慰道。

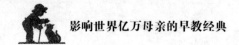

"不，我不想让你们来帮我，让我自己来解决这个难题，我想我一定能做到的。"女儿坚定地说。

晚饭过后，维尼夫雷特就立刻走进了自己的房间去钻研那道数学题。我和丈夫拿她没有办法，只好由她去。又过了一段时间，女儿兴冲冲地从房间里跑了出来，手里还举着一张纸，那是她的答案。

"爸爸，妈妈，快看看，我做出来了，我做出来了……"听到女儿的欢呼声，丈夫跑过去把女儿抱了起来。我和丈夫的心情也随着女儿的开心而变得开朗起来。

那天晚上，维尼夫雷特一直不停地对我和丈夫讲她解题的整个过程，她当时遇到了什么困难，她对那个问题是怎么想的，后来又是通过什么发现了解题的关键所在，最后又是怎样解开了问题的难点。维尼夫雷特自豪地对我们说："今天是我最高兴的一天，比过圣诞节的时候还高兴。因为我是完全靠自己的努力才解决了这个问题的。我想，我以后再也不会怕那些难题了。"

是的，维尼夫雷特的确应该为她的行为感到自豪。不仅她自己，连我和丈夫都为她感到自豪和骄傲了。因为对我们来说，我们的小女儿已经成了一个不怕困难、意志坚强的人了。经过这一次的磨炼，我们的维尼夫雷特无论是在毅力方面还是在独立思考方面都有了很大的进步。在后来漫长的岁月里，维尼夫雷特也不像其他孩子那样依赖别人，她总是能够自己解决自己的问题。

我想，维尼夫雷特的这种品质，会为她将来的人生道路打下十分坚实的基础，让她受益终生。

🌿 案例连连看

这道题我不会做

小燕正在写数学作业，看见最后一道数学题自己不会做，急忙喊道："妈妈，快来帮我的忙，这道题我不会做了！"小燕的妈妈听见后，忙走到女儿面前，拿起题看了一下，然后告诉女儿应该如何答题。小燕按照妈妈所说的写完了作业，高兴地与伙伴玩耍去了。

后来，这样的事情几乎天天发生，小燕遇到不会的问题就找妈妈帮助。有一次，妈妈发现昨天才给女儿讲的题目，女儿今天又问。妈妈有点生气，就让小燕先思考一下。但小燕马上说："我不会想，你还是把答案告诉我吧。"

🌿 专家解读

让孩子独立思考

孩子年龄小，遇到疑难问题时，总是希望得到父母的帮助，想直接得到答案。这时父母一定不要助长孩子的这种习惯，否则时间长了，孩子就会对父母产生依赖心理，难以养成独立思考的习惯。小燕的妈妈，在小燕遇到问题时马上把答案告诉了女儿，剥夺了小燕独立思考的空间，导致小燕在学习上对妈妈产生了强烈的依赖，完全放弃了独立思考的机会。

聪明的父母面对孩子的问题时，不是直接告诉孩子答案，而是教给孩子解决问题的方法，让孩子从中学会独立思考。培养孩子独立思考的能力要从生活中的每件小事开始，让孩子多动手，多参与。当我们决定要做什么事情时，也要多征求孩子的意见，让孩子说出自己的决定，让孩子成为思考的主体。

🌿 教育要点

独立思考的禁忌表

禁　忌	父母的正确做法
直接告诉答案	当孩子问问题时，不要直接告诉孩子问题的答案，只教给孩子解决问题的方法，让孩子从中学会独立思考。
不和孩子讨论	1.当孩子向父母提出问题时，父母要和孩子一起讨论，耐心地向孩子解释，积极地帮助孩子解决问题，这样孩子就会提出更多的问题。 2.父母经常给孩子提出一些开放性的问题，让孩子的大脑处于活跃的状态，从全面和新颖的角度思考，让孩子勇于突破常规的想法，提出自己独到的见解。
禁止孩子发言	1.父母要给孩子创设民主和谐的家庭氛围，鼓励孩子有自己的见解，在孩子发表意见时，即使是错误的，也要让孩子说完，然后再给予适当的指导。 2.对于孩子正确的意见，父母应该积极肯定，并给予一定的表扬，增加孩子主动表达的自信心。
缺乏互动	1.给孩子讲一些益智故事。父母通过给孩子讲这些故事，互相讨论感兴趣的话题，对培养孩子的思维能力是大有裨益的。 2.和孩子玩一些益智类游戏。在游戏中，父母要教孩子学会思考，运用推理、比较、概括的方法，促进孩子思维的发展。要鼓励孩子多动手、多动口，全面促进和训练孩子的思维。

禁　　忌	父母的正确做法
不允许孩子标新立异	1.孩子有新奇的想法，父母不要否定孩子，要允许孩子标新立异，因为标新立异是培养思维能力的重要表现。 2.父母要引导孩子换种思路和角度来考虑问题，尝试用新颖的方法解决问题，这对于提高孩子的思维能力很有帮助。

做什么事都要专心致志

小维尼夫雷特的兴趣十分广泛，除了自己的学业之外，还有很多其他的兴趣爱好。但是，她却没有因为这些兴趣爱好而影响自己的学习。很多人常常会问，维尼夫雷特有那么多业余爱好，怎么可能把功课学好呢？她有足够的时间来学习吗？

其实，人们有这样的疑问是很正常的。因为，一般说来，孩子的业余爱好太多的话，往往会影响正常的学习。不过，在我看来，只要时间安排得合理，让孩子养成良好的学习习惯，就算业余爱好很多，也不会影响到正常的学习的。

在我看来，维尼夫雷特之所以能处理好自己的学业和兴趣爱好之间的关系，完全是因为她从小就养成了专心致志的好习惯。她喜欢弹琴、绘画、从小就阅读了大量的书籍、还掌握了多国的语言，无论是在数学、地理方面，还是在体育方面都表现得非常出色。这都归功于从小她就懂得只有专心致志才能成功，不专心就不可能做好任何事情。

我认为，无论是好习惯还是坏习惯都不是天生的，而是在日常生活中一点一点养成的。所以，在对待孩子的习惯问题上，父母应该耐心细致地给孩子正确的引导。

维尼夫雷特两三岁的时候，也和别的孩子一样，爱好广泛，什么都想学，却不能集中精力去做一件事情，把那件事情学精。

有一次，维尼夫雷特在房间里被自己的那些爱好搅得手忙脚乱，她时而拿起画笔在纸上涂几下，时而捧着书翻一翻，时而又要去弹弹琴。结果她忙得气喘吁吁，却什么都没有做好。后来，女儿开始烦了，她满脸不高兴地跑到我跟前，向我诉苦。

"妈妈，我不想学了。"她冲着我喊道。

"你不想学什么了？"我问她。

"我什么都不想学了。"

"能告诉我为什么不想学了吗？"

"烦死人了。学那么多东西，都快把我搞得要发疯了。"

"为什么，学习怎么会让人发疯呢？"我疑惑地问。

"事情太多太多了，我刚拿起笔准备画画，就想到书还没看呢，我去看书吧，又觉得该练琴了。东西这么多，我都不知该怎么办才好了。"

"那你可以一件一件地做呀！"

"一件一件地做，哪有那么多的时间啊！"

我了解自己的女儿，她是个认真的孩子，她并不是不想学习，而是想把所有的东西都学好，产生了急于求成的心理，以至于失去了内心的平静，变得焦躁不安起来。

为了使女儿平静下来，我决定告诉女儿怎样合理安排自己的时间。"怎么会没时间呢？你打算每天用几个小时来学习功课呢？"

"两个小时。"女儿回答说。

"那么画画和弹琴用几个小时呢？"我接着问。

"画画要用 1 个小时，弹琴也要用 1 个小时。"女儿说。

"如果这样的话，你怎么会没有时间呢？你想，这些事情总共才用去 4 个小时。而一天有 24 个小时，除了睡觉、吃饭、玩，你的时间还有很多呀！"

"可为什么我老觉得时间不够用呢？"

"那是你自己安排得不好才会这样的。"

"你觉得我应该怎么安排呢？"

"在我看来，你的时间很好安排的，重要的是你现在要让自己平静下来。"

"唉，我就是静不下来啊，心里总是着急得很。这可怎么办哪？"

"我知道你为什么会着急，因为你在做一件事情时，总是会想着其他的事情。如果你在做任何一件事的时候，都把其他的事情完全抛开。例如，看书的时候就完全不去想画画和弹琴，等到画画的时候再想着画画，弹琴的时候再想着弹琴。这样，你的注意力都集中在一件事情上，就不会着急了。"

"这样有用吗？"女儿疑惑地问。

"当然了。你可以试一试啊！"

"好吧，我试一试吧。"

于是女儿又回到了自己的房间，开始一件一件地做自己的事情。过了一段时间，她又来到了我的房间。

"妈妈，这个办法太有效了。我一点也不着急了，反而把事情都做完了。我现在准备弹琴了。"

从那天起，维尼夫雷特就养成了专心致志的好习惯，无论是受到什么干扰也不会放下自己正在做的事情。女儿到了四五岁的时候，这种好习惯已经根深蒂固地扎根在了她的心中。很多人都说，维尼夫雷特是一个个性很强的孩子，因为没有人可以轻易地干扰她正在进行的工作。

在女儿5岁生日那天，我们为她举行了一个盛大的生日晚会，还请来了很多的客人，她那些十分要好的小伙伴也在邀请之列。我们大家都聚在客厅里吃东西、聊天，只有维尼夫雷特还没有出来，那时候她正在自己的房间里做功课呢。为了不让客人久等，我不得不去叫女儿出来。

"维尼夫雷特，该出来了，客人们都在等你呢。"我对她说。

"现在才7点40分。生日晚会要8点才开始，还有20分钟呢，我必须先把功课做完才可以出去。"

"可是，外面那么多人在等你出去玩，你不着急吗？你怎么还有心思做功课呢？"

"妈妈，我不急。你不是总对我说无论做什么都要专心致志吗？我正在专心致志地写作业呢。"

案例连连看

什么都想学的嘟嘟

嘟嘟最近又想去学电子琴了，妈妈为此感到特别无奈。前几天，嘟嘟的好朋友乐乐报了一个绘画的班，嘟嘟非吵着也要学，妈妈觉得孩子有个兴趣爱好是一件好事，就马上给嘟嘟报了一个绘画班。可嘟嘟学了没几天，听到幼儿园的小朋友都在学英语，就吵着让妈妈也给自己报个英语班，在嘟嘟的要求下，妈妈又给嘟嘟报了一个英语班。

就这样，妈妈给嘟嘟报了很多兴趣班，但嘟嘟一样也没有学会，还经常为此耽误了正常的学习。每次妈妈一让嘟嘟做功课，嘟嘟总会说："我有那么多东西要学，每样都要花时间，哪有时间做功课啊！"妈妈也发现，嘟嘟自从报了兴趣班后，每天都很忙，却一件事情也没做好。

🌿 专家解读

合理安排孩子的时间

很多家长认为太多的业余爱好会影响到孩子正常的学习，其实只要能够合理安排时间，孩子的兴趣爱好和学习是完全不冲突的。嘟嘟的妈妈在嘟嘟的要求下，给嘟嘟报了好几个兴趣班，嘟嘟不仅什么都没有学好，还因此耽误了自己的学习，主要的一个原因就是嘟嘟并不知道怎样合理地安排自己的时间，每天都处在杂乱无章的忙乱之中。

作为家长，我们在发展孩子兴趣爱好的过程中，除了要尽可能地让孩子按照自己的兴趣发展外，还要让孩子学会合理地安排自己的时间，处理好学习和兴趣爱好之间的关系。在孩子合理安排时间的过程中，家长一定要特别注意，由于孩子在不同的年龄段，专心做一件事情所坚持的时间不同，一定要根据孩子自身的状况，合理安排孩子的学习时间。

🌿 教育要点

0~6岁孩子注意力的发展状况表

年　　龄	孩子的注意力状况	父母的主要做法
0~2岁	以无意注意为主，不能维持，很容易转移。	根据这个年龄段的孩子喜欢看运动的物体的特点，多带他观察运动的物体，比如晚上的霓虹灯、飘落的树叶等。

年　　龄	孩子的注意力状况	父母的主要做法
3~4岁	仍以无意注意为主，能短暂维持，但不超过10分钟。	由于孩子注意的广度有所增大，父母可以拿几张不同的图片，放在桌子的四个角上，让孩子看一会收起来，再让孩子说出每张图片的位置，锻炼孩子注意的范围。
5~6岁	孩子通常注意力最多也就在20分钟之内。	1.给孩子营造一个好的环境，在孩子专心做一件事情时，不要去打扰他。 2.将孩子的兴趣和注意力相结合。家长可以把孩子常听的故事与他们感兴趣的事情相结合，吸引他们的注意力。

无论做什么事情，每次都做到最好

维尼夫雷特从小就非常要强，在她四五岁的时候，就要求自己无论做什么都要尽力地做到最好，这是她和其他孩子最明显的一个区别。

一般来说，孩子在小的时候根本没有自我控制的能力，大多很贪玩，只要能够把自己的事做完就已经很不错了，很少有孩子主动要求把事情做得更好。维尼夫雷特却不一样，她不仅能按大人的要求认真地去做一件事情，还常常自己想办法把事情做得更好。

维尼夫雷特因为从小就特别喜欢画画和弹琴，所以结识了一群和她有相同爱好的小伙伴。在她的这些小伙伴里，有的是我们邻居的孩子，也有的是我和丈夫的同事或朋友的孩子。所以，几乎每个周末，这群孩子们都会不约而同地聚在一起，弹琴，绘画，并互相交流一下各自的学习心得。

一个周末，为了让这些孩子能够更好地交流，也为了给他们一个欢乐的周末，我和孩子的父母经过商量，决定为他们举行一次小型的钢琴比赛。

当然，这次的比赛并不像正规的音乐比赛那么严格，它的目的主要是为了使孩子们玩得更加尽兴。所以，在孩子们演奏钢琴的时候，他们不仅可以自己选择曲目，也可以不断地重复同一首乐曲，直到孩子自己觉得满意了为止。

举行比赛的那个下午，我们家热闹非凡。家里来了七八个孩子，这些孩子几乎都是从两三岁就开始学音乐的，并且都有自己的长处。在这些孩子里，有些孩子还颇有音乐家的风度呢。

孩子们因为年龄都特别小，所以几乎没有一个人能顺利地把整首曲子一点不出差错地演奏下来。尽管如此，孩子们还是兴高采烈地参与，玩得十分开心。他们一个接一个地走到钢琴前演奏自己熟悉的曲子。有的演奏的是刚入门的练习曲，有的演奏的就是简单的民谣或儿歌，有的甚至只会弹一两段音阶。

其中，有一个名叫威廉斯的孩子，居然完整地弹出了一首简单的乐曲，立刻就赢得所有人的欢呼。由于他是今天第一个能够连贯地演奏而没有犯任何错误的孩子，在场的人们都不约而同地站起来为他鼓掌喝彩。这个孩子也非常自豪而有礼貌地向大家鞠躬行礼，俨然一副真正的钢琴演奏家的样子。

"维尼夫雷特，你看威廉斯弹得那么流畅，简直棒极了。"我拍拍维尼夫雷特的肩膀，鼓励她也要像威廉斯那样，表现得十分出色。

"是的，妈妈，他弹得很好。我也能弹得很好的。"维尼夫雷特悄悄地对我说。

"我相信你也能做到，但是上场后千万不要紧张。"我鼓励道。

我知道，小威廉斯的演奏已经完全激起了维尼夫雷特强烈的好胜心。我怕她会因为自己的求胜心态而导致自己发挥失常，就对她说："我知道你平时弹得很好，但是这么多人看着你，可能会影响你集中注意力，所以你一定要保持平静啊。"

维尼夫雷特向我点点头说："没关系的，我才不怕大家看着呢，等一会儿，你看我的，我一定会表演得特别好的。"

轮到维尼夫雷特上场了，她走到钢琴前，深吸了一口气，并向我这边看了一眼。我知道维尼夫雷特有一点紧张，因为小威廉斯的演奏无形中给了她很大的压力。于是我向维尼夫雷特点点头，示意她不要受外界干扰，专心致志地弹琴。

在我的示意下，维尼夫雷特开始弹了起来。音乐响了起来，我从传来的琴声之中隐隐感觉到维尼夫雷特有些紧张，弹得不像平时那样稳，而且不太流畅。果然，维尼夫雷特在弹了几个段落之后，就开始出错了，她的琴声突然停了下来。我在下边始终注视着维尼夫雷特的一举一动，用一种支持的眼光望着她，想鼓励她继续弹下去。

维尼夫雷特可能感觉到了我的心声，鼓起勇气，开始从头弹。可是，这次，她才弹了两个乐句，就又开始弹错了。就这样，维尼夫雷特不是出错，就是忘了乐谱，反复停顿了很多次。我感到她心里开始焦急起来了，就走到她身边。

"维尼夫雷特，你怎么了？是不是今天状态不好啊？"我小声问道。

"我也不知道为什么，今天总是出错。"维尼夫雷特沮丧地说。

"那么，先下来休息一会儿，好吗？让别的孩子先演奏，等你状态好了之后再来弹，好吗？"

维尼夫雷特看了我一眼，又快速地瞟了周围的人一眼。也许是知道现在有很多人在看着她，她的脸一下子就红了。

看见维尼夫雷特的窘态，我赶紧小声安慰她说："没关系的，维尼夫雷特，大家都是很熟的朋友，没有人会笑话你的。何况，大家都知道你的琴弹得好，只是你今天有点发挥失常，我相信他们都能理解你的。再说，谁都有发挥不好的时候。去休息一会儿再弹，好吗？"

"不，妈妈，我不能这样就下去了。我不能让别人看到我弹得不好。"维尼夫雷特说道。

我知道维尼夫雷特的脾气，她要是不达到自己的目的是绝对不肯放弃的。面对这种情况，我知道再怎么说也是没有用的，我能做到的只有继续鼓励她，让她满怀信心地继续演奏下去。

"那么，好吧，你先做一下深呼吸，让自己平静下来，然后全身心地投入到演奏中去好吗？"我鼓励道。

我刚转身离开钢琴，维尼夫雷特的琴声就再次响了起来。这一次，维尼夫雷特把一切杂念都抛到了脑后，她的演奏十分完整，还表现出了她自己对音乐十分独特的见解。当她演奏完了站起来向大家致意的时候，所有的人都从座位上站了起来，不停地为她鼓掌喝彩，有的人甚至不停地喊着维尼夫雷特的名字，来表达自己的喜爱之情。

"维尼夫雷特……维尼夫雷特……"

"太棒了，维尼夫雷特，你真的太棒了！"

后来，我问维尼夫雷特为什么突然会弹得那么好了？当时是怎样想的呢？

"我看见那么多眼睛在盯着我，我就为自己的失误感到很惭愧。我想，我一定不能在他们面前丢脸，我一定要做到最好。我一这样想，我就像中了魔法似的，状态突然好了起来，似乎弹得比平时还要好呢。"维尼夫雷特说道。

听了维尼夫雷特的话，我心里非常高兴，因为我一直以来的愿望就是把维尼夫雷特培养成一个有勇气的人，而维尼夫雷特这一天的表现已经可以证明，她已经完全做到了，完全没有辜负我对她的期望。

"我一定要做到最好"，这是一句多么令人振奋的话啊！事实上，我的女儿维尼夫雷特一直就是这样要求自己的，不仅在音乐和绘画方面，在别的方面也是如此。她的这种勇气时常让我感到骄傲和自豪。

🐿 案例连连看

胆小的球球

球球今年都要上幼儿园大班了，但还是十分的胆小，尤其是有很多人在场的情况下，球球几乎都不敢说话。有一次，学校开展了一个亲子活动，让孩子和自己的爸爸妈妈一起上台表演一段歌曲或是舞蹈。为了这次表演，球球和妈妈练了好几个星期，球球在和妈妈练习的过程中都表现得很好，妈妈对这次表演特别有信心。

到了比赛的那天，小朋友都在台上积极地配合自己的爸爸妈妈。可等到球球表演时，球球就开始紧张起来，怎么也不敢在台上展现自己，无论妈妈怎样鼓励球球，球球就是一个动作也不肯做。妈妈觉得丢人极了，就对球球说："你看台下那么多人看着咱们呢？你就这样傻站着多丢人啊！"听到妈妈的话，球球往台下一看，看到很多人都盯着自己看，泪珠吧嗒吧嗒地往下掉。

🐿 专家解读

把孩子培养成有勇气的人

"小孩胆量太小了"，这是目前很多家长都为之头疼的问题。其实孩子胆子小，很大程度上跟父母的引导有很大的关系。球球在上台表演时，看到台下有很多人，十分紧张，不敢表演是十分正常的一件事情。球球的妈妈在面对球球的这种表现时，不是积极地鼓励自己的孩子，而是觉得丢人，并把这种丢人的感觉传染给了自己的孩子，加深了球球不敢表演的恐惧心理，导致孩子大哭起来。

面对胆小的孩子，我们最好不要不知就里地对自己的孩子横加指责。其实，每个孩子胆小都有一定的原因，我们最好先弄清楚孩子胆小的具体原因，然后再对症下药。我们要根据孩子自身的情况，在生活中对其加以引导和锻炼，让孩子逐渐变得胆大起来，成为一个富有勇敢精神的人。

教育要点

孩子胆小的原因分析表

原　　因	具体情况
先天因素	父母性格内向，不善与人交往，遇事就在孩子面前流露出胆小怕事的情绪，孩子耳濡目染了他们的特点。
环境因素	现在大多数人都是在一家一户的封闭环境中生活，这使孩子缺乏与同伴交往的生活空间，造成孩子孤独、胆怯的性格。
教育不当	1.孩子哭闹时，家长经常用"鬼""妖怪"等来吓唬孩子。 2.有些家长当孩子想出去玩时，使用"外面有骗子，会把你骗走"等话语来打消孩子的念头，使孩子的心里留下阴影。 3.还有的家长对孩子期望过高，一旦孩子做错了事，轻则训斥重则打骂，使孩子因害怕失败而退缩。 4.家长对子女过于关注，甚至溺爱，事无巨细地为孩子打点好一切，从而剥夺了孩子尝试的机会。
切身体验	当孩子满怀信心地在家长面前表现自己时，得到的不是表扬而是嘲笑、挖苦，使得孩子灰心丧气。

只有追求完美才会变得完美

开始的时候，我可爱的维尼夫雷特不懂得要对自己有较高的要求，她和大多数孩子一样，满足于自己现有的一些成绩。有时候，她也会对自己的学习或别的事情一点也不专心，应付了事。直到后来，她在生活中发生了一件事情，才完全改变了她的这种错误态度，让她真正地明白了严格要求自己的重要性。

一天，维尼夫雷特在房间里玩她的积木。她正打算盖一个自己想象中的大教堂。我偶然从她房间门口经过，发现她搭的建筑非常漂亮，就好奇地问她："啊，维尼夫雷特，这是个教堂吗？可真漂亮啊。"

女儿听到后，马上兴奋地说："对，我正在盖罗马大教堂，我在一本书上见到过它的样子。"女儿滔滔不绝地向我描述着这个"大教堂"竣工后的模样。尽管女儿的教堂还没有完成，但也初具规模。我想，她一定会干得特别漂亮。

在我仔细欣赏女儿尚未完成的伟大作品时，偶然发现她犯了一个十分严重的错误。也许是维尼夫雷特在搭最底下的几块积木时太随意，把那几块最重要的积木放在了一块卷起的布上。在我看来，这个错误虽然很小，却是致命的，我觉得那片不平坦的"地基"很有可能导致整个建筑顷刻间毁于一旦。

"维尼夫雷特，我想这个教堂盖好后一定会很漂亮的，但是你没有发现它有一个问题吗？"我提醒道。

"什么问题？"维尼夫雷特有点不解。

"看见下面那块布了吗？"我指着地基下的那块布。

"看见了，怎么啦？"她继续问。

"维尼夫雷特，我觉得那个地方很关键，但却很不平，这个地方很可能使教堂垮掉，你难道不觉得是这样吗？"

"不会吧！"维尼夫雷特有点不相信地说。

"我想，垮掉的可能性很大。因为在真正的建筑中，最关键的就是地基啊。"我向维尼夫雷特解释说。

"那怎么办呢?"维尼夫雷特有点急了,我想她一定不想自己的劳动成果垮掉。

"只有一个办法,就是拆掉重盖,你应该为教堂的质量负责。"我严肃地说。

"那也太麻烦了,凑合盖吧!"说完,女儿又继续她的工作。

女儿这么说了,我也没有再劝她。因为,在我看来,这也只不过是一个游戏,何必太认真呢?只要她玩得高兴就行了。于是,我没再说什么,就回到了自己的书房。

过了一会儿,我突然听到从女儿房里传来了隐隐的哭泣声。这是怎么啦?刚才还挺高兴,怎么突然哭了呢?我有点疑惑,赶紧走进了女儿的房间,发现满地都是积木。原来,女儿好不容易盖起来的教堂已经完全变成了一片废墟。

"怎么啦,维尼夫雷特?"我关心地问。

"垮了,妈妈,它真的垮了。"

"为什么呢?"我问。

"妈妈,就像你说的。是那块布,我已经盖到教堂的屋顶了,可是它晃了起来,我想稳住它,但还是垮了。"维尼夫雷特哭着说道。

"是吗?我只是有那种感觉,没想到真的会这样,真是太遗憾了。"我没有立即去分析她的错误,而是尽力安慰她。女儿不再说什么,只是抽抽搭搭地哭。

"维尼芙雷特,没关系,你再盖一个就是了,不要难过了。"我继续安慰道。

"可是,妈妈,这个教堂我盖了很久才盖好,一下就没有了⋯⋯"女儿抽泣着说。

"维尼夫雷特,没关系的,既然已经倒了,哭是没用的,我认为你应该吸取教训再盖一座,也许会盖得更好呢?"见女儿还沉浸在伤心中,我想法转移她的注意力。

听到我的话,女儿马上把刚才的不幸抛到了脑后,又认真地干了起来。这次,她吸取了教训,一会就又盖起了一座美丽的大教堂。工程竣工后,她跑过来请我去看。

"啧啧,这个教堂太漂亮了,简直和罗马大教堂一模一样。我看啊,它比罗马大教堂还要漂亮呢!"我毫不吝啬地赞扬女儿。

"真的吗？"女儿听了我的夸奖，马上变得兴奋起来。"妈妈，现在我明白了一个道理。"女儿小声说道。

"你知道了什么？"我好奇地问道。

"你说的话是对的。不管做什么都要尽量做好，不能有一点马虎的地方。"女儿认真地对我说。

"是啊，我认为，你今天的最大收获就是明白了这个道理。你要永远都记住，只有努力追求完美的人，才有可能变得完美。"

案例连连看

小马虎

小玉是一个非常聪明的孩子，她特别喜欢做数学题。可老是粗心大意，总是把题做错。有一次，小玉的妈妈教小玉做数学题，特别强调让小玉认真看题，不要粗心大意。结果，小玉还是有一道题，把"+"看成了"×"，又做错了。

妈妈看到后，生气急了，指着小玉做的那道错题，一个劲地说："你真是屡教不改啊，简直就是一个'小马虎'，我看你这粗心的毛病是真改不了了。"小玉觉得委屈极了，自己这次真的很认真，但还是出错了，让妈妈生气。她开始对自己越来越没有信心，觉得自己真的再也改不了马虎的习惯了，心里难过极了。

专家解读

不要给孩子贴上粗心的标签

在孩子小的时候，孩子不懂得追求完美的重要性，总是会因为粗心或是其他的原因而做错一些事情。小玉把"+"看成了"×"，是粗心的表现，如果这种习惯得不到及时的纠正，就可能对小玉今后的学习造成一定的影响。而小玉的妈妈在对待女儿粗心这件事上的做法是十分不明智的，她的这些话语不仅严重地打击了小玉学习数学的积极性，还为女儿贴上了粗心的标签，打击了女儿改正错误的信心和勇气。

作为父母，在教育孩子的过程中，不能总是盯住孩子因为粗心而犯的错

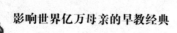

误不放，还给孩子贴上粗心的标签，要努力去寻找孩子的细心点，并不失时机地肯定他、鼓励他，让孩子感觉到自己真的很细心。当孩子的这些细心点越来越多时，细心就会成为孩子的一种思维习惯。

🌿 教育要点

培养孩子细心的习惯表

方　法	具 体 内 容
杜绝批评	不要动不动就以粗心为理由批评孩子，这样容易给孩子造成心理上的压力，分散其注意力，出现更多不必要的错误。
及时表扬	在孩子细心地完成一件事的时候，家长要及时表扬孩子，强化他的细心，这样孩子就会慢慢接受这种心理暗示，越来越向着细心的方向发展。
反复训练	让孩子养成细致的习惯，要从日常生活着手，从细节着眼，反复训练，一段时间内只重点纠正一种坏习惯，等相应的好习惯养成之后，再开始下一个坏习惯的纠正训练，让细心渐渐成为孩子的思维习惯。
细节培养	在日常生活中，家长要用自己的细心去感染孩子，比如把家里布置得井井有条，让孩子学着自己整理东西、收拾房间，把自己的生活安排得有条不紊。

🌿 我为女儿有多角度的快速思考能力自豪 🌿

　　5岁的维尼夫雷特就已经具有十分灵活的思路了，见过她的人都称赞她的机灵，同龄的孩子也非常羡慕她有那么聪明的头脑。一些朋友曾经问我，维尼夫雷特的聪明一定是天生的吧？她一定是个天才吧？对于这样的询问，我的回答通常是一个字：不。

　　一个人各方面的能力往往是通过训练得来的，并非全都来自天赋。只要孩子没有什么天生的缺陷，并让他接受合适的教育，他们都可以成为人们眼中的天才。

在培养维尼夫雷特头脑灵活性方面，我最常用的方法是教她学会通过多种方法解决同一个问题，这样能培养她快速思考的能力与多方位思考的习惯。

正常的学习之余，我常常鼓励女儿参加各种对身心健康有益的活动，尤其大力支持她在艺术方面的爱好。因为学艺术是培养孩子这种能力的最好的方法。事实上，艺术在很多情况下靠的是良好的感觉，而不是花费很多的精力和时间去苦思冥想。因此，这很容易让她养成快速思考的习惯。

有一次，女儿在院子里用水彩画一棵树和花园里的花。虽然当时维尼夫雷特才4岁半，但她学习绘画已经有一年多的时间了，因此显得十分熟练。她不仅运笔流畅，形象和色彩都把握得十分到位。女儿画得兴致勃勃，我悄悄走到了她的身边。

"维尼夫雷特，这幅画画得真好！"

"真的？"听了我的夸赞，女儿仰起头开心地笑了笑。

"但是……"

我还没说完，女儿就打断了我，急切地说："但是什么？你觉得有什么不对的地方吗？"

"不，你画得非常好。只是在这一年时间里，你总是用同一种方法画，恐怕效果不会太理想。"

"为什么？"

"我认识几位艺术家，他们创作的时候总是不断地变换创作手法，希望收到不一样的效果。他们对我说，总用同一种方法创作会让人感到厌倦，甚至会让自己的感觉变迟钝。因此，我认为你也应该像他们一样，尝试用一些新方法，或许这样效果会更好。"

"对呀，"维尼夫雷特听了我的话之后，开始提出自己的看法，"我也有这样的感觉。我画了那么多画，但它们几乎都是一样的，现在虽然比以前要熟练得多，但有时候我也觉得不如开始时那么有趣了。"

"那么，你试试别的方法吧。"

"但是我不知道怎么做。"

于是，我把我所知道的造型艺术中的各种表现手法给女儿一一做了介绍。此外，还告诉她除了绘画以外，还有剪纸、拼贴、雕塑等，并向她讲述了这些方法的详细操作过程。

听完我的介绍，女儿立刻表现出了浓厚的兴趣，当即要求我去给她买这些材料。第二天，我去商店给维尼夫雷特买了各种颜色的纸，并去裁缝店要了各种颜色、质地的碎布，还给她买了一瓶胶水，一把小剪刀。

自从有了这些东西后，只要一有时间，女儿就待在自己的小屋里兴致勃勃地摆弄它们，她对这些东西的兴趣似乎远远超过了其他的玩具。差不多一个礼拜后，女儿兴冲冲地把我和她父亲叫到她的房间。

我和丈夫一走进女儿的房间，就被眼前的景象惊呆了。女儿房间的四面墙上挂满了各种各样的作品。有简洁明快的剪纸，有五彩斑斓的拼贴画，有典雅的水彩画。其中有一组作品特别引起了我和丈夫的注意，这幅作品画的是我们家门前的那棵树，女儿用不同的方式把它表现了出来，每种方式都各有特色，并且每种方式都表现得非常到位。

后来，我的几位艺术家朋友到家里来做客。他们看到我女儿的作品后都非常震惊，因为他们从没见过一个不满 5 岁的孩子会有这么高的表现力，说她对色彩和形象的敏锐感觉是很多人都无法企及的。其中一位艺术家还对我说，从现在起就应该引导维尼夫雷特向艺术方面发展，他认为我女儿有成为卓越的艺术家的潜质。

事实上，如果维尼夫雷特始终保持对艺术的兴趣，她将来一定能成为艺术家，然而我无意用成人的方式培养她，至于她以后会从事什么专业，那是她长大以后要自己决定的事。

案例连连看

不一样的太阳

芳芳今年 4 岁了，是个特别聪明的孩子，十分招人喜欢。有一天，妈妈让芳芳自己画太阳，妈妈告诉芳芳要画出太阳的形状，还要给太阳涂上颜色。听了妈妈的话，芳芳立刻认真地画了起来。

不一会儿，芳芳就画完了。她画了三个不一样的太阳，一个是黄色的发光的太阳，一个是白色的太阳，一个是红色的太阳。妈妈奇怪极了，就问她："芳芳，你画的是太阳吗？"芳芳认真地说："是啊，这是早上的太阳、这是中午的太阳、这是傍晚的太阳。"妈妈听完之后，开心极了，奖励了芳芳一个大大的苹果。

专家解读
培养孩子多角度思考问题

鼓励孩子从不同的角度思考问题，对孩子的成长有着十分重要的意义。芳芳画出了 3 个不一样的太阳，正是因为她从多个角度思考问题的表现。孩子在年幼的时候，一切照着家长的意思去做，也许还不会显现出什么问题，一切看起来顺理成章。随着学习越来越需要思考和应用能力的时候，孩子的思维就逐渐跟不上了，不止是表现在学习成绩上，在生活中也会出现问题。

作为家长，在孩子的成长过程中，我们不能让孩子在回答问题的时候总是一味地说"是"或"不是"，应该多问一些为什么。当孩子用一种办法解决了问题后，可以让他试着用别的方法去解决一下。让孩子学会用不同的方法解决同一个问题，培养孩子从多个角度思考问题的习惯。

教育要点
锻炼手部动作的小游戏表

游戏名称	具体内容
串珠子	让孩子用线、塑料绳把各种色彩、形状的珠子串起来。随着孩子动作的熟练化和精细化，珠子的洞眼可以逐渐变小，绳子随之变细、变软。
夹弹球	让孩子用筷子把碗里的弹珠一颗颗夹到其他的容器里，锻炼一段时间后可以换成颗粒更小的弹珠。
撕纸	提供五颜六色的纸，让孩子自由地撕成条、块，并可以根据撕出的形状想象着称为面条、饼干、头发等。如果家里有缝纫机，妈妈可以在比较硬的纸张上用缝纫机踩出针孔组成的各色图形，让孩子撕下来玩。
折纸	选择柔软的纸张，教孩子怎样折出角、边，折成纸船、纸鹤、花朵、扇子等等。
比划动作	在唱歌、跳舞、学儿歌的同时，可以教孩子用小手比划各种动作，把内容表演出来。

平静心态是做好事情的前提

有些父母总是试图让孩子顺应自己的时间安排和生活习惯，常常催促自己的孩子：快点，我要出门了；赶紧做完功课，客人就要来了。

这种做法对孩子的成长是没有益处的。大家都知道，平静的心态，是做好一件事情的前提。假如经常处于焦急的心态之中，往往会把简单的事情做得很糟糕，本来很快就能做好的事，由于着急反而要花费更多的时间和精力。

不管维尼夫雷特是在做功课还是在玩耍，我从来不去催促她，从不按照自己的标准去要求她。不但如此，当女儿急躁的时候，我还会想办法让她平静下来，告诉她欲速则不达的道理。

一个周末，我们全家决定去女儿的姨妈家做客。听到这一消息，女儿非常激动，因为姨妈对她特别好，她也好久没有见到表弟了。另外，姨妈养了很多可爱的小动物，还有一个很大的园林。因此对女儿来说，去姨妈家是一件让她激动并向往的事情。

然而，直到出发前，维尼夫雷特还没有把功课做完。我平时对女儿要求十分严格，一直要求她必须先做完自己的功课才能出去玩，这几乎成了一个惯例。女儿也很愿意接受这样的规定，大多数情况下她都能做到。

但是，孩子毕竟是孩子，在那样的时候不免会心急起来。她在房间里做功课的时候，一边不停地看表，一边冲我们大叫："快了，快了，请等一下。"

其实当天女儿的功课并不多，但她所花的时间几乎超出了平时的两倍，这样一来，女儿就更焦急了。她拼命地做啊做啊，但功课似乎像是和她作对似的，越来越多，还总出错。渐渐地，女儿开始在房间里发起脾气来。最后，她终于忍不住，开始摔东西了。见此情景，我连忙走进她的房间。

"维尼夫雷特，你在干什么？"

"气死我了，我怎么老是做错？"女儿气恼地说。

"我看看……这道题不难呀！怎么会做错呢？"

"不知道。可就是总出错。"

我猛然明白了，女儿肯定是陷入了一种非常焦急的状态之中。因为她心里总是想着去姨妈家的事，所以忘了欲速则不达的道理，越急越出错。这时如果我再催她，她就会更加着急。我要做的是想办法让她平静下来。

"维尼夫雷特，时间多着呢，不急。"

"怎么能不急？要是不早点走，到了姨妈家就很晚了，根本没时间玩了。"

"不会的，我和你爸爸等着你把功课做完再走。我们还有些事没有做完，等我们把事情做完后再出发。"

"可是，天黑了就不能去看小动物了。"

"没关系哦，我们会在那里住一晚上，第二天去林子里看动物多好啊！清晨的林子才是最美的呢。我都安排好了，今晚上我们在姨妈的客厅里聊天，你也可以给姨妈家的人弹钢琴，还可以和小表弟说说话。上次姨妈还念叨着想听你弹琴呢。"

"真的吗？"女儿顿时来了兴致。

"当然，妈妈从不说谎。"

"那好吧，我做完功课再走。"

"嗯，我和你爸爸都等着你呢。要是你觉得题目太难，就休息一下再做，也许那样做起来会更容易。"

"不用了。现在我感觉好多了，现在就做。"

不一会儿，女儿就跑出来对我说功课全部做完了。

"出发喽！"丈夫抱起了女儿。我们有说有笑地出了门。

维尼夫雷特在路上对我说："妈妈，真奇怪，一开始我想快点把功课做完后马上走，但是怎么努力都做不完。听了你的话后，我不着急了，反而做得快了。这是为什么呢？"

"因为开始的时候你心里太着急，总是想着出门的事，所以不能静下心做功课。后来，你不着急了，心里就平静了，也就能全身心投入到功课中去，自然很快就把它做完了。事情往往都是这样，你越想快它反而越慢，你慢慢做，反而能很快地做完。这说的就是欲速则不达的道理。"

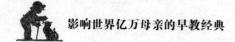

"我明白了，以后我无论做什么事情都不能性急，而是心平气和地去做，这样什么事都能做得又快又好。"

案例连连看

着急的华华

华华是个急脾气，干什么事情都毛毛躁躁的。有一次，妈妈让华华和他的表姐比赛画画，规定画画的时间只有 20 分钟。两人认真地画了起来，由于华华画得特别认真，妈妈表扬了华华好几次。

还剩 5 分钟时，妈妈对华华和他的表姐说："还有 5 分钟，要加快速度啊！"听了妈妈的话，华华特别着急，他赶紧看看表姐，想看看她画完没有。当她看到表姐已经画完了，就更着急了，她握着笔使劲儿地涂着颜料，想赶紧完成任务。但不知怎么了，她越是着急就越爱出问题，一会画笔断了，一会又涂错了颜色。时间很快就到了，华华不仅没有把画画完，连原来得到妈妈表扬的地方也弄得乱七八糟了。

专家解读

让孩子明白"欲速则不达"的道理

孩子年龄小，当他们被焦急的心态控制后，他们往往会把简单的事情做得很糟糕。就像华华一样，本来画得很好，但当妈妈告诉华华只剩 5 分钟之后，华华就完全被一种焦急的情绪控制，不仅不能静下心来作画，还由于着急弄断了画笔，涂错了颜色。结果不仅没有按时完成任务，连原来画好的地方也被弄得乱七八糟。

在孩子的成长过程中，我们一定要让孩子明白欲速则不达的道理。让孩子学会克制自己的情绪，心平气和地去处理自己遇到的事情，不要因为一时的着急把原本简单的事情弄得很糟糕。如果孩子始终被急躁的情绪控制，我们可以给他一个暂停的机会，等到他平静之后再让他继续之前的事情。在这个过程中，家长一定要注意自己的情绪，要平心静气，不要为孩子的急躁火上浇油。

🌿 教育要点

对待急躁的孩子做法表

措　施	具体内容
适当陪伴	当孩子因为做某件事情而变得急躁时，父母要多站在孩子的角度考虑一下。想一想，孩子正在做的事情是否超过了他目前具备的能力。如果确实超出孩子的能力范围，父母可以和孩子一起做，或者在旁边看着孩子做，并给予必要的提示。
循序渐进	有的孩子即使面对自己有能力去完成的事情也会显得急躁不安。遇到这种情况，父母可以对孩子进行一些鼓励，如果孩子实在不肯自己做，那么父母可以帮助孩子起个头，然后鼓励孩子自己继续往下做。
冷处理	当孩子因为挫折而显得十分急躁时，父母可先适当撤销对孩子的注意，让孩子宣泄情绪的同时逐步意识到这样的行为不受欢迎。当孩子的情绪有所和缓时，可以适当地表扬他为此付出的努力，然后和他一起玩玩具或开展新的游戏。
不火上浇油	当孩子情绪急躁时，父母不要大惊小怪地追问孩子怎么了，一定要控制好自己的情绪，自己先冷静下来，一边仔细观察孩子，推测问题的症结所在，一边引导孩子在发泄情绪的前提下冷静下来。事后，父母再寻找适当的时机，向孩子提出希望，教给孩子正确应对自己情绪的方法，促进孩子情绪调控能力的发展。

🐌 我是如何让女儿拥有恒心和毅力的 🌿

　　我看着自己可爱的女儿一天天长大，密切地关注着她成长的每一个细节。在那些日子里，我经常会有这样的感觉：女儿常常会冒出许多新的想法和爱好，却很少能坚持不懈地做好每一件事。也许其他的孩子也都是这样吧！

　　维尼夫雷特是那种思维特别活跃、脑子特别灵活的孩子，也许基于这个原因，她的爱好和想法尤其多。在维尼夫雷特很小的时候，她脑子里经常会产生一些新奇的想法，但那股热情劲儿一过，就会表现得十分淡漠。比如，在学习某种新知识时，刚开始她会热情地投入，然而遇到困难时她又会打退堂鼓。

我在前面已经谈到了女儿学习钢琴的事，也许人们会认为她从一开始就是那么刻苦，事实并非如此。在女儿刚开始学钢琴的时候，很长一段时间里，她总是表现得缺乏恒心。特别是遇到那种所谓的"突破"阶段时，这个缺点就表现得尤为明显。

通常情况下，人在遇到困难时总会表现出不安和失望，有时甚至会丧失信心，这是人的一种天然缺陷。在这种情况下，一个人的恒心和毅力往往是决定成功的主要因素。在学习乐器的演奏时，这种情况更为明显。学习乐器演奏需要大量的练习，而有些练习是十分枯燥的，必须一点一点往上突破，并不是每天都会取得进步，有时还有可能很长时间停滞不前，甚至退步。这时，如果学习者有足够的恒心去攻克难关，就会进步很大。然而事实却是，大部分人之所以学不好乐器，就是因为他们在这个阶段往往无法忍受停滞与退步的苦恼，以至于丧失信心而选择放弃。

迄今为止，女儿在学习钢琴的过程中曾经遇到过三回这样的难关。第一回是在她学琴的第4个月，差点因为不能准确地把握节拍而放弃。第二回是在学琴的第一年里，那时她已经学完了所有的乐理知识和基本演奏技巧。第三回是在她5岁的时候，这一回大概是最困难的一次，那种长时间停滞不前的苦恼，几乎要使她对音乐产生厌恶的情绪了。

有一次，我听到女儿的琴声不再优美流畅，显得杂乱无序，听上去很不舒服。其中还有几个和弦弹得十分粗暴，那种突如其来的重音把正在写作的我吓了一跳。很明显，女儿在通过乱弹钢琴来排解心中的苦恼。

"维尼夫雷特，别胡来，不想弹就别弹，这样真糟糕。"丈夫忍不住训斥女儿。

女儿不但没有停下来，反而又使劲敲了几下，那种不和谐的音调震得我耳朵嗡嗡直响，非常难受。

"维尼夫雷特，你不能这样！"丈夫对着女儿大叫。

我急忙来到客厅，把丈夫拉回了房间，然后坐到女儿身边。

"遇到什么麻烦了，维尼夫雷特？"我关切地问女儿。

"我不想再学了。"女儿沮丧地说。

"为什么？"

女儿低着头不说话。

"你不再喜欢音乐了吗？"

"不喜欢了。"女儿低声说到。

听女儿的口气，我明白显然这是气话。

"维尼夫雷特，我知道你并不是真的想放弃，我可以给你一些时间来思考，过一会儿你再跟我说你的决定，好吗？"

说完，我离开了客厅去和丈夫商量，我告诉他不要用那样的语气同孩子讲话。不一会儿，女儿来到我们面前。

"妈妈，我不是不想弹钢琴。"女儿小声说道，"只是觉得太难了，也许我永远都学不好。"

"为什么？你一直都弹得很好啊！"

"那是以前，现在不行了。也许我就有这么点能力。"

"不是这样的，我们都认为你非常具有音乐天赋。"

"那是以前，我学的曲子都非常简单，现在难度大一点就不行了，我也许再也不会有进步了。"

为了帮女儿摆脱这种糟糕的心态，我耐心地给她讲了很多学习的道理。并专门给她说了一些音乐大师的事情，好让她明白，要想取得成功，关键是要有恒心和毅力。

"据说莫扎特小时候也遇到过这样的困难，他也有弹不好的时候。"

"什么？"维尼夫雷特听了我的话后非常惊讶，因为莫扎特是女儿最崇拜的一位音乐大师。"不可能！他是个天才。怎么会有弹不好的时候呢？"

"妈妈不骗你，妈妈读过莫扎特的传记，传记上说他在小时候也遇到过几次非常大的难题，有几天他的状态非常糟糕，连最基本的音阶都弹不好。"

"不会吧。"女儿怀疑地看着我，"我现在虽然也很糟糕，但还能弹音阶。"

"是啊！那你已经很不错了。"我借机开导她，"你在这种状态下还能弹音阶，比莫扎特强多了。但是你有一点不如他……"

"哪一点？"

"说出来我担心你会生气。"

"不会的。"

"我认为你没他有恒心。传记里说莫扎特在遇到挫折时依然没有灰心，而是一遍遍耐心地练习。没过多久，他不但恢复了原来的演奏水平，而且还取得了很大的进步。那次很大的进步，使他达到了优秀演奏家的水平。"

"真有这样的事？"

"当然了。我不是给你说过吗？对于学习乐器的人来说，发生这样的情况很正常。你以前也曾遇到过这样的情况，不是也顺利地过关了么？"

"是啊，但是……"女儿陷入了沉思。

"莫扎特曾经说过：'别人都以为我的成就全部来自我的天赋，事实并非如此。我能取得这样的成就，靠的都是我的毅力与恒心。'"我坐在钢琴旁的凳子上，继续启发女儿，"你想想，连莫扎特这样的大师都觉得自己的成就来自毅力与恒心，何况你呢？你不是一直把莫扎特当作你的榜样吗？那你就该向他学习，不仅学他的音乐，还应该学他的精神及坚持不懈的态度。"

从那天起，女儿就成了一个具有超人的毅力和恒心的人。这也是维尼夫雷特后来能取得很大成就的关键因素，而她的这种恒心也是别的孩子所没有的。

案例连连看

半途而废的娟娟

娟娟今年都5岁了还不会跳绳，妈妈为此头疼极了。这天下午，妈妈专门把娟娟带到了公园的空地上，想让娟娟好好练习练习。在妈妈的监督下，娟娟学得很认真，都能跳过好几个了。为了让娟娟尽快地学会跳绳，妈妈和娟娟约定：每天下午等娟娟放学后，妈妈都带娟娟到公园里练习跳绳。

刚开始的几天，娟娟都非常配合，每天下午都跟妈妈到公园练习跳绳，娟娟跳得也越来越好。可到了第4天，娟娟就有点烦了，妈妈催促了娟娟好几次，但娟娟就是在房间里磨蹭，不肯到公园练习跳绳。由于那天妈妈还有很多其他的事情，也没有坚持带娟娟去练习。以后的几天，妈妈一想带娟娟去练跳绳，娟娟就找各种理由推脱不去。就这样，一个月过去了，娟娟还是没有学会跳绳。

专家解读

让孩子学会坚持

坚持才会胜利，这个道理对孩子来说也同样适用。学习跳绳不是一朝一夕的事情，必须经过长期的练习才能学好，娟娟在学跳绳的时候，就是缺乏一种坚持到底的精神，才导致了学习跳绳的失败。

　　孩子小的时候，由于自身的原因，对很多事情几乎都是3分钟的热度，很难坚持去完成一整件事情。家长作为孩子的第一教育者，当孩子出现这种状况后，一定不能纵容孩子的任性，要适时引导和教育孩子，让孩子懂得坚持的重要性，并通过各种方式让孩子养成坚持的好习惯。

🌱 教育要点

孩子学会坚持的方法表

方　法	具体内容
拆开事情做	一个步骤一个步骤要求孩子做到，每天要求孩子完成一个步骤，并及时给予肯定。等全部完成后，告诉孩子：每天做好一点点，就把它全部做完了。只要你坚持一下，任何事情都难不倒你。
准备备忘贴	用一张贴纸写上希望孩子完成的一件事情，贴在孩子的床前。提醒孩子完成贴纸上的事情就可以拿到他想要的奖品。每次宝宝拿奖品时，就要不断地鼓励他、称赞他，让他继续完成其他贴纸上的事情。
讲相关故事	准备几个与坚持有关的故事讲给孩子听，给孩子一些可以模仿的对象，向孩子灌输"放弃一切，就绝对没有希望"的观念，引导孩子努力坚持，勇于挑战。
对孩子放手	父母要先调整自己的心态，接受"生活中难免会遇到挫折"、学习"对孩子放手"的观念，不要帮孩子"事先处理"可能会遇到的挫折，避免养出温室里的花朵。

第八章

让孩子快乐地成长

一定要呵护孩子稚嫩的自尊心

每个孩子都有一颗稚嫩的心，必须要小心呵护，才能让孩子的自尊心不受到伤害。我想，天下所有有责任心和爱心的父母都应该注意到这一点。然而，不幸的是，许多父母还是会在不经意之中伤害到孩子的自尊心，让孩子受到伤害。

其实，每个孩子都有自尊心，如果父母能够清楚地认识到这一点，就可以避免和自己的孩子发生很多不必要的冲突。做父母的，很多时候都很注意维护自己的自尊心，却常常忽略孩子的自尊心。当孩子对自己有叛逆举动时，父母们就会大发脾气，来维护自己的自尊心，可是当孩子们觉得委屈了或是伤了自尊的时候，父母们却认为，孩子那么小，根本就没有什么自尊心，甚至还有意去伤害他们的自尊心，以此作为惩戒孩子的手段。在我看来，这种做法是十分愚蠢的，因为它不仅对孩子没有好处，还会对孩子的心灵造成不可挽回的伤害。所幸的是，我很早就意识到了这一点，迄今为止，我从来没有用这种做法对待过我的小维尼夫雷特，因为我非常爱我的女儿，我不愿意看到她受到任何伤害。

我朋友的儿子哈里斯，是个聪明又懂事的孩子。他今年才6岁，就开始帮自己的母亲做家务了。有一天，哈里斯和母亲出去购物，买了很多东西回来。到家后，哈里斯就主动帮助母亲把买来的东西从外面搬进厨房。母亲见他抱着一堆玻璃瓶，开始担心起来。

"哈里斯，瓶子要分两次拿，不然会摔碎的。"

哈里斯自信地说："妈妈，不会的，我以前也拿过这么多。"

"你不听妈妈的话，瓶子肯定会摔碎的。"妈妈有些生气了。

哈里斯装作没听见妈妈的话，只顾往厨房里走，结果刚走进过道，瓶子就接连不断地掉到了地上，弄得满地都是汤汤水水。

"我告诉过你分两次拿，可你就是不听！你看你把这里弄成了什么样子！"哈里斯的妈妈看着弄脏的地板，忍不住大发脾气。

哈里斯看到自己摔碎了瓶子，本来就已经有些惭愧了，又听到母亲这样的训斥，顿时恼羞成怒，他扔下手里的瓶子，头也不回跑到自己的房间去了。从那以后，哈里斯再也不愿意帮母亲干家务了。

其实，小哈里斯不小心摔碎瓶子后，就已经认识到自己过错了。在我看来，孩子只要认识到了自己的过错，我们的教育目的就已经达到了，母亲事前的警告和事后的训斥都是没有必要的。可是显然，小哈里斯的母亲并没有看到这一点，在小哈里斯已经知道自己错了的时候，她一点也没有体会到哈里斯的心情，也没有给小哈里斯一点安慰，相反，她采取了一种责备的方法，让小哈里斯觉得下不了台。这是多么糟糕的一件事情啊！

我的女儿维尼夫雷特5岁的时候，就已经非常有主见了。无论是吃、穿、住、行，还是在其他方面，小维尼夫雷特都有自己的主见。但是，她的这种主见常常令我感到头疼，因为，有时候，在她的主见下，很多事情都会被搞砸。

有一次，我们约了一些朋友去郊游。那时候已经到了春天，大家都穿上了轻便的春装。可是维尼夫雷特却坚持要穿她那件绿色的大衣，因为她觉得自己穿那件大衣好看。

我告诉她说："现在已经不是冬天了，天气热了，如果你穿着大衣出去郊游的话，会热得很难受的。"

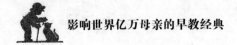

女儿仍然固执己见，不肯采纳我的建议。到了游玩的地点，所有的孩子都穿着轻便的春装，只有维尼夫雷特一个人穿着厚厚的大衣，在温暖的天气下，热得满头大汗。这时，她开始注意到其他的孩子在用奇怪的眼神看着她。

"妈妈，我肚子有点疼，我们回家吧。"维尼夫雷特对我说。

我知道女儿的真实意图，她是想找借口离开这里。

"啊，春天的天气真是太好了！"我装作没有听到她的话，自言自语地说，"那些孩子穿着轻便的衣服多么舒服啊。"然后低头对维尼夫雷特说，"我想你也许会不想穿大衣的，所以我把你的春装也带来了，你想不想到林子里去把它换上呢？"

维尼夫雷特顿时变得兴奋起来，她亲热地吻了我，并要我马上把她带到林子里去换上她的春装。

就是这样，我在不伤害女儿自尊心的情况下帮她摆脱了尴尬的处境，也为自己摆脱了困境。从那以后，维尼夫雷特不仅再也不那么固执了，还养成了听取别人意见的好习惯。

我想，如果那天我没有给女儿带上春装，而是让她忍受那件大衣带来的痛苦，或者在那么多人面前抱怨她不听我的话而嘲笑她，那么一定会伤了她的自尊心。这样一来，女儿不仅不会养成听取别人意见的习惯，还会因此丧失自信心，不再敢自己做决定了。

案例连连看

没出息的孩子

亮亮今天又尿床了。妈妈过来叫亮亮起床，亮亮怎么也不肯从被子里出来，在妈妈的强制下，亮亮才被抱下了他的小床。妈妈看到潮湿的被子，生气极了，大声地训斥亮亮道："你怎么这么没出息，都这么大了还尿床！害不害臊啊！"听了妈妈的话，亮亮惭愧极了，一直低着头，不敢抬头看妈妈。

在送亮亮去幼儿园的路上，妈妈一直在数落亮亮，一个劲地强调亮亮的没出息。到了幼儿园后，妈妈还是一个劲儿的说亮亮尿床的事情，并把这件事情告诉了幼儿园的老师和小朋友们。小朋友知道后都笑话亮亮，说亮亮是个没出息的孩子。亮亮觉得丢人极了，大声地对妈妈喊道："我讨厌你！"就跑到车里再也不肯出来了。

专家解读

保护孩子的自尊心

自尊心是孩子健康成长的重要心理因素，如果损害了孩子的自尊心，孩子就会失去前进的动力和勇气，带来不良的后果。亮亮尿床后，本来就已经感到很难为情了，亮亮的妈妈不仅没有体谅孩子的心情，反而指责、讽刺孩子，并把这件事公之于众。她的这种做法严重地伤害了孩子的自尊心，对亮亮的心理造成了很大的伤害，导致亮亮对妈妈产生了厌恶的心理。

幼儿期是孩子自我意识的形成时期，他们开始注意别人对自己的评价，保护自己的自尊心。在这一时期，作为父母，我们一定要重视和保护孩子的自尊心，尊重孩子、了解孩子。当孩子犯错误时，要先了解情况，再做适当的批评教育。批评要注意分寸和场合，尽量避免把孩子的错误公之于众，更不能动不动就训斥、恐吓孩子。

教育要点

家长的行为对幼儿自尊心的影响表

家长的行为	对幼儿自尊心的影响
专制强权	专制强权，让孩子绝对服从，是丝毫不顾幼儿自尊心的做法，让幼儿感觉他们受到很少的关爱，并且受到极大的限制，是一种伤害他们自尊心的行为，不利于幼儿自尊心的发展。
过分宠爱	在这种环境中成长的幼儿，被父母的爱包围着，脱离了实际的生活规律，很少或者根本没有受到过批评和挫败，这种教育方式容易让幼儿有优越感，形成骄傲的心理。 溺爱让他们的自尊心得不到锻炼，变得很脆弱，一旦受到外界的哪怕是一点点的挫败，自尊心就会大大地受到伤害，很难接受挫败。
横向对比	把孩子当反面教材的教育方式对幼儿自尊心的伤害是最直接的。长期对幼儿采用这种教育方式会给幼儿形成"我比别人差"的潜意识，这种潜意识会使幼儿的自尊心处在一个受伤的状态。

我用"暂停"的方法对付女儿的坏情绪

在维尼夫雷特的成长过程中，我常常发现这样的现象：我年幼的女儿经常会陷入一种不能自控的状态，在这种状态下，她似乎丧失了使自己镇定下来的能力，被一种莫名的坏情绪所控制。

当她被这种莫名的坏情绪控制时，随之而来的就是让我感到头疼的没完没了的哭闹和不顾一切的反叛。我想，也许所有的孩子都有这样的毛病。对孩子来说，出现这种状况，可能是一种很普遍的现象吧。

我想，每个做父母的都遇到过这样的情况：当我们对孩子大喊"不许这样，不许那样"的时候，孩子有时候会一点反应都没有，仍会自顾自地哭闹不休。很多人在面对这种情况时，往往会对孩子采用暴力手段，希望通过这样的办法，让孩子停止无理由的哭闹，却往往事与愿违，孩子不仅不会停下来，还会变得更加暴躁，行为变得更加过激，而父母们面对如此胡闹的孩子也变得更加不能控制自己，对孩子大发脾气。一时间，孩子的哭喊声和父母的呵斥声交织在一起，家里顿时天翻地覆，每个人都被弄得疲惫不堪。

我认为，作为父母，当我们遇到这种情况时，最好采用"暂停"的方式来解决。采用"暂停"的方式并不是要用这种方式来惩罚孩子，而是要通过这种非暴力的手段使孩子停止他们"疯狂"行为。

有一次，我准备带维尼夫雷特去一位朋友家做客。我们做好了一切出发的准备，但在临行前，我3岁的女儿突然被一种莫名的情绪控制住，她发疯似的拉着我大声哭闹，非要穿一条短裙。我对她解释半天，依旧不能让她安静下来。

我有点生气了，对她说："维尼夫雷特，你要是这样胡闹，我就不带你出去了。"

听了我的话，她不仅没有好一点，相反的，她哭得更凶了。她嘶哑着嗓子对我大喊："不去就不去！我一定要穿那条短裙，你快给我换上！"

看到此刻如此不可理喻的女儿，我把已经打开的房门重新关上，冷静地对她说："停！维尼夫雷特，我们现在停一停。"

我把女儿重新带回房间，把她放在凳子上。女儿尽管还在哭叫，却没有反抗，乖乖地坐在那里。

"维尼夫雷特，我给你5分钟的时间，好好想一想。"说完这句话后，我走出了女儿的房间，我想我们都需要冷静一下。

5分钟后，维尼夫雷特停止了哭闹。她在房间里喊我"妈妈，我已经想好了，我现在可以出来了吗？"

"当然，告诉我，你还想去安迪叔叔家吗？"我问她。

"嗯。"女儿走过来，把头靠在我的身上。"妈妈，我还想去，我们走吧。"

在女儿狂躁不安的时候，我经常用这种"暂停"的办法使她从中摆脱出来。从我的经验来看，在孩子无理取闹时采用这种方式通常都很有效。我采用"暂停"的方式来对待女儿，并不是让她在痛苦中学到什么，而是想让她重新获得平静，忘掉自己的无理要求。因此，如果女儿在"暂停"的时间里被什么好玩的东西或游戏所吸引，只要对她没有危害，我就会让她高高兴兴地玩一会儿。

女儿3岁的时候，特别喜欢画画。我想让她把画画在我为她准备好的纸上，但她总是控制不住自己，到处乱画，把整个房间弄得又脏又乱。

有一次，小维尼夫雷特又把画画得到处都是。我对她说："你是到你的房间去待上5分钟，还是想好好地画画呢？如果你不想好好画就到房间里去待一会儿吧，我想那样你会感觉好一点。"

在这之前，我曾经向小维尼夫雷特解释过"暂停"的方法和内容。但调皮的小维尼夫雷特似乎对我的话充满了怀疑，要试探我是否会真的用这种办法来对待她。于是她根本不听我的话，依然用画笔去涂抹家具。

"嗯，我明白了，你选择了回房间待一会儿，那现在是要我送你去，还是你自己去？"我对她说。

女儿依旧没有动，看到她这样，我只好走过去，拿下她手中的画笔，对她说："你已经选择了让我送你去。"我直接把她送回了房间，告诉她，"如果你觉得好一点了可以出来找我，我们可以玩别的游戏。"

为了让女儿清楚地知道自己"暂停"的时间，我给女儿买了一个计时器。通常，她"暂停"的时间是5分钟。对女儿采取这种"暂停"的方式时，女儿有时候会拒绝在自己的房间里待着，跟着我跑出来，这个时候，我会立刻把她送回去，并延长"暂停"的时间。当然有时候我也会问问她，是否需要我的陪伴，如果需要的话，我会陪她一起在房间里待着，直到她可以静下来。等到女儿4岁的时候，她已经习惯了这种"暂停"的方法，不再让我把她送回房间，而是主动地走进房间，直到心情平静下来.

她在房间"暂停"的时间，有时候会玩别的东西，而我也从不干涉她。每当这种时候，她甚至会忘掉规定的暂停时间，在里面高高兴兴地一直玩下去，我也从来都不打扰她。

对女儿采用"暂停"的方法时，我从来不让女儿感觉这种方法是对她的惩罚。因为一旦她认为我在惩罚她，她就会拼命地反抗，这样一来，不仅不能帮她摆脱原有的情绪，反而会使她的情绪变得更坏。

🐿 案例连连看

哭闹不休的蕾蕾

蕾蕾今年3岁了，经常被莫名的情绪所控制。有一次，蕾蕾玩得特别累了，想要抱着她的布娃娃睡觉。妈妈对蕾蕾解释说："娃娃被送去干洗了，要过几天才能拿到。"听到妈妈的话，蕾蕾哇哇大哭起来，还用手胡乱地抓妈妈的衣服。看到如此胡闹的女儿，妈妈生气极了，她按住女儿的手，大声地训斥着，但蕾蕾不仅没有安静下来，反而闹得更凶了。

这时，蕾蕾的爸爸回来了。看到蕾蕾的状态，他平静地对蕾蕾说："蕾蕾，停一下，好吗？"蕾蕾逐渐安静下来，爸爸继续对她说："你现在就要布娃娃是想抱着它舒服地睡一觉，对吗？"听到爸爸说出了自己的想法，蕾蕾完全安静了下来。爸爸继续说："爸爸可以当你的布娃娃，你抱着爸爸睡觉好不好？"蕾蕾脸上的紧张情绪渐渐散去，她高兴地和爸爸一起回了房间，几分钟之后就睡着了。

🐿 专家解读

正确对待情绪失控的孩子

孩子在成长的过程中，都会出现情绪失控的时候。如果家长能够正确地面对孩子的情绪失控，就很容易让孩子安静下来。蕾蕾由于拿不到自己的布娃娃而变得情绪失控，蕾蕾的爸爸并没有像蕾蕾的妈妈一样被孩子的情绪影响，相反的，他非常冷静地让女儿停了一会，并把女儿真实的感受说了出来，让女儿得到了一个共鸣，就是她的心情被爸爸理解了，女儿在被理解的状态下，很快地安静了下来。

事实上，在现实生活中，不光孩子是这样的，我们也同样需要停一下，然后被理解。所以，当孩子情绪开始失控时，作为父母，我们不需要做更多的工作，只需要让他停一下，冷静一下，然后陈述他当时的状态，让孩子和我们有一个共鸣。这样，孩子在被理解的情况下，情绪也会慢慢地平缓下来。

教育要点

孩子在商场情绪失控的应对措施表

措　　施	具 体 事 例
了解孩子的极限	例如，带孩子逛商场的时候，如果家长反复地试上5~6套服装，或者没完没了地讨论该选哪件家具的时候，一定要了解孩子能够控制的极限，适当安抚孩子的情绪。
给予持续的鼓励	例如，每次带孩子外出的时候，不时地夸奖他一句，给他一个热烈的亲吻等等，这种正性的鼓励或者奖励会有效地提醒他，他做得不错，同时也在暗示他，他应该有什么样的行为，什么样的行为会受到鼓励和表扬。
提供参与的机会	例如，逛商场的时候，抱着他，让他帮着到货架上拿商品，会带给他一种当家做主的感觉。如果不需要某件商品，可以给他讲解这些商品的特性，比如色彩、功用等等，这些都可以极大地满足他的好奇心，吸引他的注意，让他在不断变化的活动中获得控制。
事先琢磨好对策	例如，孩子在商场突然因为想要某个玩具而大发脾气时，父母可以尽快带孩子离开商场，这样他发脾气的事件已经消失，他自然会平静下来。这样处理，可以让孩子明白，他这种发脾气的行为不会得到任何奖励。
避免警告与威胁	宝宝不听话时，家长不要出现"你不听话，我就把你扔在商场""你不听话，警察叔叔会把你抓走"之类的警告与威胁的话，这会让宝宝增加负面情绪，没有安全感。

尊重孩子，才能得到孩子的尊重

我的女儿维尼夫雷特非常顽皮，我经常被她弄得不胜其烦。每当这个时候，我就会明确地告诉她我的感受，让她知道她正在给我带来困扰，让她学会理解和尊重别人。在我看来，父母完全有理由让孩子知道自己的感受，让孩子理解和尊重自己。因为这样做无论是对大人还是对孩子都是有好处的。

很多父母都有这样的体会，孩子已经到了应该懂事的年龄，却仍然不懂事。有时候孩子会自私到令人惊讶的程度。有的孩子，即使父母已经满足了他不少要求，他依旧我行我素，给本来就已经疲惫不堪的父母增添更多的麻烦，迫使父母答应自己所有的无理要求。孩子的这种行为常常让父母很生气，却又不便发作，因为既然要做一个理解孩子的父母，除了尽力帮助孩子，还能抱怨什么呢？

虽然父母这样做的出发点是好的，但是我却并不赞同这样的做法。因为，在我看来，父母的自我牺牲和忍耐是有一定限度的，当孩子给他们带来的这种烦恼积累到一定程度时就会爆发出来，这样的爆发往往会给大人和孩子带来很多的不快。

在养育女儿维尼夫雷特的过程中，我发现了一个这样的现象，当我明确地向女儿说出自己的感受时，往往会出现令我意想不到的情况。因为当我向她表达我的感受时，一向只考虑自己的情绪而不管别人感受的女儿，通常会变得很理智，并开始照顾我的情绪，变得懂事起来。当然，我所说的向孩子表达自己的感受，并不是指控诉和指责孩子。在向孩子表达自己的感受时，一定要把握一个度，如果不能把握好这个度，就达不到理想的效果。

女儿有个十分要好的小伙伴叫安娜依丝。安娜依丝和母亲达成了一个做家务的协议，就是每到周六，安娜依丝都要先把自己的房间打扫好，才能做其他的事情，除非有什么特殊情况出现，安娜依丝才能违反这个协议。

在母亲的督促下，小安娜依丝把这个协议坚持执行了两个星期。但到了第 3 个星期的周六，母亲到安娜依丝的房间里检查，发现安娜依丝根本没有整理房间，整个房间乱七八糟的。

那天，安娜依丝和小伙伴们玩到很晚才回家。等她回家后，母亲马上生气地质问她"安娜依丝，你今天的做法真让我难过。"

安娜依丝疑惑地问："妈妈，怎么啦？"

母亲听到安娜依丝忘记了和自己的协议，顿时变得生气起来，她对女儿说："你怎么能说话不算数呢，今天该你做家务了，你却悄悄地溜掉了，你简直太不负责任了，真令我感到失望啊！"

听了母亲的抱怨，安娜依丝什么也没有说，只是撇了撇嘴，就走进了自己的房间。她把门关好，留下母亲独自在那里生闷气。

很多人会疑惑，难道安娜依丝的母亲有什么地方做得不对吗？她说的那些话不是在表达自己的感受吗？其实，在刚开始的时候，安娜依丝的母亲的确是想表达自己的感受，但随着情绪的变化，她的表达就变成了对女儿的指责了。她的这种指责不仅不会让女儿明白自己的错误，反而会激起女儿的反抗。如果当时安娜依丝的母亲并没有指责女儿的过失，只是告诉女儿应该先履行协议，把房间收拾好再出去玩，那么效果就会完全不一样。

记得，有一次，我的宝贝女儿维尼夫雷特因为贪玩很晚才回家。由于当时她还很小，我非常担心她会出事。当维尼夫雷特的敲门声响起来的时候，我立刻冲了过去为她开门，当时我生气极了，真想骂她一顿，让她知道我有多担心，但最后我还是控制住了自己的情绪，没有爆发。我一见到她就对她说："感谢上帝，你总算安全地回家了。"

看到我如此紧张，女儿马上说："妈妈，我一直在罗茜家玩，怎么啦？"

"今天你回家晚了，妈妈担心极了，你应该早点回家，你回家这么晚，我真怕你出了什么事。"我担心地说。

女儿意识到自己的错误，马上扑过来亲吻了我，并说道："妈妈，是我错了。对不起，我以后一定早点回来。"

其实，父母在向孩子表达自己的感受时，一定要特别注意自己的方式和语气，否则孩子就会认为你不真诚，而产生不好的情绪。我正是因为采取了正确的方式，让女儿深刻地认识到了自己的错误，感觉到了我对她的爱，才使她懂得了要理解和尊重我。

我们都明白要想别人尊重你，你首先要尊重别人的道理。我认为，大人与孩子之间的矛盾在很多情况下，都是由于父母过于随便的许诺而造成的。很多父母在对孩子许诺时，往往过于慷慨，最后又无法实现，导致孩子对父母产生不满。其实，这样的做法既没有尊重孩子，也不能得到孩子对自己的尊重。

维尼夫雷特的父亲由于工作的原因，总是很忙，没有时间带女儿出去玩。有一次，他终于有一个难得的机会，可以在周末陪女儿玩。于是他在前一天就随意地对女儿许诺说："明天爸爸带你出去玩，你想去哪里都行。"

"真的吗？太好了！"女儿高兴极了，马上说道，"我想去搞一次野炊，可以吗？"

听了女儿的话，丈夫有点为难了，说："这恐怕不行，我晚上还要和别人一起吃饭，要是赶不回来可就糟了。"

"那我们去儿童剧院看儿童剧好不好？"女儿又建议道。

丈夫想了想，马上否定道："可是，那种地方太吵了，爸爸想安静一下，咱们还是去别的地方吧。"

听了丈夫的话，女儿顿时没了兴致。随口说道："那你决定吧。"

"我陪你出去玩，你怎么能这么没热情呢。"丈夫有些不满。

"我说了，你决定就好了。"女儿依旧没有兴致。

为了这件事，我和丈夫谈了很久，我劝他以后不要随便对女儿许诺。因为如果许诺不能实现的话，就会让女儿很失望。从那以后，每当女儿提出这类建议时，我和丈夫都要作一些适当的限制，要么提出几个具体的游玩地点，要么规定一下行动范围，从来不给女儿过高的期望。因为期望越高，失望就可能越大。而我们要做的就是，在任何时候都不让女儿天真的脸上出现失望的阴云。

在我看来，如果父母说话不算数，总是让孩子感到失望，孩子就会失去对父母的信任感。一个不信任父母的孩子，又怎么会尊重父母呢？在教育孩子的过程中，我们一定要清楚地认识到我们所面对的不是一个可以随便摆布的玩具，而是一个有着复杂感情的活生生的人。我们只有尊重他们，才能获得他们的尊重。

🐾 案例连连看

妈妈的妥协

一次，妈妈带月月去商场，月月看中了一个漂亮的布娃娃，非要让妈妈买回家，但妈妈已经给月月买了好几个布娃娃了，月月只是一时喜欢，没过几天就扔到角落去了。

妈妈想给月月讲道理，就对她说："你都有好几个了，这次不买了。"听了妈妈的话，月月马上大哭起来，一个劲地哭喊："给我买布娃娃，给我买布娃娃。"月月的哭声招来了很多人的围观，妈妈觉得丢人极了，只好小声地对月月说："你怎么这么不懂事啊！你再哭我就把你自己扔在这里！"没想到，月月不仅没有停止哭声，还抱住妈妈的腿，哭闹得更凶了。最后，妈妈没有办法，只好给月月把布娃娃买回了家。

🐾 专家解读

怎样看待孩子的"不懂事"

很多父母总是抱怨自己的孩子不懂事，一点儿也不讲道理。其实，有时候，并不是孩子不讲道理，而是父母和孩子的沟通方式有问题。月月为了一个布娃娃在商场里大哭大闹，是因为她只关注了自己的需求，忽略了妈妈的感受。月月之所以这样做，并不是因为她想惹妈妈不高兴，而是她根本不知道自己的行为会对妈妈造成什么样的影响。

当我们面对不懂事的孩子时，一定不要被自己一时的情绪所控制，对孩子横加指责。我们可以把自己的感受告诉孩子，让孩子注意到你的感受。当你表达出自己的感受以及希望时，你就给孩子提供了必要的信息。在这些信息的影响下，孩子往往会开始关注家长的感受，改变自己原来的选择。

🌿 教育要点

向孩子表达感受的三大步骤表

家长的做法	举例说明
描述当时的情形	这样就给孩子传达了必要的信息，解释了这对父母来说为什么是个问题。例如，孩子吃蜂蜜后没有盖好盖子，父母可以这样说："蜂蜜在厨房的台面上，没有盖盖子，开始招蚂蚁了。"所有这些句子都是以描述当时的情形为开头，然后解释这样的情形可能会出现问题。
句子以"我"开头	用"我"开头的句子往往是以"我觉得"这样的方式开始的。例如，孩子做错了事情，家长可以说"我觉得自己没有得到感谢"，"我担心极了"等。 不用以"你"开头的句子。例如，"你真让我失望。""你这个不领情的小家伙。""你从来不注意我的需要。"
表述自己的要求	描述自己的希望或要求，让孩子知道正确的做法。例如，家长可以说一些"我希望你在吃完后能把食物放好"，"我希望咱们赶快走"等明确表达说话者的要求的句子。

🌸 孩子做好事情时也应给予鼓励 🌸

在维尼夫雷特小的时候，她特别有爱心，总是会做一些好事。每当这个时候，我不仅会给予她充分的肯定，告诉她这样做都有哪些好处，还会不失时机地表扬她。

一般情况下，父母在对孩子进行表扬时，多半是表扬他们与生俱来的一些方面，表扬孩子的聪明或是漂亮之类的，却很少重视孩子的后天努力，尤其是一些比较小的努力。这是一种错误的认识，父母们应该反思。

我的好朋友克丽亚特夫人曾经告诉过我一件关于他儿子亨特放牙刷的事情。

有一次，克丽亚特去卫生间时，看见儿子亨特的牙刷没有放在杯子里，而是扔在了台子上，就对儿子喊道："亨特，我不是告诉过你牙刷用过后要放到杯子里吗？你怎么又把牙刷扔在外面了？"

那个时候，小亨特正在玩自己的玩具，听了妈妈的话就随口说了一句"我知道了"。

克丽亚特夫人见儿子并没有认真听，就想再强调一下，她对亨特喊道："亨特，你过来一下。"

"怎么了呀？"亨特听了妈妈的话，很不情愿地放下玩具走了过去。

"亨特，把牙刷放到杯子里去，牙刷不应该放在台子上的。"克丽亚特夫人严肃地说。

亨特很快放好了牙刷，转身就要走。克丽亚特夫人又嘱咐了一句："以后要记得把牙刷放在杯子里。"

"知道了。"亨特答应道。

第二天，亨特把牙刷放到了杯子里，但母亲并没有注意到，也没有表扬亨特。

等到第三天，亨特又把牙刷放在了台子上。

"亨特，你又忘了要把牙刷放进杯子里了。你到底是怎么回事啊？"

"我以为你已经忘记了。"亨特说。

"什么叫我已经忘记了？"母亲不解地问。

"昨天，我把牙刷放在杯子里了，可你并没有表扬我呀！我以为你已经忘记这件事了。"

克丽亚特夫人说的这件事，让我意识到孩子其实是非常需要父母的注意和表扬的。做父母的，在孩子做错事的时候，总是会提醒和纠正孩子，让他们改正错误，养成一个好的习惯。当孩子做对事情的时候，却很少给予他们足够的肯定，让他们感觉做对一件事情是非常值得自豪的，从而让他们保持足够的热情去巩固自己的成绩。

在教育女儿维尼夫雷特的过程中，我深切地感到，与其让孩子带着受责备的坏心情去改正坏习惯，不如让孩子带着愉悦的心情去养成好习惯。

其实，无论是大人，还是孩子，与生俱来都有一种排斥别人责备的本能。尽管大多数父母在孩子面前都有一定的权威性，如果父母对孩子的责备过多的话，孩子仍然会产生很大的反感。这种反感会让孩子对父母的行为强烈地抗拒，大大削弱父母管教的效果。如果我们对孩子采取正面鼓励的办法，孩子可能更加容易接受一些。

维尼夫雷特小的时候，对节约用水一点概念也没有，她洗澡的时候总是把水龙头拧到最大，有时甚至一直开着浴室里的水龙头，白白浪费了很多水。我多次告诉她不要浪费水，但维尼夫雷特就是不听。

有一天，我发现，女儿突然有了节水意识，她不仅很快地洗完了澡，还主动关上了水龙头。我有些奇怪，就问女儿："维尼夫雷特，你今天怎么这么乖啊？"

"书上说应该节约用水，不然的话世界就会面临缺水的危机。"女儿回答说。

原来，女儿看了一本书，书中讲述了水的重要性，并强调人类对水的浪费将会使未来的世界面临缺水的危机。维尼夫雷特看完后，明白了节水的重要性，并付诸了行动。看到女儿这样的表现，我高兴极了。

"维尼夫雷特，你真是太了不起了！这真是太好了！如果每个人都能像你一样，那将会节约多少水啊！"我不由自主地夸奖她。

从那之后，维尼夫雷特在节约用水方面不仅严格地要求自己，还常常提醒她的父亲节约用水，并向他宣传浪费水的危害。在我看来，孩子做对事情的时候，给予孩子一些鼓励是很有必要的。因为，当孩子发现自己的好行为引起了大人注意并受到肯定时，就会在心里调整自己的行为取向，让这些好的行为一直延续下去。

我知道，长期去关注孩子一点一滴的进步，并及时予以鼓励，是一件不容易的事。但我还是要劝告那些年轻的父母：要不失时机地表扬自己的孩子，不要错过生活中能促使孩子进步的每一次机会。

案例连连看

给爸爸妈妈做的礼物

准备晚饭的时间到了，妈妈要去厨房做饭了。为了让佳佳能单独玩一会儿，妈妈给佳佳找来了一把塑料剪刀和一些纸，让佳佳剪纸打发时间。不一会儿，佳佳就拿着一个小纸团到厨房来找妈妈，对妈妈说："妈妈，你看，我做的礼物。"

佳佳妈妈正在做饭，忙得不可开交，她刚想像往常一样把佳佳轰出去，就想起每次这样做，佳佳就会闹得更厉害。于是，她赶紧蹲下来认真地看着佳佳手心里的小纸团说："哇，佳佳做的礼物真漂亮！可不可以给爸爸妈妈都做一个啊？"佳佳听了妈妈的表扬，开心极了，马上回到自己的房间，又认真地做了起来。

佳佳的妈妈如释重负，直到把饭做完，佳佳都没有哭闹，一直在那里认真地做礼物，妈妈为此开心不已。

专家解读

表扬最容易让孩子快乐

对孩子来说，家长的表扬是最令他们开心的。在佳佳做了自认为比较有成就的事情后，有了佳佳妈妈的倾听、鼓励和赏识，她的自信心倍增，一直认真地给爸爸妈妈做礼物，没有像往常一样给妈妈捣乱。其实，孩子是很容易快乐的，有时候家长简单的一句鼓励的话，就能让孩子开心得忘乎所以。

在我们教育孩子的过程中，我们一定不要吝啬对孩子的表扬。即使孩子只是进步了一点，我们也要表扬他们，让他们感受到我们对他的理解、关心和爱。在表扬的过程中也要十分注意自己表扬的方式，不要让孩子因为家长的表扬而变得骄傲，听不进别人的意见。我们要善于发现孩子好的一面，多给孩子一些赏识和鼓励，少给孩子一些训斥和打骂，让我们的孩子可以健康快乐地成长。

教育要点

三种不同类型的表扬对孩子的影响表

不同类型的表扬	举例说明	对孩子的影响
整体性的表扬	对幼儿做出一种整体性的判断，强调他个人的能力。如"某某真聪明！""某某真能干，加油！""你真棒！"	经常受到整体性的表扬的幼儿只喜欢做自己有把握的事情，面对成功容易骄傲、自负，面对挑战或挫折容易放弃、恼怒或者沮丧。

不同类型的表扬	举例说明	对孩子的影响
强调过程的表扬	幼儿在完成某一任务或从事某一行为的过程中，对他所付出的努力程度或所运用的方法进行评价，强调他的努力。如"你真努力！""你今天很认真，不错！""这件事情你做得挺好，因为动了小脑筋！"	经常受到强调过程的表扬的宝宝逐渐理解到，除了"完成"，自己所付出的努力程度或所运用的方法也是值得赞许的，哪怕是失败了，他也不会觉得自己不够聪明，而会总结经验教训，下次做得更好些。
强调结果的表扬	对幼儿某种行为的结果进行反馈和评价，强调他的成绩。如"全答对了，很好！""今天你玩玩具的时候没有去争抢，真好！""你今天吃饭很快很干净，不错哦。"	导致孩子过分地重视结果，强调目的，会让孩子变得虚荣，听不进别人的意见。

我对付女儿乱碰东西的妙招

由于某些原因，我曾经把维尼夫雷特放在她祖母家住了大半年。祖母非常疼爱她，为了让小维尼夫雷特可以在家里过得开心，祖母专门为她布置了一个安全又有趣的娱乐室。

在那个娱乐室里，小维尼夫雷特的祖母把整个房间的地上都铺上了厚厚的地毯，为了安全起见，她甚至连墙根也摆放了柔软的垫子。不仅如此，为了让维尼夫雷特玩得开心，祖母还在地上摆放了一些干净而安全的布娃娃之类的玩具，供维尼夫雷特玩耍。

女儿刚到祖母家时，非常喜欢这个属于自己的空间，经常在里面玩上好一会儿。可是时间一长，维尼夫雷特就渐渐对那个房间失去了兴趣，有时还显得烦躁不安。原来，由于天天待在那个房间里，女儿开始觉得无聊，总想到外面的房间去看看。最后，这个专门为女儿设置的娱乐室成了女儿的休息室，女儿除了偶尔进去休息一下外，大部分的时间都在其他房间里钻进钻出，有时还跑到屋外去玩。

有一天，女儿趁祖母不注意悄悄地溜进了厨房，并对厨房里的一把小刀产生了兴趣，还把它拿在自己手里把玩。祖母找到女儿后，看到女儿的这种行为，顿时紧张起来，她马上冲过去夺下了女儿手中的刀子，并大声对维尼夫雷特说道："我的天哪！你怎么能动这个？这太危险了啊！"

刚开始，女儿被祖母的行为吓住了，一动也不敢动。当女儿从一时的惊吓中恢复过来之后，就开始对祖母的做法不满起来。她不顾一切地冲上去，想从祖母手中夺回那把刀。尽管祖母小心提防，最终还是发生了事故，那把刀子割伤了女儿的手指。维尼夫雷特的祖母气愤极了，她不顾外孙女的哭闹，强行把维尼夫雷特关进了那间娱乐室。但是，这个事件之后，维尼芙雷特不仅没有变老实，还开始故意毁坏别的东西。

刚开始出现这样的现象时，维尼夫雷特的祖母以为孙女的胆子越来越大了，但后来才发现，维尼夫雷特只是在娱乐室里为所欲为，对于外边那些她不熟悉的东西，她再也不敢去碰了。

女儿的祖母对这件事情感到十分的为难，她对我说："唉，我真不知道怎么办才好！让小维尼夫雷特在娱乐室里玩的话，她就会没精打采；可让她出去吧，不仅会弄坏家里的东西，还可能伤着她自己。更让人忧心的是，自从那天把手割破后，她又变得过于胆小了。这该怎么办哪！"

我想，很多父母一定像女儿的祖母一样遇到过这样的难题。因为，几乎所有的父母都不想阻止孩子用自己的双手去探索这个世界，更不想由于自己的阻止而使孩子对外边的世界产生恐惧。同时，又害怕如果不阻止的话，他们会弄伤自己或毁坏东西。

在我看来，告诉孩子们哪些东西可以碰，哪些东西绝对不能碰是很重要的一件事情。在对孩子进行这番告诫之前，家长必须要控制好自己的情绪，不能如同大祸临头似的，表现得过于紧张。

如果父母不能控制好自己的情绪，表现得过于紧张，就会让孩子感到恐怖。这样的话，孩子不仅会受到惊吓，还会对外面的世界产生畏惧心理，对未来失去安全感。在这种恐怖阴影的控制下，孩子们会变得什么也不敢动，并渐渐失去对一个人来说最宝贵的东西——自信。

维尼夫雷特从祖母那回到我身边后，有一次她又去玩小刀。我并没有像她的祖母一样激动，我只是尽量用平和的口气对她说："维尼夫雷特，刀子可不是玩具，它不是你玩的东西，你应该到那边去玩。"

有时候，我在厨房做菜，女儿也会过来看，每当这个时候，我总会不时地提醒她说："维尼夫雷特，你可以在这儿玩，也可以跟妈妈学做菜，但是有些东西你是不可以动的，如果你不听话，我就只好让你到外面去玩。"

这样反反复复几次之后，女儿开始慢慢懂得为什么有些东西是不能碰的了。我想，如果在那种情况下，我也和她的祖母一样用严厉、愤怒的口气来禁止女儿动某样东西的话，女儿不仅不会听话，还会激起她的逆反心理，让她对那件东西产生更强烈的好奇心，导致我们都不想看到的后果。

我认为，把孩子限制在狭小的空间里，会严重地影响他们的自信心和勇气的形成。所以，女儿玩的东西，只要对她没有伤害，我从不阻止她玩。要知道，孩子喜欢模仿大人的举止，喜欢拆卸东西，是很正常的现象。这些现象是孩子成长过程中很重要的一个环节，不仅可以帮助孩子们了解这个世界，还会激起他们的好奇心、想象力和创造力。

有一次，调皮的维尼夫雷特在我的书房待了很长时间都没有出来。我想进去看看她在做什么，当我进门的时候，我简直被眼前的情景气呆了。我的文件夹、手稿和卡片全部撒落在地上，而我的女儿则坐在杂乱的地上正在玩一个漂亮的文件夹。我觉得自己快要爆炸了，但想到以前我并没有告诉她不许玩我的文件夹，我还是竭力控制住了自己。我尽量用平和的语气对女儿说："这都是妈妈工作用的，你不应该玩这些东西的。"

女儿听了我的话，非常不解地问："为什么不能玩呢？我觉得这些东西很好玩，我想知道它们是做什么用的。"

为了让她的好奇心和求知欲得到满足，我详细地给她介绍了这些东西的用途，并给了她几个文件夹。然后对她说："我在你的房间里也放一个书架，然后分一些卡片和文件夹给你，你玩你的，妈妈用妈妈的，好吗？"

女儿听了我的话，高兴得不得了，马上答应了下来。

从那之后，维尼夫雷特很长一段时间，都在自己的房间里摆弄那些文件夹和卡片，并模仿我的样子，摆出一副专心工作的架势。由于女儿喜欢模仿我的一些行为，我总是尽力为她创造一个可以模仿的环境，尽量满足了她的好奇心。这样做，不仅可以保护她的好奇心，还可以防止她去动不该动的成人物品，可以说是一举两得。

女儿在学拼写的时候，打字机起到了很重要的作用，女儿对打字机一直充满了好奇，总想弄清它的工作原理。为了满足她的要求，有一次，她的父亲专门把打字机拆下来，给她讲解内部的结构以及运作原理。尽管这个过程很麻烦，但我们却认为这样做是值得的，因为它帮助女儿养成了喜欢钻研的好习惯，让女儿受益一生。

案例连连看

破坏狂

西西特别爱破坏东西，妈妈为此头疼不已。前几天，妈妈刚给西西买了个电动小汽车，西西特别好奇，总想看看里面是怎么回事。他趁妈妈不注意，把小汽车的零件都拆了下来，结果怎么也装不回去了。妈妈看到后，顿时火冒三丈，狠狠地对西西说："你什么都拆，以后再也不给你买玩具了！"可西西觉得委屈极了。

过了几天，爸爸又给西西带回了一辆小汽车，奇怪的是西西再也不喜欢小汽车了，他还把它放在一个小角落里，怎么也不肯再去碰它了。

专家解读

宽容对待孩子的破坏行为

把自己感兴趣的东西拆开，是孩子学习探索的一种表现，他们不是故意去破坏一个东西，而是因为他对这个东西感兴趣，想看看究竟是怎么回事。西西喜欢把玩具拆开，去看车子里面到底是什么，车子为什么会动等，他是沉浸在自己喜欢的事物里，努力通过自己的双手去寻找答案，这是值得我们鼓励的一种行为。

对待孩子的破坏行为，家长首先要对孩子有宽容的心态，因为破坏的过程就是个学习的过程。切记绝不能严厉地批评孩子，也千万不要说"不许再把玩具拆了，不然下次就不给你买了"这样警告和威胁的话。家长应该尽可

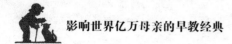

能鼓励并且参与进来，有意识地为孩子创造必要的条件，引导孩子思考与探索。

🌿 教育要点

应对孩子的破坏行为表

破坏行为类型	家长的应对措施
好心办坏事	首先要肯定孩子的想法是好的，接着告诉孩子失败的原因，并让孩子了解到自己不懂的事先要请教家长，自己力不能及的事可以等长大了再去做。
感到有趣	适当引导幼儿兴趣的发展，让他们清楚地认识到这些东西损坏就再也恢复不了原样了。
发泄心理	某些被溺爱的孩子常以此要挟成人，以达到个人目的。对这种故意破坏的行为，成人绝不能姑息迁就，要严肃批评，且绝不能简单满足他，更不能不容分说就加以打骂。
满足个人需求	为防止这类行为发生，家长要满足孩子合理的需要。若不能满足孩子的需要，就要把原因告诉孩子，取得孩子的理解。
盲目模仿心理	对于盲目模仿的孩子，家长在事后要给孩子补充有关知识，告诉孩子哪些事可以模仿，哪些不能。
嫉妒心理	家长要从小引导孩子学会欣赏别人，让孩子的心胸开阔起来。
报复心理	对孩子的这种报复行为，家长首先要及时制止和批评，然后再问清孩子这样做的原因，若孩子果真受了委屈，可告诉对方家长或老师，寻求恰当的解决之道。
好奇心理	面对这样的孩子，家长要明确告诉孩子，哪些东西是不能乱摸乱尝的(如电器、药品)，以防事故发生。对爱动手的孩子，可为他们购买拼插、组合玩具，使他们在装装拆拆的活动中体会构造的快乐。

教育需要耐心

耐心并不是人天生就具备的品质，它是需要慢慢培养的。在孩子小的时候，他的哭声就像命令，父母只要听到，总是以最快的速度把奶瓶递过去。其实，父母这种对待孩子的方法是不妥当的，因为在我看来，如果只是简单地用吃来解决所有的问题，而不找出孩子哭闹的原因，那仅仅是满足了孩子的生理需要，并没有真正地解决问题。

在维尼夫雷特很小的时候，我就开始有意识地培养她的耐心了。在她还是个婴儿的时候，我一听到她的啼哭，就知道她是饿了，但我不会立刻给她东西吃，而是让她哭一会儿，再给她东西吃，我这样做就是为了培养她的耐心。

孩子很小的时候需要父母的帮助，有一种迫不及待的心情是很正常的，他们不会说话，以啼哭的方式来表达想吃东西的愿望，是可以理解的。因为孩子在用自己的方式来表达自己的需求。随着孩子不断地长大，当他们学会用语言来表达自己的要求后，父母就应该有意识地培养孩子们的耐心了。这个时候，我们不仅应该让孩子懂得等待，还要让孩子懂得怎样在适当的时候做某件事，怎样与他人协调。

在养育女儿的过程中，我发现她特别缺乏耐心，只要是她想到或是听到了什么，就要立刻去实现它，否则就会不停地纠缠我，直到我被烦的没有办法，不得不做出让步为止。

我记得，在维尼夫雷特3岁的时候，发生了这样的一件事情：

有一次，我正在厨房里烤面包，准备午饭，女儿闻到面包的香味就跑了进来。

"妈妈，我要吃面包。"女儿焦急地说。

"要再等5分钟，面包还没烤好呢。"我告诉她。

听了我的话，维尼夫雷特不干了，吵着说："我不想等了，现在就给我吃。"

"面包没烤好怎么吃？你要是饿了，就先去吃点别的东西吧。"

"我不，我就要吃面包。快给我面包！"我知道女儿已经等不及了。但为了让她知道等待是什么，我把她带到了厨房外面，不再管她。

过了5分钟，女儿再次跑进了厨房，急不可耐地对我说："妈妈，5分钟已经到了，快给我面包吃吧。"

这时候，面包已经烤好了，但为了锻炼女儿的耐心，我并没有马上拿给她吃，我想让她再静静地等一下。

"维尼夫雷特，面包是烤好了，但还是要等一等，它现在还很烫，你还不能吃呢。"

"现在就给我！我不怕烫！我现在就要吃！"女儿大声嚷了起来。

"维尼夫雷特，等一等，好吗？你要学会等一等，如果你再这样胡闹，我就不给你吃了。"

听了我的话，女儿非常生气，她冲出厨房，跑到自己的房间里哭了起来。但为了让她知道什么是耐心，我并没有管她。过了一会儿，我把烤好的面包拿到了桌子上，对女儿喊道："维尼夫雷特，面包可真香啊，现在你可以过来吃了。"

听了我的话，女儿一点反应也没有。我知道她还在生气，就没有理她，继续做别的事情。过了一会儿，我发现女儿从房间里悄悄走了出来，坐在餐桌前津津有味地吃起了面包，我知道，现在她已经安静了下来。

我走过去对她说："维尼夫雷特，你要知道，无论做什么事，你都不能太着急，都要等一定的时间才行。我刚才不让你吃面包，是因为时间还没到，现在我让你吃，是因为时间到了。你要记住，有很多事情，要等到一定的时间去做才能做好。"

我之所以这样做，是因为我想让女儿明白这个世界不是以她为中心的。我认为，让她明白这一点是非常重要的。孩子们总是有太多的要求，如果她的每一个要求我都去满足的话，我就会变成她的奴隶，就算我费尽所有的心力，也无法满足她所有的要求。

其实，我们所有的人都有要求。虽然做父母的都非常爱自己的孩子，但也不能让孩子们以为自己的要求必须总是先得到满足。我这样对待女儿，就是希望女儿能够明白，等待是人生必不可少的课题，失望也是人生不可避免的现象。我认为，让她明白这些道理，对她将来的成长会大有好处的。

我认为，要训练孩子的耐心，自己就必须先有耐心，这一点是极为重要的。如果父母在教育孩子时就缺乏耐心，那么结果是可想而知的。所以，当孩子用不停的哭闹或是用其他的方式来迫使父母满足他们的要求时，父母一定要耐住性子，不断地提醒自己，只有自己有耐心，才能把孩子培养成有耐心的人。

在教育女儿的过程中常常发生这样的事情：我正在工作的时候．她却要求我带她出去玩。

有一次，我正在写一篇论文，女儿对我说："妈妈，你带我到公园里去玩吧。"

我对她说："妈妈正在工作，等妈妈把这篇论文写完再去吧。"

"不，我现在就想去。"女儿不理会我的话，依旧要去公园玩。

"维尼夫雷特，不要闹了，这是一篇很重要的论文，妈妈必须把它写完，才能带你出去玩。你先玩一会儿玩具吧，等我写完了一定带你去。"

女儿回到了自己的房间，大约过了15分钟，女儿又来催我说："妈妈，还要多久？我们什么时候可以去公园玩啊？"

"再等一等好吗？"那时我的论文还没有写完，我只好让她再等一等，结果她一句话也不说就走了出去。论文写完后，我马上去叫维尼夫雷特。"维尼夫雷特，我的工作做完了，妈妈现在可以带你去玩了。"'

"不，要先等一会儿，等我把这本书看完了才能出去玩。"女儿学着我的口气说。

我的论文终于写完了，我多想马上放松一下，出去走走啊，可这时她却偏偏摆起了架子。然而，我又能有什么办法呢？我只好坐在客厅的椅子上等她把书看完。等女儿看完书后，我们才一起出了门。

很多父母认为，让孩子等待是理所应当的事情，但自己却不愿意等孩子。父母这样做，往往会使孩子觉得父母没有尊重自己。这种做法不仅对孩子起不到良好的教育作用，还会引起他们的反感。

🌸 案例连连看

滑滑梯

星期天，在冰冰的强烈要求下，妈妈带着4岁的冰冰来到游乐场滑滑梯。看到小朋友们从滑梯上"嗖"的一下滑到底的高兴劲儿，冰冰有些等不及了。

"妈妈，我想现在就去滑。"冰冰央求道。"冰冰，咱们等一等好吗？你看前面还有5个小朋友排着队呢。"妈妈劝道。冰冰有些不乐意了，想撒泼。

这时，来了个小女孩排在冰冰后面，笑着对她奶奶说："我排哥哥后面，哥哥滑过，就轮到我啦！"奶奶笑着摸摸小女孩的头表示赞同。

冰冰妈妈趁机说："冰冰，你看小妹妹也在排队呢。咱们和小妹妹一起等，好不好？""好！"冰冰很爽快地答应了。

🐾 专家解读

培养孩子的耐心

培养孩子的耐心不仅对他的学习有帮助，而且对他今后的人生道路也有很大的影响。但是，孩子毕竟是孩子，许多孩子都不够有耐心。冰冰也是个没有耐心的孩子，冰冰的妈妈却不失时机地教儿子学会等待。

孩子的耐心并不是与生俱来的，而是需要后天培养的。当孩子非常着急的想要做一件事情或是不停地用哭闹强迫父母满足他们的要求时，父母一定要沉得住气，以身作则，让孩子明白做任何事情都要有耐心，要学会等待。要知道，只有父母付出耐心才会培养出孩子的耐心。

🐾 教育要点

父母培养孩子的耐心表

方　法	举　例	注意事项
家长做好榜样	比如，晚上父母可以跟孩子一起学习。当孩子不断地起来、坐下时，做父母的要坚持看书，孩子见父母能够耐心地看书，也能受到一些感染。	父母在要求孩子做事之前，要告诉孩子必须耐心地做完，没有完成不仅需要补上，还得再增加时间来处理相关的事情。慢慢地，让孩子能够在一定的时间内耐心地把事情做完。
让孩子学会等待	例如，当孩子因为想要一件东西而哭闹时，家长可以让孩子哭闹一会，再把东西给他。	父母不可以用生硬的态度来命令孩子，如"不行，你给我等着"一类的话，否则孩子容易产生逆反心理。

方 法	举 例	注意事项
从身边的小事来培养	例如，洗碗、擦桌子、收拾房间等。家长可以站在一边督促孩子，让孩子用心地去做，直到他把碗洗干净、饭桌擦干净、房间收拾整洁。要让孩子明白，任何事情都要耐心去完成。	在经历过小事的锻炼后，家长应该再有意识地给孩子设置点障碍，为孩子提供一些克服困难的机会。当孩子经过努力完成一件事后，父母应当及时给予表扬，强化孩子耐心做事的好习惯。
让孩子明白耐心的重要性	例如，可以给孩子讲一些名人培养耐心的故事。	家长教育孩子时就要有耐心，孩子做错了事，要给他讲道理，耐心地告诉他错在哪里，不要不分青红皂白地打骂。

尽量满足孩子合理的要求

每一个父母都会和孩子发生或多或少的争执，而发生这些争执的原因很多时候是因为父母没有给孩子应有的自主权，让孩子在不经意间成了他们的随从。父母由于自己的事情经常催促孩子"快点，快点"，却完全没有考虑到孩子的感受。

大人常常有事情要做，所以大人总是忙碌的，有时候还必须赶时间。时间对于孩子来说，似乎并不意味着什么。当父母催促孩子时，孩子常常会觉得自己的自由受到了侵犯，仿佛自己被逼迫着做事一样，这种被逼迫的感觉不仅不会让孩子快一点，还会使他们产生逆反心理，故意拖延时间，以此来表明自己有控制局势的能力。

在我看来，与其催促孩子，不如给孩子足够的时间。当你变催促为给予的时候，孩子反而会加快做事的速度。因为，很多时候，当父母用宽容的态度对待孩子时，孩子反而会严格要求自己。

在女儿的成长过程中，无论遇到什么事情，我都会把足够的准备时间留给她。在我看来，我留给女儿的不仅是具体的时间，还是心理的时间，让她在心理上有一些准备，让她意识到现在的事情就要告一段落，接下来需要做另一件事了。一旦女儿有了这种心理准备，往往就很容易接受了我的安排。

有一次，我和女儿约好去姑妈家玩。我准备好之后，去叫维尼夫雷特，发现她正在家门口和邻居的孩子玩游戏，玩得特别高兴。我叫她："维尼夫雷特，我们该出发了。"

女儿正玩得尽兴，头也不回地说："到哪儿去？我不想去。"

我提醒道："昨天我们不是说好了要去姑妈家吗？"

"我知道了，再玩一会儿。"女儿依旧沉浸在游戏里。

"你想再玩多久？"我问女儿。

"我也不知道。"维尼夫雷特随口答道，然后又继续玩游戏。

我又等了一会儿，见女儿完全没有结束的意思，我有点着急了。

"我们该走了，维尼夫雷特，不能再等了。"

"让我再玩一会儿。"女儿依旧沉浸在游戏里。

"不行！我们必须马上走。"我冲过去拉起她的手，想硬把她拖走。

女儿被我的举动吓坏了，大哭起来，邻居的孩子也吓呆了。我突然意识到我这种做法是很不妥当的。我当时太着急了，怕耽误了时间，就本能地采取了这种不恰当的做法。看着大哭的女儿，我内疚极了，只好改变了态度，让她再玩一会儿。

"好吧，再让你玩 20 分钟好吗？"我对维尼夫雷特说。

"嗯。"女儿见我同意她继续玩，马上破涕为笑，又投入到了游戏中。

我一直在旁边不停地看表，10 分钟过去了，我提醒她。

"维尼夫雷特，10 分钟过去了，再过 10 分钟，我们就出发，知道了吗？"

"知道了。"女儿回答道。

10 分钟过去了，我对维尼夫雷特说："时间到了，我们该走了。"

"妈妈，再玩 5 分钟好吗？"维尼夫雷特跟我讨价还价。

"当然不好了，我们说好了，你要遵守我们的约定。"

"那我们走吧。"女儿没有了玩下去的理由，只好和我出发了。

去姑妈家玩本来是维尼夫雷特自己提出来的，我在前一天对她提到过要满足她的这个要求，由于已经过了一天，女儿已经不记得了。当我突然提起这件事情时，她正在玩耍中，只觉得眼前玩得很痛快，不愿中断眼前的游戏。

后来我多给了她20分钟的游戏时间，并不时提醒她，让她有了足够的心理准备。当我再让她结束游戏时，她就能果断地结束游戏，参与到我们以前约定好的事情中来。

其实，在教育小维尼夫雷特的过程中，她经常会提出一些小小的要求，例如"让我再玩一会儿"、"再等我一会儿"之类的。她向我提出这些要求并不仅仅是为了玩，主要是为了找到一种自主的感觉，希望自己拥有控制自己行为的权利。遇到这种情况，我从来不会拒绝她，也不会强迫她停下来，我总会给她一点小小的满足。

就这样，我经常多给维尼夫雷特5分钟的时间，由于她还太小，还不会计算时间的长短，有时她还会讨价还价地说："不，3分钟。"我当然更乐于满足她的要求喽。

案例连连看

只是一把枪

浩浩家里很穷，所以别的小伙伴有玩具枪的时候，只能眼睁睁看着。他三番五次地向爸爸请求买把玩具枪，爸爸也没答应。第二年正月初一的时候，浩浩自己就用压岁钱买了一把玩具枪。

秉承"棍棒底下出孝子"的爸爸知道这件事后打了浩浩一顿，并教育他要"节省"。结果半年后，爸爸发现浩浩和自己的关系变得很糟糕，并且被告知浩浩有小偷小摸的习惯。

不过爸爸并没有重视这件事，导致最后浩浩因为偷窃被送入少管所。

专家解读

宽容地对待孩子

孩子们有自主权。浩浩用压岁钱给自己买了一把玩具枪本是无可厚非的事情，却遭到爸爸的毒打，浩浩做出了极端的行为。如果爸爸能够理智地站在浩浩的角度，体会一下浩浩的心情，给孩子多一点宽容，心平气和地将家里的实际情况讲给浩浩听。我相信，浩浩就会体谅父母的难处，学会遇到事情和父母商量而不是擅自做主。

要知道，孩子并不是不可理喻的，父母要懂得讲道理胜过"棍棒教育"。当然，在条件许可的情况下，满足孩子合理的要求也是人之常情，不要断然拒绝孩子的所有要求。

🌿 教育要点

宽容地对待孩子行为表

方　法	具 体 内 容
学会赏识	父母要学会赏识孩子，在面对孩子的缺陷或是弱点时，不要侮辱孩子。孩子的心理本来就很脆弱，他们更希望得到父母的赏识。父母要意识到这一点，接纳自己的孩子，赏识孩子的能力和特质，才能帮助孩子取得成功。
不盲目比较	父母不要总是拿其他孩子的优点，来与自己孩子的缺点比较，否则会伤害到孩子的自尊，也容易使孩子产生逆反、自暴自弃等消极情绪。 父母要慎用"比较"，不苛求孩子，让孩子顺其自然地发展。
以平常心对待	不论自己的孩子是优秀还是平庸，父母都应该用平常心来对待他们。把自己的孩子当成普通人去对待，才能从内心去赏识孩子的优点，用宽容的心接受孩子的缺点。 父母要放大孩子的闪光点，缩小孩子的缺点，以宽容的心态来对待自己的孩子；要善于发现孩子的优点，相信自己的孩子是最棒的，让孩子在父母的宽容中，发挥自己的长处，弥补自己的不足。
容许犯错	每个人都会犯错，父母要允许孩子犯错，以宽容的眼光来看待孩子的错误，帮助孩子分析错误的原因，指出孩子需要改进的地方，引导孩子不断地充实和完善自己。要知道，对于孩子，宽容是最好的说教。 父母要意识到，正确的东西往往都是在吸取教训后得以形成的。

和女儿起冲突，我用重新开始的方法

我们的生活中，经常会发生父母和孩子争论不休的事情。有时候，由于争论得过于激烈，父母往往会说出一些过激的话，于是争论不休就成了争吵。

争吵之后，父母们常常会感到后悔，后悔自己当初不该说那些过激的话。但话已经说出去了，又担心不好收回来，这样一来，心头往往蒙上了阴影。

我认为，和自己的孩子说话其实不必有太多顾虑。说错了也没什么关系，大可以很自然地收回来，不必担心没面子。因为你所面对的毕竟是自己的孩子，没有必要去争那一口气，对我们来说，最重要的是把孩子教育好。

孩子懂事之后，和父母讨论时，经常会有很多自己的看法。这时候，父母再和孩子论理时，经常会争论得激动起来。如果孩子顶嘴，父母往往会更加失去理智，说出一些十分强硬的话来。

在我的周围，我经常听到一些父母对孩子说这样的话，"按我说的去做！""哪来那么多废话，让你做什么就做什么！""是听你的，还是听我的？""你懂什么？这里我说了算。"当孩子听到这些话时，如果他的胆子还没有大到敢于反抗大人的地步，这些话可能对孩子起到一定的作用；如果孩子已经有了自己的想法，父母的这些话只能使争执不断升级，假如有其他人在场，这种争执就有可能演变得更加严重，以至于发展到无法收拾的地步。

我认为，父母在这种时候改变一下说话的节奏，或是做个手势让不愉快的争执停下来，并不是向孩子道歉或让步，而是让愤怒平息下来，找一个更好的起点重新开始。等到大家都冷静下来之后，再重新讨论某个问题，也许会更有效。

当我和女儿在某件事上发生了冲突时，我常常采用这种重新开始的办法，每一次，都会有很好的效果。

我记得有一次，维尼夫雷特在房间里摆弄玩具，我走过去问她道："给你布置的作业做完了吗？"

"我已经做完了。"女儿回答说。

"那你练琴了吗？"

"没有。"

"没练琴就不能玩玩具，你现在去练琴。"我对女儿下达了命令。

"我想等一会儿再练。"

"你是不想练琴了吧，要是你这么讨厌练琴，那以后干脆就不要再学琴了。"由于那天我心情不好，随口就说了句不该说的话。

"哼，不学就不学！我不学了。"女儿听了我的话也生气了，顶了一句。

当时我正在气头上，完全没有想到自己的行为是否妥当，我冲过去抢下女儿的玩具，把她硬拉到了钢琴前。在我的监督下，女儿坐在钢琴前胡乱地练习起来。

我见女儿不再像往常那样认真地练琴，突然意识到自己犯了一个严重的错误。因为，女儿平时并不是总贪玩，她只是今天爱玩了一些而已。

"维尼夫雷特，我们重新开始说说这件事好吗？"我对女儿说。

维尼夫雷特停下来不解地看着我。

"妈妈并不是不让你玩玩具，我只是不希望你把太多的时间花在玩具上，你玩了多久了？"我问女儿。

"我刚拿起玩具，你就过来了。"

"那你打算玩多久？"

"我本来打算玩一会儿就练琴的，我只是想玩一会儿。"女儿委屈地说。

"那好吧，你去玩一会儿吧，玩一会就练琴好吗？"

"太好了！"女儿哭丧着的脸上马上又出现了笑容。

在我看来，这种重新讨论的方法之所以有效，是因为我和女儿都不希望发生任何冲突，让大家都不愉快。这件事情看上去女儿占了上风，表现得很镇定，但暗地里还是害怕激怒我，害怕我对她采用极端的行动。所以当我宣布重新开始谈论问题时，其实女儿也松了一口气，这样以来，我们就都有了一个比较合理的新起点了。

我之所以这么做，就是为了给女儿树立一个榜样，让她明白，人需要有改正错误的勇气，并学会做出理智的让步。人们做事的时候都习惯于有始有终，非要谈出个结果才肯停下来。如果是一个不好的结果，我们何必非要走到底不可呢？

因此在我看来，那些勇于承认错误和探索新途径的父母，要比那些固执、专横的父母可爱得多。

案例连连看

妈妈错了

涛涛的妈妈经常给涛涛讲要爱惜粮食，不要浪费。有一次，妈妈由于当天的饭菜实在不对胃口，勉强吃了几口，就把饭菜倒进了垃圾箱。涛涛看到后，就对妈妈说："妈妈，你怎么把饭倒了？"

看着涛涛的认真样，妈妈虽然有意逃避，但还是诚恳地向涛涛承认了错误。"对不起，涛涛，妈妈今天胃痛，不敢吃太多，就只好倒了！""吃不了那么多，你可以少盛点啊！"涛涛依旧不肯原谅妈妈。看到涛涛这样，妈妈只好对涛涛说："妈妈错了！罚妈妈倒今天全部的垃圾！谢谢涛涛的提醒，妈妈以后再也不浪费粮食了！"听到妈妈这样说，涛涛当即笑了起来，神情中有一种干了大事的成就感。

🌿 专家解读

向孩子承认自己的错误

想要教育出好孩子，一定要勇于承认自己所犯下的错误。涛涛的妈妈在涛涛给她指出缺点后，并没有否定孩子的做法，而是勇敢地向涛涛承认了自己的错误。当她勇敢地向涛涛承认错误时，不仅得到了涛涛的尊重，还让涛涛有了成就感和自豪感，大大地拉近了母子之间的距离。

其实，如果在家里，父母能够做到平等地对待孩子，自己犯了错误就主动地向孩子"低头"，那么孩子不仅不会因为你的过错而看不起父母，反而会由衷地敬佩自己的父母，并从他们身上学到勇于承认错误的好习惯。

🌿 教育要点

家长和孩子沟通的技巧表

沟通技巧	对孩子的影响
多做自我批评	教育是有痕迹的，家长一旦犯错，留给孩子的恐怕是抹不掉的伤痛，多做自我批评，是预防在孩子身上留下错误的教育痕迹的行之有效的方法。
虚心向孩子认错	家长在教育孩子的过程中出现了错误，如果虚心地向孩子认错，不但不会影响家长在孩子心目中的形象，还能使孩子加深对父母的了解和爱慕，也会使孩子感受到家长知错就改的良好品行。
让孩子监督父母	做家长的，不妨请孩子做监督，随时监督家长会不会发脾气。家长可不要小看这小小的民主行为，用不了多长时间，家长就能发现孩子的脾气也变得越来越好，责任心也大大增强了。

第九章

做世界上最幸福的孩子

女儿一辈子幸福是我最大的希望

大卫是维尼夫雷特的好朋友，她的母亲是一位职业妇女。在别人眼里，她不仅是一个勤奋的职员，也是一位称职的母亲。

大卫的母亲不仅在工作岗位上认真地履行自己的义务，尽职尽责，在家里也一样兢兢业业。一回到家，她马上就从一个工作者变成了好妻子和好妈妈，陪伴孩子游戏、督促孩子学习，如果孩子不在身边，就计划着干家务、购物和理财，整天忙得不可开交。为了把握教育孩子的机会，即使带孩子去公园玩，她也会向孩子灌输自然知识，或与孩子进行一番人生理想之类的谈话。看着如此紧张的妻子，大卫的爸爸劝她放松一点，不要老是绷着一根弦，生活得那么紧张，这样不仅自己不能放松，连家人也跟着难受。

"我哪有时间放松啊？家里有这么多家务要做，孩子每一天都在长大，如果不能抓住孩子最好的学习时机，就再也捉不住了。我怎么能做一个失职的母亲呢。"她时常这样说。

在妈妈的督促下，大卫时时想着自己的职责，做什么事情都非常用功。由于长期处于紧张状态，他觉得特别累，总是渴望能有机会抛开一切顾虑，痛痛快快地玩一会儿。但是看到妈妈那样操劳和紧张，大卫不得不放弃自己的想法。内心的矛盾使大卫的内心难以获得平静，他变得越来越烦躁，时常和妈妈发生冲突，一家人经常陷入不愉快的气氛中。

虽然我对维尼夫雷特的未来充满了期望，我希望她是一个成功的人。但是我最在乎，最希望的还是女儿能够一辈子过得幸福。在我看来，只要她过得开心，无论她将来成为什么样的人，从事什么职业，我都会觉得满足。

要知道，做一个幸福的人有很多条件，其中最重要的一条就是我们必须具备敢于追求快乐和幸福的勇气。作为母亲，我不能肯定自己能否给予女儿幸福，但我能够给予她的都会毫无保留地给她。我要让她知道幸福的真正含义，让她具备追求幸福的信心和能力，让她有勇气去追求属于自己的幸福。这才是我最想做到的。

有些人可能会问：怎么会有人不懂得或不敢于追求幸福呢？对于这个问题，我想，没有几个人能回答。事实上，并不是每个人都会追求幸福，在我们的生活中很多人都不会去追求幸福。在如今这个竞争激烈的社会中，越来越多的人已经丧失了这种最初的追求幸福生活的能力。

"这件事并不难，我想如果我做了这件事，我一定会很快乐，但我不能就这样做，有太多的顾虑困扰着我。"在生活中，我们经常会听到这样的话。当人们对窗外的蓝天白云悠然神往，脑海里不断地浮现出童年的美景，或者心血来潮想要去郊外散散心，或者什么都不想，就坐在窗前，就觉得轻松愉快时，一个讨厌的声音就会突然响起：你要去读书了，你要去工作了……你怎么能把你宝贵的时间都浪费掉呢。每当人们听到这个声音，那些刚刚酝酿起来的幸福感就会荡然无存。

我知道，责任心是一个走向成熟的人必备素质，奋发图强更是一个人通往成功不可缺少的条件。但是如果人们完全排斥轻松的享受和本能的需要，而让责任心和刻苦精神塞满整个人生，那么人就像一架上了油的机器一样，永远都在无休止的运转中损耗自己，直到自己完全崩溃为止。如果有一个这样的人生，人们是多么的不幸啊！

在生活和工作的忙碌中，很多人忘记了生活的初衷，变得像一台不停运转的机器一样麻木，感觉不到任何激情和欢乐。在我看来，这样的生活不过是时间的机械流失，根本谈不上什么幸福和快乐。一个失去了快乐的人，他的生命也就失去了意义。

我记得一位著名的心理学家曾经说过这样的话：人的个性就像树的年轮，都是一圈一圈地发展的。婴儿的一圈代表爱与享受；童年的一圈代表创作与幻想；少年的一圈代表玩耍与喧闹；青年的一圈代表爱情与探索；而成年人的一圈则象征着现实与责任。这其中，有任何一圈不完整的话，这个人的性格就会受到损害，他的人生就不会有一个圆满的结局。

对于孩子来说，如果他们从小就被剥夺了以纯真的愿望来享受生活的权利，那么他们的个性中就会产生难以弥合的裂痕。在我看来，一个不懂得享受生活的人，绝对不会是一个幸福的人。在现实中，有很多父母把眼光全部放在了孩子的未来上，他们往往只看重孩子的成就，却忘了幸福才是孩子最重要的东西。当一个人完全丧失了童趣，他的生活就会变得非常乏味，即使他在事业上取得了再大的成就，都很难从中获得真正的快乐。

我认为，一个心灵完全被理智、目标和责任占领的人，一旦他在事业上获得了巨大的成功，当他需要寻找精神慰藉时，就会不知从哪里开始，这时候，他们往往会通过不断地寻求各种刺激，来达到情感上的平衡。

在教育女儿的过程中，我从一开始就希望维尼夫雷特能够拥有平和而快乐的心态。在我看来，即便她将来选择了探险活动来作为一种精神享受，我也相信那是出于一种平衡的心理需要。

我还记得女儿5岁的时候一件事。

有一天，女儿坐在书桌旁，没有像平时那样聚精会神地学习，而是很不安地动来动去。她时而挠挠头，时而踢踢腿，样子显得非常焦虑。

"维尼夫雷特，你怎么啦？是哪儿不舒服吗？"我走过去问她。

维尼夫雷特像没有听到我的话一样，仍然是一副焦急的模样。

"维尼夫雷特，你到底怎么啦？能告诉妈妈吗？"

"这道数学题太难了，我总是做不出来，都快急死我了。"女儿说。

"如果做不出来，就休息一会儿再做吧。"我劝道。

"那可不行！我一定把它答出来才行！"

我知道女儿的好胜心很强，遇到困难，总是要解决之后才肯停下来。可能是今天这道题太难了，她开始有点沉不住气了。

"维尼夫雷特，没关系的，如果是题太难了，就不要为难自己。"我摸着女儿的头说。

"你不是教我遇到困难不要怕吗？现在怎么又劝我放弃啊？"女儿有点不解地问我。

"是的，我教过你不怕困难是好事，但更重要的是你不能太为难自己了。"

"我不明白？"女儿更加迷惑了。

"你做不出这道题也许是因为它太难了，也许是因为你今天状态不好。你不用难为自己，你可以先休息一会儿，也许过一会儿就能做出来了。"

"可是，妈妈，如果我做不出这道题来不是说明我太愚笨了吗？这会让我很难受的。"

"当然不会，维尼夫雷特，光凭一道数学题并不能说明你是聪明还是愚笨。你要知道，要证明一个人的能力必须从很多方面去看。你不必为了这件事而难过，因为它只是你生活中的一小部分，并不是你生活的全部。"

"为什么？"维尼夫雷特开始对我的话感到好奇。

"因为在你的人生中，除了数学，还有很多其他的东西。比如，你的音乐、你的绘画、你的朋友们、还有妈妈……维尼夫雷特，学习的确很重要，但我希望你能做一个快乐的人，假如数学题让你感到痛苦，我宁可让你做点别的。你明白吗？"

也许是听懂了我的话，维尼夫雷特停了下来。她弹了一会儿琴，又到外面去散了一会步。等她心情安静下来后，她再去解那道题时，居然很轻松地做出来了。

后来，女儿告诉我说："当我决心无论如何也要把那道难题解决的时候，我的心里就特别紧张，结果怎么也解不出来。后来我出去玩了一会儿，再做这道题时，我想做不出来就算了，心里很轻松，没想到一下子就解了出来。"

我们周围有很多人，因为工作而忽略了生活中的快乐。在我看来，只会工作的人不仅得不到快乐，连工作也会因为心情不好而出现问题。只有那些懂得从生活中寻找快乐的人才能把工作做得很好，还能从工作中找到属于自己的幸福。

 案例连连看

"充实"的暑假

整整两个月的暑假，欣欣的时间被父母安排得满满当当。一放假，欣欣的爸爸就为欣欣报了各种补习班补习功课。欣欣每天不是在学英语，就是在补奥数，连周六周日都不能休息，看到其他小朋友暑假玩得那样开心，欣欣心里别提多难受了。星期天的上午，妈妈又叫欣欣去补习奥数了，欣欣无论怎样也不想起床，因为晚上练琴练了很长时间，她真想睡上一整天啊。

"欣欣，你快点起来，还要去学奥数呢！"妈妈有点不耐烦了。"妈妈，我能不能休息一天？就一天，我求求你了。"看到女儿可怜的样子，欣欣的妈妈也有点心疼，但想到孩子的差距就是在暑假拉开的，她还是狠狠心把欣欣拽了起来。路上欣欣的妈妈不停地跟欣欣说："你怎么能不去学习呢，一天不去，小朋友就超过你了啊！"无论妈妈怎么说，欣欣都是一副痛苦的样子，怎么也快乐不起来。

 专家解读

培养孩子的幸福感

据统计，现在的孩子相比以前的孩子，幸福指数是下降的。欣欣的妈妈在暑假的时候，为女儿报了各种补习班，从她的出发点来看，是出于对女儿的爱，不想女儿的学习因为一个暑假的疯玩而落后于其他的孩子。但从欣欣的角度来看，妈妈的行为，完全剥夺了她休息和玩耍的时间，尽管她知道妈妈是为了她好，她依旧被痛苦的情绪笼罩，很难产生幸福感和快乐感。

作为家长，希望孩子优秀是很正常的事，但不能因此而完全打破了孩子的幸福感。我们应该多站在孩子的角度去考虑问题，让他们生活在一种较为宽松的环境中，在他们心中建立起强烈的幸福感，给他们一个幸福而快乐的童年。

🦅 教育要点

培养孩子的幸福感表

方　　法	父母的做法
向孩子表明爱	要经常向孩子表示你很爱他，避免用指责性的语言。永远不要对他们说"你真累人""我真拿你没办法""你真累死我了"这样的话。
按照儿童心理描述世界	可以同孩子一起散步，向他讲述在路上遇到的一切，给他解释这是什么，以及这是怎么形成的，与他一起分享幸福。在这个过程中，如果孩子想要讲述一段故事，大人要耐心听取，而且要让他感觉到你在认真地听他所说的一切。
关注孩子的一举一动	如果可能的话，要时刻关注孩子的每一个举动，这样可以表明你对他的行为很感兴趣。
夸奖孩子的每一点进步	孩子在成长过程中最需要的就是建立自信，所以在他们取得一点成绩之后，我们要多用这样的语言夸奖他，如"你做得很好"，并告诉他为什么做得好。
丰富与孩子交流的方式	孩子一般都很愿意同大人交谈，所以不要在你下班之后，简单地说："你今天怎么样？早点睡觉吧！"你可以和孩子交流一会，在这个过程中，你可以用语言，也可以用其他方法，例如和孩子一起画画、唱歌、讲故事等。
帮助孩子理解世界	善于教育孩子如何看待和理解这个世界上所发生的一切，你可以带孩子观看戏剧、听歌曲或是带孩子旅游等，让孩子体会到世界美好的一面。

🦋 教会孩子勇敢地接受失望 🦋

在我们家里，只要是我们做过的事情，无论成败与否，我们都不认为它是失败的。因为，对我们来说，从这件事情当中得到了什么教训或是学到了什么知识要比这件事情的结果重要得多。

在我们的一生中，总会有很多令人失望的事情，这是不可避免的。为了让女儿能拥有一个幸福的人生，在她很小的时候，我就开始有意识地让她学会勇敢地接受失望，平静地迎接希望，坦然地面对未来。

有一次，我带女儿去参加一次为期两天的野外旅行。在出发之前，我向维尼夫雷特提了建议，告诉她都要带哪些东西。为了让她早点学会照顾自己，我决定让她自己收拾行李。

但是到了野外，维尼夫雷特不仅衣服带得太少，还忘了带手电。结果，那天夜里天气特别冷。维尼夫雷特对我说："妈妈，我好冷，我的衣服没有带够，我还忘记带手电筒了，我能用一下你的手电筒吗？"

"为什么衣服没带够呢？"我问她。

"我没想到这里比城里冷多了，我以为这里和城里一样暖和，下次我就知道该怎么做了。"女儿说。

"你应该先了解一下这儿的天气，如果你了解了这里的天气，准备得充分一些，你现在就不会觉得冷。还有，你的手电筒为什么不带呢？"我对女儿说。

"我想到了，但是出发时太忙了，我一忙就把带手电筒给忘了。"女儿说。

"你一定要记住，以后可不能粗心大意了。你要明白，如果你太粗心，就会尝到粗心带来的苦头。"我说。

"嗯，我知道了。我以后要像爸爸那样，出门时先列一个物品名单，这样就不会落下东西了。"女儿说。

"对。不过，这次我把你落下的东西都带来了，你瞧，有你的衣服，还有你的手电筒呢！"女儿看到我把她的东西拿了出来，高兴地扑过来亲吻了我。

其实，早在出发前我就知道女儿的衣服带少了，而且还忘了带手电筒，但我并没有马上指出来。因为我想给她一个从现实中得到教训的机会，我认为，这种方式非常有利于女儿从实践中获得经验。在她意识到自己的错误后，我把她落下的东西拿了出来，既让她感到了我对她的爱护，也让她对这件事有了更深的印象，这样她以后就不会再犯类似的错误了。

在我看来，犯错误就是很好的学习机会。在孩子犯错误时，很多父母总是不失时机地加以责备和恐吓，想促使孩子马上改正，不再犯类似的错误。父母这样做的动机是好的，但这种做法却往往产生相反的作用。在父母的这种教育方式下，孩子们不仅会因为害怕受责备而不敢冒险，失去了学习新本领的热情和胆量。有时候，还会产生强烈的逆反心理，与父母发生争执。

换个角度，当孩子犯错误的时候，如果父母如果处理得当，就可以将错误变为难得的学习机会，教给孩子正确的做法。父母这样做，不仅可以使孩子明白不必害怕犯错误，犯错误并不是坏事，没必要灰心丧气，还可以让孩子学会从错误中吸取一些经验教训，让孩子成为一个快乐的人。

我记得，有一年万圣节，我为维尼夫雷特买了一身特别漂亮的衣服和一个她十分喜欢的面具，准备到了晚上让她穿着新衣服，戴着新面具，到邻居家去要糖果吃。当维尼夫雷特看到各家门口都摆出的南瓜灯和魔鬼服装时，她和所有的孩子一样，兴奋极了。

万圣节那天早上，我把糖果放在门边，准备送给上门来讨要的孩子。为了让维尼夫雷特开心，我还为她准备好了晚上用的面具和服装，想给她一个难忘的万圣节。但不幸的是那天晚上，天突然下起了雨夹雪。维尼夫雷特先是在窗口看了一阵子，然后跑过来问我："妈妈，你觉得这雨会停吗？"

我明白，如果这个万圣节维尼夫雷特不能出去要糖果，她一定会大失所望的。

"等等看吧，也许会停的。"我安慰她。

我们吃过晚饭后，雨还是没有停，而且一点停的趋势也没有。维尼夫雷特看到这情形，非常沮丧，开始掉起眼泪来。

看到女儿这样难过，我心里也不好受，就走过去抱着她说："维尼夫雷特，我知道你很难过，可是天气不好，谁也没办法啊。不过万圣节每年都有的，我们可以等到明年再过，不是吗？"

"明年再过，还要等一年哪。"女儿失望地说。

"我知道，今天天气不好，真是糟透了。可我们有什么办法呢？"我安慰道。

"不，不行，不行！"维尼夫雷特突然变得不可理喻起来，她又是尖叫，又是号啕大哭，无论怎样也安静不下来。

我也为她感到很难过，就把她抱在怀里，向她保证说："维尼夫雷特，不要难过，我明天带你去玩具店好吗？你可以挑一件你最喜欢的玩具，什么样的妈妈都买给你。"

尽管我安慰了维尼夫雷特很长时间，她依旧没有安静下来，仍然大哭大叫。看到她这样，我决定不再安慰她，我对她说："今天下雨了，这也是我没办法的事情。我知道，你今天不能去要糖，感到特别失望。我也很失望。但你必须知道，在失望的时候，没有人能够同情你，你只能自己想办法去面对。"

听到我的话，维尼夫雷特慢慢地停止了哭叫，不再胡闹，一个人到另一个房间去玩别的东西去了。不一会儿，维尼夫雷特就兴冲冲地跑过来对我说："妈妈，我们来玩游戏好不好？我们来玩万圣节讨糖果的游戏好不好？"

对孩子来说，由于天气原因不能参加万圣节的活动，的确是一件让人失望的事情。但维尼夫雷特之所以会变得不可理喻，很大程度上是由于我对她的同情而让她觉得自己有无理取闹的权利。可见，孩子对事物的感受很大程度跟父母的态度有关系。

当女儿变得不可理喻时，我告诉女儿，天气不好是一个事实，我无法改变这个事实，她只能去面对这个事实。女儿明白这个道理之后，就会摆脱那种失望的情绪，并开始考虑解决问题的办法，最终她想到了玩讨糖果的游戏，这也算是她对失望的一种弥补吧。

训练女儿勇于接受生活中的失望和失败是我对女儿进行的早期教育的一个重要环节。在教育过程中，我尽力让她明白只有不依赖别人，不靠别人的怜悯，生活才会活得快乐。这一点在很大程度上决定了她将来能否成为一个幸福的人。

有些父母总觉得自己的孩子太脆弱了，根本没有能力去应付生活中的现实，其实是他们低估了孩子的承受力。正是由于家长这样的态度才使孩子错误地认识了自己，认为自己什么也应付不了。如果当孩子遭遇失望的现实时，父母能够始终保持平静的态度，让孩子具备勇于面对的勇气，他们就能够更容易地接受失望，迎接希望。只有这样，孩子才能在未来的成长中体会到生活的欢乐，而不是只看到失望和失败的一面。

🌱 案例连连看

我就要椰子糖

敏敏是个独生女，从小爸爸妈妈就特别疼爱她。无论敏敏想要什么东西，爸爸妈妈都会尽量满足。一天晚上，爸爸妈妈带敏敏去一个朋友家串门，回来时朋友送给了敏敏一袋海南椰子糖，可回到家之后，怎么也找不到那袋椰子糖了。

敏敏看到椰子糖没有了，马上哭闹了起来，爸爸妈妈拿出家里的其他糖果给敏敏吃，敏敏不但不吃，还扔在地上，大声地叫喊着："我就要椰子糖，我就要那一种！"爸爸妈妈拿她没办法，只好全家出动，拿着手电筒到处去找丢了的椰子糖，可是找了半天也没有找到。见爸爸妈妈没有找到，敏敏怎么也不肯善罢甘休，万般无奈，妈妈只好又去朋友家给敏敏要了一袋椰子糖，敏敏才停止了哭闹。

🌱 专家解读

让孩子接受失望

很多家长都不愿意让孩子失望，只要孩子有所求，就会想方设法满足孩子。敏敏的爸爸妈妈为了不让敏敏失望，宁愿大晚上再为孩子敲开朋友家的门，只为了要一包糖。敏敏父母的做法，虽然终止了孩子无休止的哭闹，却纵容了敏敏的任性，让敏敏失去了勇敢地接受失望的勇气。

当孩子面对失望时，父母千万不要一味地纵容孩子的任性，要让他们勇敢地接受失望，让他们懂得失望是人生不可避免的一件事。在这个过程中，我们可以对他们进行适当的引导和沟通，让他们学会怎样寻找合理的帮助来解决自己遇到的问题。

🌱 教育要点

孩子面对失望的不同类型表

类　　型	应 对 措 施
情绪激动型	1.让他知道什么是可以改变的，什么是不能改变的。可以这样告诉孩子，你很了解他的失落感，并安慰他"你感到失落没有关系，这种情况下我也会失落的"，让孩子了解失望是很正常的。 2.让他知道任何无理取闹都无法带来他想要的东西。但要注意的是，此时父母切不可由于孩子的坏情绪而影响了自己，转而再对孩子施压。
独自生气型	父母可以提示孩子"我们换件事情做做，你有什么好主意"？这样做能使孩子相信自己可以找到解决问题的方法，有能力把糟糕的情况变好。
转而即忘型	虽然这类孩子不会把令人失望的事情看得很重，但是作为父母仍然需要帮助孩子掌握更多的抗挫折方法。我们可以为孩子创造一个人际交往的圈子，让孩子在失落的时候可以求助他们。

没有自信，孩子怎么能成功

克斯高特先生是我的一个同事，他是一个才华横溢，在事业上颇有建树的语言学家。他对儿子要求很高。尽管他的儿子只有 5 岁，但克斯高特先生依旧是不时地对儿子提出各种各样的要求和批评。

在父亲的要求下，克斯高特先生 5 岁的儿子总是觉得非常沮丧，每次父亲说他有什么事情做得不对，或应该怎样做才能做得更好时，他总是阴沉着脸。每当这个时候，他就会在心里大骂自己是个蠢货，简直蠢得不可救药，从来没有把任何事情做对过。

每当克斯高特先生教训他 5 岁的儿子时，我们经常会看到这样的画面：他的儿子低着头站在那里，眼睛一动不动地盯着自己的脚，一副垂头丧气的样子，仿佛他是世界上最失败的孩子。

有一次，我禁不住问克斯高特先生，当孩子知道自己做错事了的时候，他会怎么做。他告诉我，他总是对儿子说："亲爱的，你要知道自己并不笨，也不蠢，爸爸妈妈都是很爱你的，你会是个好孩子的。"

我当然明白他说这番话是出于对孩子的爱，但在我看来，没有什么话比这些话更让孩子心里难受的了。这些话对孩子起不了任何好的作用，只能让孩子变得更加沮丧。但是，让我们无奈的是，当孩子对父母说"我是个笨蛋吗"时，父母却常常说这些话来安慰孩子。其实，当孩子说出这些话时，并不是自己真正的想法，他们只是想看到父母对这件事情的态度，因此作为家长，我们应该这样回答孩子的这个问题："孩子，你这样说自己，我很难过。事实上，我根本没有觉得你是个笨孩子。"

在我看来，这个 5 岁的孩子的根本问题是对自己失去了信心。对失去信心的孩子，父母能够帮助他的唯一办法是鼓励，而不是安慰。当孩子出现这种状况时，父母可以订一些可以实现的目标让孩子去做，当他成功了之后，不要一下子给他太多的赞扬，你可以告诉他说："你是不是觉得自己能做一些事了？现在你成功了，我想你一定很高兴。看来，只要肯努力，什么事情都是可以改变的。"我相信，孩子听到这番话会得到很大的激励。

维尼夫雷特的父亲有一个工作室，他经常在工作室里从事一些他认为有意义的研究工作。有一天，当他走进工作室的时候，他看到很多东西散落在地上。他知道一定是维尼夫雷特干的，他生气极了，但还是尽力控制住了自己。他来到女儿的房间，看见她正在那儿摆弄玩具，他压住自己的怒火，平静地对女儿说："维尼夫雷特，你能和我一起到我的工作室去一下吗？"

女儿知道自己犯了错误，只好忐忑不安地跟着父亲来到工作室。丈夫指着凌乱的工作室，平静地对女儿说："维尼夫雷特，你是不是也想鼓捣我这些东西？"

"对啊，我觉得你的工作很好玩。"女儿回答说。

"是吗？如果你觉得好玩应该和我说，让我来教你。为什么把这里搞得这么乱呢？"

"我本来想收拾的，后来妈妈叫我，我就跑回了我的房间，把这事儿给忘了。还有就是我用了这些东西后，不知道怎样把它们放好，只好让它们乱着。"

"是这样啊，如果你以后想到这儿来，就先和我说一下吧，你有什么不会的我来教你，这样好吗？"

丈夫这样的做法，不仅指出了女儿的错误，还为女儿提出了好的建议，同时也顾及到了女儿的自尊心，没有让她对犯错误产生恐惧。我相信，女儿今后不仅会敢于承认错误、改正错误，还会明白犯错误并不会减少父母对她的爱。

在维尼夫雷特6岁的时候，她和周边的孩子们组织了一次体育比赛。比赛的规则是：每个家庭要选出3个人来进行接力赛跑，在这3个人当中必须包括一个孩子和两个大人，因为我们家只有我们3个人，所以我们只好全部上阵了。

经过商议，我们决定：赛跑时由维尼夫雷特的父亲开始，然后是我，最后是女儿。由于维尼夫雷特父亲身体很好，开始时我们一直领先，等到轮到我跑时，对手都是十六七岁的大男孩，就感到有点些力不从心了，但也没有落后。轮到女儿时，维尼夫雷特接过我手中的小旗，大喊"我一定要赢！"就全力向前奔跑，可能她当时太紧张了，眼看就要到终点了却不小心摔了一跤。这次我们本该得第一的，却在关键时刻输给了别人。

比赛结束后，维尼夫雷特非常难过，一直到吃晚饭的时候还在不停地埋怨自己。那天，她一点也不想吃饭，一直在那里伤心地埋怨自己：都怪我，这次都怪我……

维尼夫雷特的父亲向我递了个眼色，示意我安慰一下女儿。我走到女儿身旁，对她说："维尼夫雷特，不要难过，虽然今天是因为你的失误导致比赛输了，但我们都没有怪你。在我看来，你已经尽力了。你摔倒了，这是个意外，我们谁也没有想到。何况，你的对手全都是比你大的人，虽然这次我们输了，但大家都说你很勇敢，居然敢跑最后一棒。你知道吗？很多孩子都不敢最后跑的。"

"但是不管怎么说，我还是失败了啊。"女儿沮丧地说。

"维尼夫雷特，你不能这样想。输是输了，但你不能失去信心。你要知道，失败只是暂时的，你不会永远失败。有了这次的教训，下次比赛你一定能做得更好。我想下一次你一定会赢的。"

听了我的话，女儿马上变得开朗起来，开始和我们详细分析她今天失败的原因，她说自己不该那么紧张，如果能放松一点，就不会摔一跤了，那样的话我们就赢了。

人只要活在这个世界上就会不断地体验两件事，一个是成功，一个就是失败。作为家长，我们应该好好想一想，是不是因为自己过高的期望，给孩子施加了太大的压力。很多时候，孩子在面对竞争时发挥不好，常常是因为父母给孩子定的标准和要求太高了。家长过多的批评、责怪，让孩子的自信心受到了很大的损害，致使孩子走向了失败。

如果父母一直对孩子报有过高的期望，孩子就会接连不断地品尝失败的苦果，直到他们的自信心完全崩溃。这样发展下去，孩子的一生根本没有什么幸福可言。

案例连连看

聪聪一定行

聪聪是个特别聪明的孩子，每次幼儿园老师让小朋友们做数学题，聪聪都能全部做对，老师为此经常表扬他，妈妈也为聪聪感到十分自豪。有一次，幼儿园的老师又让小朋友们做数学题，聪聪不知道什么原因做错了好几道题，老师虽然没有说什么，但聪聪心里别提难受了。

回到家之后，聪聪非常难过，他对妈妈说："妈妈，我没有把题都做对……"还没有说完就哭了起来，妈妈并没有批评聪聪，她首先肯定了聪聪平时的成绩，然后给聪聪画了张表格，把这次出错的题一一列出，并和聪聪分析出了出错的原因。妈妈还鼓励聪聪说："看，只要找到了失败的原因，然后改正它，下次你一定能都做对了！"聪聪一下子就找回了自信，向妈妈保证说："下一次，我一定都能做对！"

专家解读

对孩子进行挫折教育

对孩子进行挫折教育，提高他们应付挫折的能力，是每个父母必须要做的事情。在聪聪遇到挫折后，聪聪的妈妈并没有因为孩子的失败批评他，而是认真地和儿子分析失败的原因，并鼓励儿子继续努力，在妈妈的鼓励下，聪聪不仅完全从失败的阴影中走了出来，还建立了强烈的自信，可见父母对挫折的态度直接影响着孩子应对挫折的能力。

因此，在对孩子进行挫折教育的时候，我们一定要以身作则，正确地看待挫折，要增添与贮存孩子面对困境与挫折的能量，让孩子知道挫折是很平常的事情。另外，我们也可以找一些主人公战胜挫折的书籍推荐给孩子看。这些书籍可以帮助孩子建立起强大的自信，并让孩子学会寻找解决困难和失败的方法。

教育要点

帮助孩子正确应对失败表

基本步骤	家长的具体做法
树立正确的意识	意识到幼儿期是孩子个性形成的关键期，有意识地让孩子品尝一些生活的磨难，让孩子学会在挫折中接受教育，这对培养他们应付困难的勇气和心理承受能力，是十分必要的。

基本步骤	家长的具体做法
让孩子了解 挫折教育	从细节着手，帮助孩子了解产生挫折的原因和对策。作为家长，应大胆地放下"保护伞"，只要是孩子力所能及的事都要让他自己去做，让孩子在做事的过程中体验挫折，学会克服困难。
有意识地 创设情境	家长可以为孩子设置一些困难，让孩子去克服，当孩子失败后，可以同孩子一起分析失败的原因，为下次的成功打好基础，并对孩子进行一些适当的鼓励，建立孩子的自信心。
引导孩子 走出挫折	孩子在经历挫折时常会产生比较消极的情绪和抵触心理。这时候，家长要注意帮助孩子获得战胜困难的成功体验，从而提高孩子的自信心。还要让孩子明白，有些挫折的产生无法通过个人的主观努力来阻挡、回避。
制订适度 的目标	从孩子自身的特点出发制订适度的目标，使孩子有足够的勇气面对困难，努力取得成功。无论孩子做事是成功还是失败，都要给予正确的评价，使孩子逐渐明白是非标准，提高心理承受力，从容应对生活中的各种挫折。

不要让孩子在怜悯中成长

我认为，一个人如果要靠别人的怜悯生活，是绝不会幸福的。一个如此软弱的人只能成为一个懦夫。在维尼夫雷特很小的时候，我就教育她要做一个坚强的人，不要轻易接受别人的怜悯，也不要随便接受别人的同情。在对女儿的教育过程中，我总是让她自己解决一切事情，不断地锻炼她的勇气，培养她的处事能力，因为我相信只有勇敢者才是真正快乐的人。

米希尔是维尼夫雷特的一个要好的朋友。有一天，他们在玩耍的过程中，米希尔不小心扭伤了脚。他在游戏中是常常获胜的人，由于扭伤了脚，在很长一段时间里都不能参加孩子们的游戏。为了这件事，米希尔难过极了。米希尔的母亲看到儿子受伤也非常难过，她经常对儿子说："米希尔，妈妈知道你心里难受，我为这件事情也很着急。唉，为什么受伤的偏偏是你呢？老天真不公平啊！我真希望你的脚能马上好起来。"说着说着，米希尔的母亲还会伤心地落泪。

我必须承认米希尔的母亲是真的为自己的儿子担心，但我认为，她的做法是十分不明智的。因为母亲对一件事情的反应往往对孩子有很大的影响，米希尔的母亲总是对这件事情自怨自艾，时间长了，就会影响自己的孩子，让孩子形成不良的心态。在母亲的影响下，米希尔会觉得扭伤脚是因为上天不公平，会觉得自己受了很大的委屈，这种感觉积累起来，可能会使米希尔在遇到更大的意外时，变得束手无策，只会怨天尤人。

不仅如此，在我看来，米希尔母亲的做法也是对儿子的不尊重。她总是认为儿子太弱小了，根本没有承受打击的能力，认为他不能勇敢地面对现实。虽然米希尔因为受了伤不能和别的孩子玩游戏，他会为此感到失望是很正常的，但他的伤很快就会痊愈的，他并不是永远都好不起来。如果他的母亲能够冷静地看待这件事情，就可以帮助儿子正视受伤的这个现实，让儿子振作起来。如果连她自己都为这件事感到沮丧，只能让孩子变得更加沮丧，不可能对儿子有任何好的帮助。

米娜是一个7岁的小女孩，在一次车祸中，她失去了自己的一条腿。从医院做完手术后，她就必须拄着拐杖才能走路。

在医院的时候，米娜用了很长时间学习怎样自己照顾自己，怎样借助拐杖走路，她表现得很坚强。在出院的时候，医生特意嘱咐她的母亲，要她鼓励米娜自己照顾自己，不要为她做太多的事。

但是，这位慈爱的母亲为女儿的不幸感到十分自责，总是想为女儿多做点事情，来对女儿进行一些补偿，于是她把女儿所有力所能及的事情全包了。她每天为女儿换衣服、洗澡、洗衣服，把饭送到她的房间，有时还会替女儿梳头。

就这样，母亲做的事情越来越多，米娜做的事越来越少。渐渐地，米娜开始变得对自己越来越没有信心，她只想待在自己的房间里，什么事也不想做。不久，米娜就从一个爱笑、勇敢、善于照顾自己的孩子变成了一个脾气乖张、唉声叹气的孩子。

有一天，我去看望米娜。她向我诉苦说，她十分苦恼，认为自己什么也不会干，是一个没有用的废人。了解了她的情况后，我决定找到她的母亲好好谈一谈。我告诉她的母亲，米娜并不是一个废人，她不应该把女儿当成一个废人来对待，并建议她让米娜做一些自己能做的事，那样也许会对她更有好处。在我的建议下，米娜的母亲给女儿安排了很多力所能及的事，并经常鼓励她，让她逐渐树立起了自信心。

后来，我再见到米娜的时候，米娜不仅恢复了往日的开朗，还学会了很多从前不会的技能。记得那次我去看望她，还没进门就听到了悦耳的小提琴声。原来，米娜由于自己不便出门，就在那段日子里学习了小提琴，而且进步很快。后来，她还参加了纽约的音乐节，并获得了优秀奖。

从孩子的本性来说，孩子从小就已经具备了足够的勇气和能力与困难拼搏，他们需要的只是用奋斗来弥补自己的不足。在孩子的成长过程中，如果父母总是给孩子过多的怜悯和帮助，孩子就会丧失信心，失去与困难搏斗的勇气，停止努力，这对孩子的成长是极为不利的。

对那些身体有缺陷的孩子来说，身体上的缺陷是没有办法弥补的，如果他们有一个强大的精神支柱、一个健康的心态、一个战胜困难的决心，他们就不会因为自身的缺陷而觉得自己可怜。我认为，这样的孩子长大后，要比在父母的怜悯下长大的孩子有能力得多，父母之爱的意义也体现得更为深远。

在我看来，父母对待孩子正确的态度是关怀和帮助，而不是包办。只有用鼓励来取代不必要的服务才能使孩子尽快地适应正常的生活，让孩子感到真正的幸福。

案例连连看
害怕上幼儿园的小雨

小雨的爸爸妈妈离婚了，小雨一直和奶奶生活在一起。一天，小雨突然问幼儿园的老师说："老师，你知道什么是离婚吗？"老师一时哑口无言，只见小雨两只眼睛红红地说："我知道，就是爸爸妈妈不再爱小雨了，不再带小雨去吃肯德基了。"老师听了小雨的话，对小雨充满了怜悯。

有一次，小雨和小朋友因为上厕所排队打了起来，老师还没有了解情况就狠狠地批评了那个小朋友，还对全班的小朋友说："小雨的爸爸妈妈离婚了，他是个很不幸的孩子，大家以后要多照顾他，谁也不许伤害他。"老师的话让小雨很不开心，他受不了小朋友的怜悯、同情和嘲笑，慢慢地开始害怕上幼儿园。

专家解读
孩子不需要怜悯

不要看见孩子受了一点痛苦就去怜悯他们，我们可以帮助他们，安慰他们，但是千万不能怜悯他们。小雨的爸爸妈妈离婚了，对小雨来说是件很不幸的事情，但小雨并没有因此而封闭自己的心门，而是选择了向老师倾诉。然而老师的怜悯却严重的伤害到了小雨的自尊心，把他的不幸进一步扩大，导致他连幼儿园都不想去了。

孩子在生活中难免遇到不幸，但我们的怜悯会比不幸的事对孩子更有害。因为怜悯会使他们的内心变得脆弱，他们会更加沉浸在所受到的伤害中，把伤害扩大化。作为家长，尤其是"不幸的孩子"的监护人，我们应该让他们从小就学会勇敢地面对现实，自己去解决一些事情，培养他们做人的勇气和能力，因为只有勇敢的人才会是快乐的人。

教育要点
正确引导离异家庭的孩子做法表

方　　法	家长具体的做法
解释离婚的原因	单亲家庭的父母应该根据孩子的性格、年龄等因素，以孩子最能接受的方式，平静、真诚、耐心、自信地向他们解释自己离异的原因，求得他们的理解，并教会孩子应付各种有关的询问，保护好孩子的自尊心。
充实孩子的生活	单亲家庭的父母要多抽时间陪陪孩子，陪孩子聊聊天，一块娱乐，或者协助他们解决学习上的一些难题。此外，还可帮助孩子多交一些朋友，让孩子把朋友请到家中来玩，以弥补亲情的不足，使他们的身心能够健康地成长。
进行健全人格教育	单亲家庭的父母要特别注意弥补孩子由于缺少父爱或母爱所带来的消极影响。对于缺少父爱的子女，母亲要加强对他们的独立、自主、勇敢、果断等方面的人格教育，让他们多看看有关表现男性优秀品质的影视片与书籍，并有意识带他们多接触一些成熟的、自信的、有责任心的成年男子。

❧ 孩子需要父母的关爱 ❧

在教育女儿的过程中，我深切地体会到这样一个道理：对孩子来说，他们最需要的是父母的理解和鼓励，是父母充满爱的关心和指导，是和父母一起共度的欢乐时光。也正是因为如此，我一直认为，培养孩子最好的方式，就是用爱心去对待他们，让他们能够成为一个健康快乐的人。

我的同事温斯特博士曾经给我讲过一些有关他童年时代的事情。他说他的童年时代其实是很幸福的，但至今还是留有一些遗憾。他这样向我讲起他的童年：

"在我小的时候，我们家里非常幸福和富裕。我的父亲特别爱我，他每次回家都会带我去我喜欢的地方玩，为我买我喜欢的玩具，即使平时妈妈不同意给我买的东西，爸爸也会买给我。

"但是，因为他是个外交官，工作特别忙，一年中大部分时间都是在国外度过的，平常很少在家，所以我很难见到他。也正是因为这样，我从小跟着妈妈生活，对很少回家的父亲感到非常陌生。父亲每次回来后，我都要慢慢跟他熟悉，然后就像他的小尾巴一样跟着他到处跑，但他很快就又走了。等到他很长时间后再次回家，我又觉得他很陌生了。

"我记得有一次，父亲回来了，妈妈让我和爸爸聊聊天。但我觉得爸爸好陌生，就对妈妈说：'让爸爸和你聊吧，我和他没什么话说。'妈妈问我'难道你不爱你的爸爸吗'？我说'爱是爱，可是我不认识他'。其实，当时我想说的是我不了解他。

"后来，我长大了，我才知道父亲当时听到我的话是多么悲伤。我知道，他爱我，爱我们的家，只是因为工作的关系，他不能经常和我们团聚。我的母亲是个大人，自然能够理解我的爸爸，但由于当时我太小了，根本理解不了这些。

"我记得，当时我的母亲经常向我解释为什么父亲不在家，她还告诉我，我们之所以能享受现有的生活，都是因为父亲辛苦的付出，但这些话对我来说都太抽象了。那时，我只是一个孩子，我需要的是更直接的方式来体会父亲对我的爱：我想要父亲牵着我的手，回答我提出的各种幼稚的问题；我想要像其他的孩子一样，趴在爸爸的肩头，看着背后倒退的树林和房屋；我还想要父亲和我一起玩一些男孩子才会玩的游戏，让我在大胆的滚打中放声大笑……

"后来，我长大了，我渐渐地理解了我的父亲，明白了他为家庭所做的一切都具有什么意义，我还被父亲的敬业精神打动，一个敬意油然而生。但是，那种亲密无间的情感却很难建立起来。直到今天，我都常常为此难过。"

温斯特的话让我受到了很大的启发。他父亲因为工作的关系不得不离开他，然而，大多数父母还是有机会陪伴自己的孩子长大的。有些父母忙于自己的事业，而一有时间，就摆出教育家的架势给孩子看，让孩子这样那样，却忽视了向孩子倾注自己的情感，让孩子感受到来自父母的爱。父母的这种做法不仅会影响孩子的心理健康，还会使自己失去一个建立充满爱的亲情关系的机会。

有一位母亲向我抱怨说："我几乎把所有的心血都放在了孩子的身上，她所有的事情，吃的、穿的、住的，包括学校里的事和业余爱好，全都是我在操劳。可是，现在她长大了，我问她，她竟然毫不犹豫地告诉我，在爸爸妈妈之间，她更爱爸爸。"

这的确是一件令人伤心的事情，但当我想起这位母亲时，我脑海中出现的不是一个慈爱的母亲形象，而是一位尽职尽责的保姆。其实，在我们的周围有很多类似的情况，在孩子长大之后，很多父母会理直气壮地要求孩子对自己感恩戴德。在我看来，这是愚蠢的父母的愚蠢做法，要知道，施恩图报本身就已经背离了父母与儿女之间的爱的实质。

我承认，子女应该感激父母的抚育之恩，但如果父母经常以孩子的恩人自居，就有可能使孩子产生逆反心理，让孩子与自己对立。我认为，父母与儿女之间的爱是以相互尊重为基础的，即使在孩子很小的时候，父母也应该学会尊重孩子。

在我们的现实生活中，有很多的父母愿意花很多时间与陌生人应酬，目的是让自己的事业获益，但对自己与孩子的约定却很随便，草草应付，不愿多费一点工夫。在我看来，这不仅对孩子的成长不利，也妨碍了父母与孩子建立更深厚的感情。

我和丈夫都有各自的工作，但我们从未放松过对女儿的关心和照顾。我们都非常注重女儿童年时期的内心感受。我们所关心的不仅仅是女儿的生活，更加在意的是我们是否能够走近女儿的内心，与她一起分享童年的美好时光。

我记得，维尼夫雷特小的时候，有一次，她从外面回来，一进门就对我说："妈妈，卡特被他妈妈揍了一顿。"

"卡特平时是个很乖的孩子呀，为什么会挨揍呢？"我问她。

"是啊，我也这么认为，可是他今天把他妈妈气坏了。"女儿看着我说。

"到底是怎么回事呢？"我有点好奇。

"是这样的，今天卡特的妈妈问他长大以后有什么理想。卡特说他长大以后想要当一名海军战士，去很远的群岛打仗。他妈妈就问他，难道你就不管妈妈了吗？卡特说，我要去打敌人，让妹妹来照顾你吧！卡特的妈妈听了之后特别生气，说她简直白养了一个儿子。然后他们两个人就吵了起来……"

女儿说完了卡特的事，接着问我说："妈妈，我想问你一个问题。你是不是也不希望我长大以后离开你啊？"

我抚摩着女儿的头说："是啊，维尼夫雷特，所有的妈妈都不希望孩子长大后离开自己，但是，等你长大了，只要你愿意并认为必须去做某些事而不得不离开我，我一定会支持你的。因为妈妈最大的心愿不是永远把你留在身边而是让你幸福。只要你幸福，妈妈也会为你感到高兴。无论你将来走多远，妈妈都会祝福你的。"

听到我的回答，维尼夫雷特的脸上露出了幸福的笑容，她扑进我的怀里，告诉我说："妈妈你真好！我想我永远也舍不得离开你的。"

案例连连看

忙碌的爸爸

莉莉看到爸爸回到家，马上跑了过去，亲昵地拉着爸爸的手，想让爸爸陪她玩一会儿。爸爸看到女儿要拉他，马上满脸烦躁，挥手摆脱，冲女儿嚷着："爸爸累了，让爸爸歇歇。"听了爸爸的话，莉莉便躲在一边，小猫一样，不声不响。近来常常这样，莉莉偶有亲昵的举动，爸爸就会满脸不耐烦，纠缠急了，爸爸就会对莉莉一顿呵斥。

星期天一大早，莉莉学着小狗的样子"汪汪"叫着，钻到爸爸的书桌下，用可怜巴巴的眼神看着爸爸说："爸爸，只陪我玩一小会儿，五分钟，就五分钟，好吗？"看到女儿可怜的样子，爸爸心里也不好受，但总不能影响工作吧，只好把莉莉又抱回了她自己的房间。看到女儿对着一堆玩具发呆，爸爸也很无奈。

专家解读

孩子更需要陪伴

孩子是需要陪伴的，尤其是爸爸妈妈的陪伴。莉莉虽然有很多的玩具，但这些玩具并不能代替爸爸对莉莉的陪伴，莉莉在内心深处真正渴望的是爸爸陪在她身边，和她一起嬉笑玩耍，为了达到这个目的，莉莉不惜学小狗来讨好爸爸。莉莉的爸爸虽然有自己的难处，但陪孩子玩一小会儿又会怎样呢？只要陪孩子玩一小会儿，也许孩子就会开心一整天。

作为孩子的父母，我们不论再怎么忙，怎么累，怎么烦，也千万不要疏远了孩子，一定要抽出些时间陪陪孩子，哪怕只是陪孩子说说话，做做游戏，或者只是一个简单的拥抱，一声简单的问候，一个很平常的笑脸，在我们看来，这些微不足道的事情，都将是孩子成长过程中不可缺少的阳光与滋养。

教育要点

正确陪伴孩子表

对家长的建议	具体内容
不是人多就不孤单	有时候，有很多人在孩子身边，孩子还是会哭闹个不停。这时候，家长要明白，对孩子来说，人在身旁，未必就是陪伴。其实孩子哭的主要原因是家长对孩子情感方面的需求考虑的不够。
尊重孩子的所有权	在陪伴孩子的过程中孩子有时会有很强的自我意识，家长应该尊重。例如，孩子自己的玩具，别的孩子想要时，孩子反对，我们就应该给孩子讲道理，不应该采取强硬的措施，更不能因此而批评孩子。

对家长的建议	具体内容
不制止，也不过度干预	当孩子哭闹不止时，我们最好不要很频繁地劝他，向他解释，这样不但不会制止他的哭泣，反而会让他哭得更厉害。就算孩子随便找个理由哭，也要针对这个理由，郑重其事地向孩子表明态度，给孩子建议，如果他还是继续哭，那就让他哭，等到他的情绪发泄出来了，他就不哭了。
全身心的陪伴	孩子需要的是全身心的陪伴。哪怕我们只陪他十分钟，也要心无旁骛地和他玩，就算安静地看着他玩也好。如果是大人聊天之余，和他搭讪两句，那根本不算陪伴，可能还是对孩子的一个打扰。
用孩子的思维陪伴孩子	例如，家长可以扮演各种动物叫孩子起床，在孩子玩的时候，可以仔细观察孩子的表情，揣摩孩子的心理活动，考虑怎么从眼下的游戏自然地转移到另外一个游戏，毕竟孩子玩一个游戏的注意力也就一二十分钟。

请采用轻松幽默的方式对待孩子的无理取闹

在教育女儿的过程中，我发现抚育孩子是一件非常冒险的事情，因为父母只要稍不小心，就很容易伤害到孩子的感情，使他们的性格蒙上一辈子的阴影。在我看来，这种损失比任何其他的损失都要大。

人作为社会群体中的一员，本来就有义务对自己的行为进行约束，不断地加强自身的修养，让自己成为受社会欢迎的人。所以，在女儿很小的时候，我就非常重视教她与人为善。但是，如何对孩子进行有效的教育，才能不违背人的天性呢？我想，单靠灌输"应该"与"不应该"是完全不起作用的，因为强制措施只能引起他们的反感。

当父母看见自己的孩子当众使性子、发脾气时，总是担心自己因此而没面子，在心里产生真丢人，别人肯定会说我没有能力管教好孩子的念头。我想，在那种情况下，几乎所有的父母都有这种想法。

其实，很多时候，孩子在公开场合有不好的表现，父母很少真正地去关心孩子当时的内心感受与需要，他们首先想到的往往是自己的脸面问题。父母会认为孩子在胡闹，真给自己丢人，并会立即对孩子的行为加以制止，有时，为了让孩子停止胡闹，父母甚至会用强硬的手段对付孩子。

我认为，这种做法是很不妥当的。父母作为理智的成年人，脑子里有成套的清规戒律。他们总是会被什么样的行为可以接受，什么样的行为不可以接受这些想法所限制。在情感表达上，他们也有明确的区分，他们清楚地知道，什么样的情感是对的，什么样的情感是错的。当然，教会孩子这些是很重要的，如果只是采用强迫的手段而不主动走近孩子的内心，孩子是不会接受成人的这些行为规范的。

有一次，我带维尼夫雷特去做一次长途旅行。在火车上，我们遇到了这样的一家人。这家人有两个儿子，一个7岁左右，一个4岁左右，他们都穿戴考究。一上火车，我就开始暗暗叫苦，3个孩子啊，估计这一路是不会清净的了，我在心里已经做好了应付吵闹和骚扰的准备。但是，出乎我意料的是，上车后，这两个孩子竟然都正襟危坐，桌上也未摆放任何玩具和书本，有时候，弟弟会探过身子逗逗哥哥，但绝不发出吵闹声。

与他们的安静相比，维尼夫雷特却喧闹得不行。她兴致勃勃地看着窗外的风景，不停地问这问那。如果在以前，我一定会认为这家的父母管教有方，没准还会向他们请教教育孩子的方法。但看看那两个呆坐着的孩子，再看看我活泼可爱的女儿，我不禁为女儿感到庆幸，为那两个孩子感到悲哀。

因为，每次我带女儿出门都会为女儿带够玩具和食物，让她在漫长的旅途中不会感到无聊。在我看来，孩子总是好动的，他们需要玩耍和娱乐，如果让他们总是像成人一样正襟危坐，未免有些强人所难了。

我不禁开始为车上的两个孩子担心，他们这样过早地被行为规范所约束，会不会因为本性得不到充分发展而出现病态呢？

我们当然要让孩子接受纪律的约束，但接受这个纪律约束必须要有一个循序渐进的过程。孩子虽然只有明白了许多的应该和不应该之后，才能顺利地融入社会，才不至于因与社会格格不入而屡屡受到挫折。但是，父母怎样去引导他们，引导到什么样的程度，都是需要仔细思量的事情。因为，孩子的情感是稚嫩的，一不小心就会伤害到他们，对他们的一生产生不好的影响。一旦他们真的受到了伤害，我们就很难挽回这一切了。

那么，面对孩子的不听话，或者无理取闹，父母又该怎么办呢？我认为，面对孩子的无理取闹，我们首先应该意识到孩子的无理取闹是向父母发出的信号，他在表达自己内心的一种需要，是一种很正常的现象。其实，我们每个人都有需要发泄的时候，只不过成年人懂得控制自己，而孩子却不会控制自己，不懂得注意方式和场合就发泄出来。

我想，如果父母能够理解孩子当时的心理需求，设法找出孩子这么做的原因，而不是草率地加以纠正，让孩子知道别人能理解他的心情，他就会平静下来，就能听从父母的解释和引导，不再和自己的父母对着干。

在维尼夫雷特小的时候，她特别固执，自己认准的事情就必须干到底，如果不能干到底，就会大发脾气，并找借口哭闹，为了她的这种固执，我常常感到头疼。

有一次，我们家里来了很多客人，其中还有很多和女儿年龄相仿的孩子，刚开始的时候，女儿欢喜得很，但不知是什么事惹恼了她，突然发起了脾气。

看到她这样，我并没有马上发脾气，因为我知道女儿这样一定是有原因的，于是我马上把她带到了外面，对她说："妈妈知道你现在心情不好，能告诉妈妈为什么吗？"

女儿委屈地说："你刚才只顾招呼别人而不理我，我以为你不喜欢我了呢。"

听了女儿的话，我马上把她抱了起来，并说道："傻孩子，我怎么会不喜欢你呢，妈妈最喜欢的人就是你。可他们是客人，我当然要对他们热情一些，如果不这样的话，就不会有人到我们家来了。我不是教过你，对待客人要热情吗？这是礼貌，你应该做一个懂礼貌的孩子。"

听了我的话，维尼夫雷特的心情顿时开朗起来，不仅不再发脾气，还开始帮着我去招呼客人。

很多父母面对孩子的愤怒和恶意时，总是会感到吃惊，不知如何是好。但是，我们应该知道，如果父母也像孩子一样不能控制自己，那么事情只会变得越来越糟。我认为，父母对待孩子的无理取闹应该采取一种轻松幽默的方式。我想，维尼夫雷特之所以特别招人喜爱，与我对她的引导是有很大的关系的。

维尼夫雷特在她的日记中曾经讲述过一件事情：

"有一次，我无缘无故地发起脾气来，还摔坏了一些玩具，我以为妈妈会责怪我，但妈妈没有。她不仅没有生气，还坐在椅子上和我开玩笑说：'维尼夫雷特，我看你火气大得要扔东西了吧？我想你大概是看我不顺眼吧，要不这样，我先躲一躲，免得你把我吃了？'听了妈妈的话，我突然觉得我的做法是多么的可笑，心里一下子就放松了，烦恼似乎也跟着少了许多。"

"我记得还有一次我发脾气，妈妈怎么劝我，我也平静不下来，我还说了很多让妈妈十分难堪的话。我发现她的脸色很不好看，我以为她这次一定会对我大发雷霆，但她没有发火，只是缓缓地说：'维尼夫雷特，你的话真让我难过，这件事我们以后再找机会谈，好吗？'听了妈妈的话，我真恨我自己，因为我知道自己是怎么让妈妈伤心的。也许就是从那时起，我才开始真正地懂得了怎样去理解别人，要以怎样的方式去善待别人。"

🌿 案例连连看
不要把我扔下去

甜甜今年 4 岁了，从来没有进行过长途旅行。暑假的时候，爸爸妈妈决定带甜甜去长途旅行，甜甜高兴极了。到了晚上，甜甜看着车上陌生的环境突然大哭起来。妈妈怕甜甜影响别人休息就对甜甜说："不要哭了，大家都要休息了。"听了妈妈的话，甜甜不仅没有停下来，反而哭得更厉害了。

看到女儿这样不听话，妈妈生气极了，她马上站起来，居高临下地看着女儿，严厉地说："如果你不听话，我就把窗户打开，把你扔下车。"看着严肃的妈妈，甜甜害怕极了。正在这时，一个人打开窗户，想透透气。可甜甜看到后，顿时失去了理智，大喊着："我听话，不要把我扔下去！"这次，无论妈妈怎么安抚、恐吓，甜甜就是哭闹不止，闹得一车厢的人都没法休息。

🌿 专家解读
了解孩子内心真正的想法

孩子的哭闹都是有一定原因的。由于甜甜是第一次和爸爸妈妈进行长途旅行，到了晚上感觉环境陌生而哭闹是一种很正常的现象。甜甜的妈妈看到女儿的反应后，只是一味地禁止，没有想到去了解女儿真正的想法，并企图采用了恐吓的方式让女儿听话，最后不仅让甜甜产生了强烈的不安全感，也影响了其他人的休息。

　　一般来讲，孩子哭闹是他表达身体或者心理上不舒服的一种方法，是非常正常的一种现象。家长们发现孩子哭闹的时候，应该先安抚一下孩子，问问孩子到底是怎么回事，不要单纯地制止或是吓唬孩子，要挖掘出孩子哭闹的真正原因，再有针对性地对孩子进行开导。

教育要点

亲子关系变融洽的方法表

沟通方法	具体内容
听孩子倾诉	家长不要只爱听"好消息"，如果是这样，就会慢慢堵塞沟通的渠道。家长要坐下来，面对面地专注地静静地听孩子倾诉。这样做有时会胜过千言万语，不失为和孩子沟通的一个好途径。
和孩子平视	有许多事情用我们成人的眼光来看，怎么样也理解不了，这就需要做父母的有换位意识，用孩子的眼光来看他们的世界，才能看懂孩子。
与孩子商量	"商量"可增进亲子间的感情，避免了冲突和对抗；"商量"使孩子从别人的角度来观察事情、思考问题，学会了民主和平等、尊重和友谊。
让孩子决定	家长要把选择的权利给孩子，切不可包办代替。
给孩子写信	当家长觉得有一肚子话要对孩子讲，又不知道该从哪儿说起时，尤其是遇到比较敏感的问题时，给孩子写信，通过文字来表达自己的心情，不失为一种与孩子沟通、交流的好方法。
替孩子着想	孩子最怕的是失去尊严，对待孩子没有比保护他的自尊更重要的了。
放孩子出去	不要把孩子关在狭窄的空间里，放他们出去，多了解社会、多结交朋友，否则的话，他心灵的世界越缩越小，最后只剩下自己，这是很可怕的。
向孩子道歉	大人也有做错事的时候，如果能对孩子说声："对不起，我错怪你了！"这在孩子心目中会很有分量。
向孩子学习	放下架子，你会发现孩子可能比你强，拜孩子为师，能使大人变得年轻，能使孩子变得自信，能使亲子间的感情增进很多。

父母要懂得什么对孩子最重要

在这个世上几乎所有的父母都曾满怀希望地为孩子制订他们认为的最好的计划，并为此做出了很多的努力。但在做这些努力的同时，却很少有人会考虑到，对孩子来说，最重要的究竟是什么。我并不是在凭空乱说，因为在我们的生活中，这样的父母的确很多。

很多父母在不辞辛劳地教育孩子时，常常会忽略了什么才是孩子健康成长最重要的因素。正是因为他们忽略了这个因素，以至于他们的辛劳不仅不起作用，还给孩子的童年蒙上了痛苦的阴影，给家庭带来了很多不必要的烦恼。

我们邻居家有一个小孩叫吉娜，她的母亲一直希望她能成为一个有修养并有多种爱好的人。为了实现这个目标，吉娜的妈妈专门为吉娜买了一把名贵的小提琴，还请了老师来教她。有一天夜里，由于吉娜在做功课的时候出现了一些问题，已经超过了做功课的时间，她仍然没有完成计划中的任务。

母亲看了看表发现离睡觉还有一个小时，如果吉娜一直做不完的话，那么今晚不是影响睡眠，就是不能练琴了，想到这里，她不免着急起来。

"吉娜，你要记得今天还要练琴呢。"

"我知道了，可是我的功课还没做完，我总不能不完成功课就练琴吧。"

"功课不是不多吗？你就不能快点吗？"

"你没看到我一直在做呀！"

听到女儿这样说，吉娜的母亲顿时无话可说，只能看着女儿做功课。看到女儿那副满不在乎的样子，她心中不禁冒出了无名怒火。

离睡觉还有半个小时的时候，吉娜终于做完了功课，开始慢慢地收拾书本。

"还有半小时就要睡觉了，你就不能快点啊！"母亲焦急地说。

"好了，好了，这就开始。"吉娜拿起了小提琴，心不在焉地拉了起来。

看到女儿心不在焉的样子，母亲越来越生气，忍不住责备女儿道："你就不能认真点吗？练琴也要我来监督你，你不觉得害羞吗？"

"你别来干扰我行不行，说好了练琴不归你管的。"吉娜的心情糟透了，

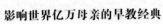

一边生气一边拉琴。

母亲看到女儿练琴不过是为了应付她，心里更气啦。又想到睡觉的时间眼看就要到了，如果让她现在就停下来，一点练习的效果也没有，如果让她继续练吧，又会影响休息。她越想越生气，终于再也控制不住自己，对女儿吼道："如果你不想练就别练，不要浪费时间。"

"不练就不练，本来就是你要我练的。"吉娜也火了，把琴胡乱放进琴盒里，扭头就走。

"把乐谱收好再走！"母亲也很生气。

吉娜极不情愿地整理那些乐谱，还故意做出满不在乎的样子。

"你就不能快点啊，慢吞吞的像什么话。"

"我已经够快的了，还要多快！你真烦人！"吉娜终于也吼了起来。

"你说谁烦人？你怎么能这样对我说话呢？"

就这样，母女俩谁也无法控制自己的情绪，开始大吵起来。很快，吉娜就委屈地哭了，抽泣着上床睡觉了。母亲想到女儿琴没练好，睡眠时间也没有保证，还弄得母女俩心情恶劣，心里非常难过。

在我看来，用这种方式去培养孩子的爱好，还不如不培养。因为我们培养孩子爱好的目的就是为了让孩子在成长中获得乐趣，而吉娜母亲的做法，不仅不可能让女儿通过学习音乐而获得快乐，还会让爱好成为她的一个负担，让她对音乐深恶痛绝。

如果父母在向孩子灌输知识或是让孩子学习某种技能时操之过急，不仅会引起孩子对学习的厌恶，导致心情抑郁，还有可能从根本上影响孩子对生活的认识，使孩子无法健康地成长。很多父母正是由于对这一点没有深刻的认识，才会对孩子的教育操之过急，让孩子难以接受。

我认为，积极乐观的生活态度和健康的体魄是孩子成长中最重要的两点。这两点也是培养所有其他能力的基础。所以，在这里我要奉劝那些为孩子的教育感到烦恼的父母们，当你感到烦恼时，不妨问问自己：对孩子来说，最重要的是什么？如果我们连这一点都搞不清楚的话，就不可能给孩子一个幸福的未来。

案例连连看

两个儿子的画

小陈有两个儿子，大儿子今年6岁了，小儿子才4岁。有一次，小陈教两个儿子画水彩画。小儿子只听了几遍，就画了出来，而且画得像模像样。大儿子却任凭怎么引导也画不出来，反而把手上、衣服上弄得到处都是颜料。

看到自己的大儿子那糟糕的表现，小陈生气极了，大声地训斥道："你怎么这么笨啊！看看你，弄得到处都是！"大儿子看到妈妈生气的样子，更加慌张了，再也不敢去动哪些颜料了，拿着笔愣在那里。妈妈看到儿子这样，更是气不打一处来，一把拿过大儿子画的乱七八糟的画撕了个粉碎。看到妈妈撕了自己的画，大儿子既羞愧又心疼，哇地哭了起来，说什么也不肯再学水彩画了。

专家解读

教育孩子不能操之过急

教育孩子是长期、反复、艰巨而细致的工程，绝非一朝一夕之功。所以，教育孩子必须有极大的耐心，千万不要操之过及。小陈的大儿子画水彩画虽然没有小儿子画得好，并不能说明大儿子比小儿子笨，母亲这种过激的做法，不仅会严重打击孩子学画的积极性，还会对孩子的心灵造成无法弥补的创伤。

作为家长，我们在教育孩子的时候，一定要有耐心，不要一味地责备孩子，要多反思自己的行为。在教育孩子时，一定要注意自己的声音、语调、语气的变化，对孩子要轻声细语，消除孩子的逆反心理，让孩子感受到你对他的尊重、理解和信任，让孩子在心理上得到满足。

教育要点

培养孩子积极乐观的生活态度表

家长的做法	具体内容
让孩子无拘无束	给孩子充分的自由，让孩子不受时间限制地去捉萤火虫、堆雪人、或者看蜘蛛织网。让孩子在学习之余可以稍微休息一下，自由活动一下，让他们的想象自由驰骋。

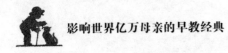

家长的做法	具体内容
教孩子关心别人	给孩子更多接触别人的机会，让助人为乐的感受慢慢走进他的心灵。你可以选一些他不想要的玩具送到孤儿院，也可以在超市里，让他选一些商品援助给贫困区。
让孩子接触自然	经常运动能让孩子身心放松，你可以和孩子一起去滑雪，或者一起在公园里玩，也可以直接带他去郊游，让他亲身体验大自然的美好。
经常爱抚孩子	对孩子微笑能让孩子感到舒服，这是对孩子说"我爱你"的最简捷表达方法。 在孩子身边的时候，一定要拥抱他。拥抱就像一个人的营养，每天给孩子至少16次的拥抱，孩子可以更加健康地成长。
让孩子开怀大笑	给孩子说笑话，唱儿歌，告诉他你遇到的可笑的事，让他开怀大笑，当他大笑的时候，不仅可以缓解紧张的情绪，还可以让他吸入更多的氧气，让他的心灵有一次自由的翱翔。

第十章

培养品德从摇篮期开始

我理想中的女儿必须具备优良的品德、健康的身体和出色的才能，我认为，这三个方面缺一不可，否则她就不可能成为一个优秀的人才。

在我看来，如果只注重女儿的身体，那么她就有可能变成一个无知、粗野的人；如果只注重她的才能，她就有可能变成一个弱不禁风、不分是非的人；如果只注重她的品德，那么她就有可能变成一个只有想法而没有实际能力的人。为了让小维尼夫雷特长大以后能拥有一个高质量的人生，从一开始我对她的教育就是三方面兼顾的。

在教育孩子的过程中，我们不仅要培养他们的能力，还要注重他们的品德，这一点无论是对孩子来说还是对父母来说都是十分重要的。我曾经看过一些有关早期教育的成功例子。在这些例子中，我发现，无论是音乐大师、艺术大师还是大文豪、大科学家，他们的诞生都与合理的早期教育有很大的关系。就像培养孩子的智力要从一出生就开始培养一样，优秀的品德也必须从摇篮时期就开始培养，否则就没有任何希望。

我通过总结自身的经验，得出一个这样的结论：在培养孩子优秀品德的过程中，母亲起着一个至关重要的作用。因为母亲不仅是最早陪伴孩子的人，也是陪伴孩子时间最长的一个人。母亲是孩子最早的模仿对象，母亲的言行举止都会对孩子产生深远的影响。

我认为，如果母亲能够严于律己，成为孩子的好榜样，并努力培养孩子的好品德，为孩子的前程积极地创造条件，并在这个过程中使自己也成为一个伟大的人，这样的母亲才是值得尊敬的。年轻的父母们，请你们相信我，孩子的命运就掌握在你们手中，你们一定要好好把握。

我常常听到有的父母发出这样的牢骚"我也为孩子的成长创造了很多条件，可他一点也不肯合作，我能有什么办法呢"？

我认为，孩子不肯与父母合作，很可能是父母的方法不对，父母应该在自己身上找原因，不应该埋怨孩子。要知道，孩子是受父母影响的，这是一条永远不变的规律。

在维尼夫雷特小的时候，我也常常会遇到这样的问题，但我从来都没有想过要把责任推到女儿身上，我只是尽力地用自己的行为去影响她、帮助她。

我认为，现在有很多父母只是一味地强调孩子的能力，而完全忽略了孩子的自主意识和独创精神。再加上，现在的家庭大多住在彼此隔离的环境中，孩子们常常独来独往，由于缺乏交流，从而很容易造成他们孤僻、自私的不良性格。而这些情况都有可能成为妨碍孩子形成友爱互助、善良宽容的好品德。

正是因为考虑到这些原因，在一个周末，我为维尼夫雷特组织了一个非正式的团体活动，这个活动可以让女儿的小伙伴们都聚集起来，让他们共同进行一些十分有益身心发展的活动。我之所以创办这一活动就是为了帮助维尼夫雷特，她很清楚地知道这一点，并很喜欢参加这些活动。因为我为她组织的这些活动的主要内容就是玩，还有一些平时她一个人无法玩的内容。不过，我知道，假如不是我主动提出，女儿肯定不会主动要求召集孩子们来参加这个活动。对她来说，似乎非得有人来请她参加，她才会这样做。我想大多数孩子都是这样吧。

在我们的生活中有很多这样的机会，维尼夫雷特都没有珍惜。参加活动的其他孩子都非常踊跃，他们都表现出极大的热情。我相信，如果我告诉女儿第二天有活动，她也一定会参加，表现得很踊跃。但我希望看到她更热情一些，希望她能珍惜这样的机会，而不是用一种坐享其成的姿态去接受它。

　　为了能让女儿学会抓住机会，我认为，首先要让她意识到这一切并不是理所当然地为她提供的，我要让她知道，只有当她表现出足够的主动和热情时，才有资格享受这种活动的乐趣。

　　在那次聚会中，孩子们对表演产生了浓厚的兴趣，她们穿着漂亮的服装，扮演着"白雪公主"、"睡美人"，在舞台上走来走去。在这个假象的舞台上，有的孩子演公主，有的孩子演王后，有的孩子演卫兵，但无论扮演什么角色，他们一个个都表现得兴致勃勃。

　　这些孩子的父母听说这个活动后，向我提议可以让孩子们自己选择一个故事，读熟之后分派角色，然后自己写出剧本来演出。我当然赞成这个好主意，这不仅可以锻炼孩子的表现能力，还可以激发孩子们对阅读和写作的兴趣。

　　我本来想让维尼夫雷特来组织这件事，想通过这件事来培养她的组织能力。但后来，我改变了主意，我决定利用这件事来激发女儿的进取心。于是我采取了另一种方式。我找来另一位十分热情的小朋友，把这次活动的组织工作都交给她去做。

　　维尼夫雷特知道后马上变得愤愤不平起来，她不满地对我说："妈妈，你为什么不把这件事交给我来做呢，我一定能做好的。"

　　"我还以为你没有兴趣呢。"我故意这样说。

　　"谁说我没有兴趣，我有兴趣。"

　　看到女儿那愤愤不平的样子，我不仅不生气，反而感到高兴，因为我终于激起了她主动争取机会的意识。失去这次机会后，等到举行第二次活动时，维尼夫雷特再也不像过去那样漫不经心了，而是主动要求做这做那。

　　我之所以这样做，就是要让女儿明白机会是要去争取的，而不应该消极等待，现在如此，将来更是如此。当女儿明白了这个道理，她自然就会变得积极起来，不会再对自己面前的机会无动于衷了。

　　很多时候，人们会对自己珍惜的东西利用得格外充分，并知道怎样从中获得更大的收益。这也是为什么因贫穷而失学的孩子一旦有机会读书，就会有惊人表现的原因。这并不是因为他们比别的孩子聪明，而主要是因为他们比别的孩子更珍惜读书的机会。

当然，我不能故意为维尼夫雷特创造贫穷的环境来让她经受磨炼，但我认为，我有责任让她知道，好的成长环境是来之不易的，是值得人们特别珍惜的。

维尼夫雷特知道我爱她，作为她的妈妈，我愿意把世上最好的机会都提供给她。正是因为她有这种认识，才会在心里有很大的安全感。这种安全感对她在情感上的健康成长是非常必要的。同时，我也必须让她明白我对她的爱是应该珍惜的，当我在爱的驱动下尽力为她创造好机会时，她有责任积极配合我，否则，我不可能无止境地去做无用功。

在女儿的成长过程中，我时常提醒她明白这一点。我这样做并不是图她将来报答我，而是要让她知道，要想得到机会就必须尽力争取的道理。

因为我知道，如果只给她创造机会，而不让她知道这些机会的可贵，那么她就很有可能成为得意忘形的人。这样不仅不能使她将来取得很大的成就，还会使她变得目光短浅、自以为是。

案例连连看

我当小班长了

美美今天可高兴了，一进门就大喊："妈妈，我当上小班长了！"妈妈虽然高兴但又有点不安，她说道："你行吗？"美美马上拍着小胸脯说："怎么不行？这个工作还是我争取来的呢。今天老师问我们谁想当小班长，我心里可想当了，但又怕自己做不好……"

妈妈看到美美这样说，就故意打断了女儿的话："是啊，我也怕你做不好呢。""可我突然又想起了妈妈以前给我讲的故事：过去，有一个司令员检阅新兵时，突然有一个新兵向前跨了一步，大声地问候'司令，您好！'结果这次检阅，在成千上万的新兵中，司令员只记住了这一个聪明的新兵。我一想到这里，就马上举手了。老师见我这么勇敢，马上就让我当小班长了。"听了美美的话，妈妈心里别提多高兴了。

专家解读

启发孩子抓住身边的机遇

在我们的生活中充满着各种各样的机遇，孩子能否抓住这些机遇往往与家长的教育有关。美美在面对机遇的时候，之所以能够马上抓住机遇，与母亲曾经的启发是分不开的，可见，启发孩子抓住身边的机遇对孩子的成长起着至关重要的作用。

所以，当我们发现孩子在课堂上不积极回答问题或是对幼儿园的任何活动都不想参与时，家长一定要提起注意，针对孩子的情况，培养孩子重视机遇的意识，并启发孩子学会抓住自己身边的机遇。

教育要点

抓住教育孩子的重要时机表

时　机	家长的具体做法
孩子困惑时	当孩子对某件事情感到困惑时，家长应抓住孩子渴望学习经验的心理，及时帮孩子进行必要的梳理，此刻无论家长是摆事实，还是讲道理，孩子都会很容易地接受，从而收到很好的教育效果。
孩子对某事感兴趣时	家长平时要细心观察孩子的行为，一旦发现孩子对某一事物特别有兴趣，就要及时给予鼓励和支持，抓住孩子兴趣的"闪光点"，因材施教。这样做，说不定就会激发出孩子某方面的智慧火花，引导孩子沿着自己的兴趣走向成功。
老师家访时	大多孩子最怕老师上门，因为每每此时，他的在校表现就会暴露出来。同时，孩子更怕家长将他在家的所作所为告知老师。因此，家长应懂得孩子的心理，在老师家访时，把孩子的长处告诉老师，同时以提出希望的口气间接地说出孩子的缺点以让老师了解。
做客时	要使孩子在别人面前变得听话、懂礼貌，家长就必须在做客前和做客中对孩子做一些相应的指导，并且在做客后及时对孩子的表现作出评价。此时，无论是表扬还是惩罚，都将给孩子留下深刻的印象。
孩子犯错时	孩子的成长过程就是一个犯错改错的过程，而犯错的过程就是教育孩子的最佳时机。因此，在孩子犯错时，家长可以帮助孩子去分析错误，引导孩子面对错误，最终达到改正错误的目的。这样孩子才更有可能深刻地去理解更多的人生道理。
孩子取得成绩时	生活中，孩子总会取得一定的成绩，这个时候，孩子的情绪都会比较高昂，家长要善于抓住这个时机，在肯定和鼓励的基础上，给孩子提出新的目标和要求，引导孩子乘势而上。当然，在表扬孩子的同时，还应该及时让孩子懂得"虚心使人进步，骄傲使人落后"的道理。

❧ 父母是孩子最好的老师 ❧

我认为，教育孩子的过程往往就是父母自我教育的过程。在女儿的品德教育上，我一直坚持这样的原则：要想使女儿树立正确、健康的道德观和价值观，我本人必须首先要有正确的观念与标准。

生活在社会之中，我们每个人的行为都要受到社会的规范和约束。每个社会和每个时代的价值体系都是不一样的，都有它的独创性。无论是过去还是现在，这些价值体系都会遵循一些共有的价值标准。这些基本的标准包括了我们每个人都应该遵守的诚实、勇敢、自律、忠诚、守信等观念。无论是在家还是在学校，孩子们都会有意无意地受到这些价值观的影响。在我看来，这些价值观念并不是空洞的说教，而是一种行为准则，是孩子们必须从小就建立起来的优良品质。

有一次，我的同事沃尔夫先生向我抱怨说："我的儿子简直太讨厌了，他老是迟到，完全没有时间观念。我天天和他耐心地讲道理，可他总是听不进去。你女儿维尼夫雷特也是这样吗？"

听到他的抱怨，我问他道："你是怎样给孩子讲道理的？"

沃尔夫先生立刻举了下面这个例子：

"恩特斯，跟你说过多少次了，你要学会遵守时间，否则不仅会耽误别人的时间，还会给别人留下坏印象，你难道忘了吗？"

"我当然没有忘记，你给我讲过很多次了。"恩特斯满不在乎地回答。

"那你为什么还总是迟到呢？"

"我知道迟到不太好，不过，我觉得没什么大不了的。这只是一件小事。"

"什么？没什么大不了？你从小就这样不守时，将来谁还会信任你呢？"沃尔夫先生有些生气地说。

"你已经是大人了，也过得不错啊。没见你有过什么麻烦呀！"恩特斯见父亲有点生气，语气小了很多。

"你这是什么意思？"沃尔夫先生不明白儿子在说什么。

"你好几次答应带我去海边玩，可是到现在为止你一次都没有带我去过，你不是也过得很好吗。"恩特斯说。

"你怎么能这样说呢？我工作太忙了，这段时间有很多的会要开……还有那些论文……那些学生……"说到这里，沃尔夫先生尴尬地停了下来，不知该怎样往下说。

听了沃尔夫先生的故事，我对他说："这样可就是你不对了。你要求儿子守约，可自己却没有先做到。这样孩子肯定不愿意接受你的教育。"

当然，父亲由于工作忙，不能带孩子去海边玩，可是事先又向孩子许了诺，这件事确实不好办。父亲身不由己，对儿子失约也是可以理解的一件事情。可是，孩子会怎样想呢？他会得出一个什么样的结论呢？这时候，他也许就会想：爸爸不守约，过得也很好啊。也许不守约也没什么大不了的，爸爸这样做都没有什么事情，我也不用为这个问题伤脑筋，来纠正这个无所谓的缺点。一旦孩子有了这样的想法，无论父母再怎样教训孩子，恐怕也是不起任何作用的。

除了会让孩子产生这样的想法外，更糟的是，有些单纯的孩子还会这样想：父亲就知道对别人守约，他对工作上的事那么认真，对我的事却可以不当回事。原来守约也要看兴趣或是分等级，不必每件事都守约，这样的话，有时不守约也不能算错了。按照孩子这样的推理，父母往往也是无法反驳的。

很多父母在孩子犯错时，常常抱怨孩子不听话，不肯接受自己的教育，可从来不去想想自己有什么不对。这样的父母常常用自己做不到的事情去要求自己的孩子做到，然后用自己的行为去颠覆自己的教育，使孩子认为父母言行不一。长此以往，孩子会认为父母是不可信的，对父母的话也就不会再认真对待。当然，这样的话，孩子也不可能按父母说的道理去做。

有一个周末，女儿和她的好朋友贝蒂约好星期六到她家参加一个聚会，并要带上自己的一些玩具。刚开始的时候，我并不知道这件事，所以到了星期五的晚上，我和女儿商量第二天一起去郊游，然后再进行爬山和划船的活动，我们还商量好要在外面住一夜，星期天再回来。

正当我们热烈地讨论这件事情的时候，贝蒂的父亲来了，他给维尼夫雷捎来了贝蒂的口信，要她别忘了带小提琴。

贝蒂的父亲走后，我问女儿道："你是不是和贝蒂约好去她家聚会？"

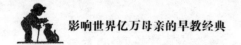

"是的，可是我更想和你们出去玩。"女儿有点为难。

"不行，你一定要遵守和别人的约定。"我坚决地说。

"可是明天去贝蒂家的人很多，我不去也没有关系的。"

"怎么会没有关系，我觉得贝蒂是很重视你的，不然也不会让她父亲专门来提醒你。维尼夫雷特，你别忘了，你还答应给她带小提琴和玩具去。你想想，如果你不参加或是没有把那些东西带去，贝蒂会多么失望啊。你还记得上次你约她一起做游戏，结果她临时改变了主意，你有多生气吗？"听了我的话，维尼夫雷特开始犹豫了。

我继续开导她说："维尼夫雷特，违约是不对的，这样也很不礼貌。要不这样吧，我们下星期再去郊游，你明天去贝蒂家玩，好不好？"

最后，女儿接受了我的建议。这件事，我和丈夫都做了一点牺牲，但是为培养女儿良好的行为方式，我认为这是值得的。

🌱 案例连连看

不遵守约定的孟孟

孟孟今年4岁了，她和晶晶是好朋友，每天都在一起玩。有一次，晶晶的妈妈给晶晶买了一个又大又漂亮的布娃娃，孟孟看到后，爱不释手，晶晶看到孟孟特别喜欢，就答应让孟孟带回家玩一天，孟孟开心极了。

第二天，晶晶来找孟孟玩，并要按照约定把布娃娃带走，孟孟央求晶晶再给她玩几天，晶晶不愿意，就对孟孟说："你怎么可以说话不算数呢？说好就玩一天的。"孟孟也知道是自己不对，但她太喜欢那个布娃娃了，就说："约定了也可以改啊！"说什么也不肯把布娃娃还给晶晶。晶晶有些生气，夺来布娃娃扭头就走。孟孟看着晶晶的背影，有些失落。

🌱 专家解读

让孩子遵守约定

遵守约定需要孩子具有一定的自我控制能力，3~4岁孩子的自我控制能力虽然有限，但已经得到了初步的发展。孟孟今年已经4岁了，已经具备了一定的自控能力，但孟孟并不知道约定的重要性，约定对她来说远没有自己内心的想法重要。所以，在孩子到了 3 岁的时候，家长就应该对孩子进行有关遵守约定的教育了。

在对孩子进行有关遵守约定的教育时，家长可以利用这个年龄段孩子的发展特点，与孩子一起制订约定，并和孩子互相督促，彼此遵守。当孩子出现违反约定的状况时，家长应该帮助孩子了解约定的重要性，并让他学会承担自己的行为后果。

教育要点

让孩子遵守约定表

家长的做法	具体内容
做孩子的榜样	父母是孩子的榜样，在生活中，答应孩子的事情一定要做到，不要以为随口说出去的话，孩子可能和自己一样没有当真。
帮助孩子遵守约定	要想孩子遵守约定，首先要让孩子知道什么是诺言，答应别人的事情一定要做。如果事先和孩子有所约定，就要帮助孩子遵守，说到做到。如果孩子忘记了，可以提醒他。同时，家长的态度也要从始至终一致，这样孩子才会懂得说到做到的意义。
让孩子做些力所能及的事情	做一个可以遵守约定的人，需要知道自己有没有能力实践诺言。平时，让孩子做一些力所能及的事情，培养孩子的责任意识，让孩子在实践中了解了自己的能力，知道自己可以做到什么程度。
及时鼓励孩子	当孩子遵守了自己的约定，家长一定要给予及时的鼓励，原则上是精神鼓励优于物质鼓励。这些奖励都会是孩子日后遵守约定的动力。

责任心比知识技能更重要

在对孩子进行早期教育时，一些父母往往只注意到孩子的智力和爱好的发展，把注意力都放在了拓宽孩子的知识面和学习某种技能上，忽略了培养孩子的责任心以及其他方面的综合能力。我认为，这种做法是十分错误的。

在我看来，一个缺乏责任心和综合能力的孩子，无论多聪明、多有知识，也不可能成为一个健全的人。在孩子的成长过程中，他们需要在很多方面都有过人的才能或是品质，在这些能力或品质当中，责任心往往比那些知识性的技能更加重要。由此，如果一个孩子没有从小就培养起来的责任心，那么就算将来有了丰富的知识和高超的技能，他们也很难把自己的能力充分地发挥出来。

在比较艰苦的环境中，孩子由于知道父母生活得十分不易，往往会更多地参与到家庭生活中，力求为父母分担一份责任。他们不仅会尽可能地照顾好自己的弟妹，还非常注意节约，为家里减轻负担，有时候，这些孩子还会为父母的事业助上一臂之力。

当这些孩子看到父母为了一家的生活而辛勤劳作时，一种深厚的责任感就会油然而生，他们马上会感到有一种责任落在自己的肩上，希望有一天能为自己的父母分担忧愁。这一切会使孩子从小就看到自己生活的意义，看到自己的行为是可以对别人产生影响的。在这种观念的影响下，孩子不仅会有强烈的归属感，还会认为自己是有用的，从而产生强烈的自豪感和责任心。

我认为，在家庭中培养出来的这种感觉，是将来形成社会责任感的基础。孩子随着年龄的增长，与社会的接触面不断扩大，从家庭中培养出来的这种责任心与自豪感的内容也会不断增多，不再局限于自己的家庭。可是，家庭中如果没有这种基础，那么对社会和人类的责任感就无从谈起。一个没有责任心的孩子，将来是不可能取得很大的成就的。

为了培养维尼夫雷特的责任心，我从她很小的时候，无论她在家里还是和别的孩子在一起，我都会有意让她充当一些有意义的角色。这些有意义的角色会让她意识到自己的行为对他人，对群体所产生的影响，从而建立起一定的责任心。

在女儿小的时候，我就常常让女儿做我的"助手"，帮我做一些力所能及的事。我经常给她安排一些适合她的劳动，比如打扫卫生、浇花等等，用来培养她的责任感和能力。每当我请他帮忙的时候，维尼夫雷特总是很乐于参与，并会为自己日渐增长的一些能力感到自豪。

除了让她进行一些力所能及的劳动外，在家里我始终与女儿进行平等的交流，我认为这也是培养她责任心的一种方式。在与女儿交流的过程中，我不仅了解了她的内心感受，也和她谈一些我自己的喜怒哀乐。很多父母认为把大人的事情讲给孩子听完全没有这个必要，有的家长甚至还会以自己工作太忙为由，尽量避免与孩子交流。但是，这些父母却不知道孩子的感觉有多么的敏锐，他们总是能够轻易地洞察大人的某些心理活动，只不过大人往往不去注意罢了。

在我们的生活中，我们常常会听到孩子很关心地问自己的妈妈："妈妈，你怎么啦？你不开心吗？"很多父母却会很轻易地忽视孩子的这类问题。在我看来，父母对孩子的这种表现应该积极地鼓励，并耐心地与他们交流，因为这是孩子对父母的一种关心，是他们学着理解人、关爱人的表现。

我记得，有一次我心里很烦，因为我马上要去参加一个有关世界语的会议，但丈夫去了外地，保姆又恰巧家中有事请了假，家里只剩下我和女儿。我走以后，女儿一个人在家了，她的晚饭怎么办呢？

维尼夫雷特见我焦虑不安，赶紧过来问我说："妈妈，你怎么啦？出什么事了吗？"

"维尼夫雷特，我马上要去开会了，只能让你一个人在家，我在为你的晚饭发愁呢。"我对她说。

"是这样啊。没事的，你去吧，我会照顾好自己的。"女儿说。

"那么你怎么做晚饭呢？"我还是有点担心。

"我有巧克力面包。再说我已经会用火炉了，我可以自己煮牛奶。"

"可是……"

"没关系的。你要去工作，帮助你是我的责任啊！你不是经常告诉我要有责任心吗？

"你一个人在家不怕吗？妈妈可能会很晚才回来的。"我问女儿。

"当然不怕，我又不是个胆小鬼。"女儿自豪地说。

听了女儿的话，我真有些感动，因为女儿已经懂事了。

案例连连看

有责任感的芝芝

芝芝今年才两岁，自我意识空前庞大，他认为自己可以胜任很多事情。

当你看到他笨笨地穿衣服时，如果你去帮他，他就会生气地发脾气。每当妈妈做家务的时候，她都会给芝芝一件小工具，让他也一起做。比如妈妈拿大拖把，芝芝就拿小拖把；妈妈拿抹布，芝芝就拿尘刷。

到了芝芝3岁的时候，芝芝已经可以做很多的事情了，所以，妈妈干脆直接分配芝芝去完成一些事情。像每天晚上拖地板之类的工作，妈妈都交给芝芝去做。每当芝芝做完一件家务后，妈妈都会给芝芝一些表扬的话，有了妈妈的表扬，芝芝的积极性更高了。现在，芝芝不仅变得越来越有主见，还越来越有责任感了。

专家解读
在劳动中培养宝宝的责任感

很多妈妈常常会因为孩子的一些不负责任的表现感到头疼。其实，每个孩子都会在幼儿阶段像芝芝一样表现出各种主动尝试的愿望，如自己要求独立吃饭、试穿衣服、手脏了自己洗等，这正是一种责任心的萌芽。芝芝的妈妈抓住了这个时期，对芝芝进行了一些引导，很轻松地就培养了芝芝的责任感。

作为孩子的监护人，我们每一个家长都应该抓住孩子的这个时期，为孩子制订不同年龄阶段的劳动任务。在这个过程中，我们还要对孩子适当地放手，让孩子做一些力所能及的事情。这样不仅可以让孩子在劳动中得到锻炼，还能让孩子明白每个人都应该承担起属于自己的责任，因为，这是一个人进入社会的前提，社会不会接纳一个不负责任的人。

教育要点
1~6岁的孩子可以胜任的工作表

年 龄 段	胜任的工作
1~2岁	自己喝水、自己洗手、自己吃饭等。
2~3岁	穿衣服、开门、按电梯、擦桌子、扫地、摆放餐具等。
3~4岁	刷牙、协助父母把干净的衣物叠好、收拾和整理自己的玩具、把脏衣服拿到洗衣房等。

年　龄　段	胜任的工作
4~5岁	给家里的植物浇水、在不打碎餐具的情况下协助大人摆放餐具和清洁饭桌、在父母的注视下拿邮件和报纸、清洗塑料碗碟、喂宠物、协助父母把各种不易打碎的餐具放进洗碗机等。
5~6岁	料理大部分的个人卫生、整理和打扫自己的房间、帮助父母叠好衣服并给衣服分类放置、负责倒垃圾、清洗碗碟、摆放和清洁饭桌、放好各种杂物、整理自己的床铺等。

鼓励孩子成为一个真正的勇者

我记得有一次维尼夫雷特生病了。她因为着凉得了重感冒，吃了一些药仍然不见好转，还发起了高烧。我担心极了，赶紧请来了大夫。大夫告诉我，女儿需要打针，否则高烧有可能引发肺炎。大夫说话时很平静，因为他每天都要给无数个病人打针，但我却有些担心，因为维尼夫雷特是第一次打针。

虽然维尼夫雷特是第一次听到"打针"这个词，但她看到忙碌的大夫在摆弄针头和药品，又见我神情紧张，心里就开始发紧，最后终于控制不住，哇地大哭起来。当大夫把注射器扎下去后，维尼夫雷特哭得更厉害了。

看到女儿这样，我突然想到，也许正是因为看见了我担忧的神情，因为我的神情告诉她这是件很严重的事，女儿才会害怕。我想，如果女儿连打针都害怕的话，又怎么能成为一个勇敢的人呢？想到这里，我也开始为自己当时的紧张而感到脸红。因此，在给维尼夫雷特打第二针的时候，我改变了态度。

第二天，大夫按约定来到了我们家。维尼夫雷特一见大夫走进来，就立刻躲进了自己的房间。看见她的样子，大夫一下子就笑了起来。"小姑娘，你害怕了。嘿，小机灵鬼，不要躲着我，我可不是个大坏蛋哦。"

"快出来，维尼夫雷特，大夫是来为你治病的。"我对女儿喊道。

女儿假装没有听见，仍然躲在房间里不出来。我只好把大夫带到她的房间里。这一次，我决定冷静地和女儿说这件事情。

我非常平静地对她说："维尼夫雷特，打针其实没什么可怕的。你昨天刚打过，不是吗？并没有什么呀！"

"可是我怕疼……疼……"维尼夫雷特还是不肯配合。

"没什么好害怕的，妈妈小时候打过无数次的针，现在不也好好的吗？再说，为了治病，那一点点疼算什么呢？别忘了，你是个勇敢的孩子啊！"

一听到我夸奖她是个勇敢的人，维尼夫雷特顿时忘记了害怕，很积极地配合医生治疗。这一次，女儿不仅没有哭，还和大夫聊上了。

我通过这件事情，发现很多时候锻炼孩子的勇气，往往是对父母勇气的一个考验。如果父母本身就对困难或是危险感到害怕，那么孩子就不可能有勇敢的精神。我认为，那些为了孩子的安全而牺牲锻炼孩子勇气的机会的父母是很自私的。因为这些父母之所以这样做，主要是为了保护自己的感情不受到可能发生的危险所带来的伤害，而没有考虑到孩子未来的发展。

在维尼夫雷特4岁的时候，我和我的母亲带她出去游玩，我母亲对小外孙女十分关心。在那次游玩的过程中，我们需要爬过一个小陡坡，在爬一个小陡坡时，维尼夫雷特显得很害怕，她每走一步都要回头看看我，想让我把她抱上去。但我有意想锻炼她一下，就假装没有看到她的暗示，只是不停地向上爬。因为在我看来，小维尼夫雷特虽然是第一次爬陡坡，但她完全有能力自己爬上去，这是锻炼她胆量和技能的一个好机会。

但是，我的母亲却很担心，怕小外孙女摔下来，又怕她娇嫩的小手磨破。母亲爬一会儿就会停下来看看维尼夫雷特，担心地嘱咐她一句，还不停地叫走在前面的我慢点。就这样，维尼夫雷特开始害怕了，她不肯再往上爬，站在原地等待我们的帮忙。

看到女儿停下来，我没有打算帮助她。我只是回头对她说："别怕，维尼夫雷特，你看妈妈不是已经爬了这么高了吗，你是个勇敢的孩子，我相信你一定也能做到的。"在我的鼓励下，维尼夫雷特终于渐渐战胜了恐惧，凭着自己的努力爬到了坡顶。

回到家之后，母亲就开始责怪我，说我不该让女儿冒险。我平静地对她说:"妈妈,要是维尼夫雷特真没有能力爬上去,我是不会让她去冒险的。但是,她如果能够做到,就应该让她克服恐惧,去做好。我想让她成为一个勇敢的人。"

在我看来,女儿虽然很小,但也能够胜任很多的事情。在孩子遇到困难的时候,如果大人总是在孩子面前显出担心的样子,那么孩子就会被恐惧压倒,本来就有的勇气也会消失殆尽。

我发现,维尼夫雷特其实是很反感别人像放风筝似的牵制着她的,她有时希望我们不要总是表现出那种过于细腻的关心,因为这样的话,她会觉得在别的小朋友面前很丢脸。在她看来,别的孩子都放心大胆地玩而自己却总是被妈妈跟着,是很厌烦的一件事情。有时候,我们这样做,她甚至认为是我们多此一举,对她不公平。我们对她越不放心,她就会变得越气恼,并产生逆反心理。

我认为,很多父母出于对孩子的爱,为了让孩子免受伤害,对孩子呵护备至,致使孩子缺乏勇气是一种很不妥当的做法。作为父母,我们应该克服这种狭隘的心理,把眼光放在孩子的未来,鼓励孩子去做一些力所能及的事情,使孩子成为一个真正的勇敢者。

🌿 案例连连看

怕打雷的蓉蓉

蓉蓉从小在爸爸妈妈身边长大,由于爸爸妈妈的工作都很忙,蓉蓉大部分的时间都由年迈的奶奶带着。奶奶特别疼爱小孙女,什么也舍不得让蓉蓉干。有一天,爸爸妈妈都去上班了,家里只剩下奶奶和蓉蓉。天气骤变,突然下起了雨,蓉蓉好奇极了,一直站在窗户前看下雨。

这时,天空猛地打了一个响雷,蓉蓉被吓了一跳,但并没有哭。这时候,奶奶赶紧跑了过来,把蓉蓉抱在怀里,紧张的地问:"宝贝,没事吧?不要怕啊!奶奶在呢。"看到奶奶这样紧张,蓉蓉心里突然慌了,哇哇大哭起来。后来,蓉蓉只要一听到大的响声,就会条件反射地大哭起来,看到蓉蓉这样胆小,蓉蓉的爸爸妈妈头疼极了。

专家解读

正确对待孩子的恐惧心理

恐惧是幼儿常见的心理状态，当孩子出现恐惧心理时，家长一定要善于引导，否则就可能对孩子产生一定的阴影。蓉蓉虽然对打雷这件事感到恐惧，但没有表现得很强烈，反而奶奶的行为让蓉蓉觉得打雷是一件很可怕的事情，加深了蓉蓉的恐惧，给蓉蓉留下深刻的印象，导致蓉蓉听到大的声响就会害怕。

其实，每个孩子在接触陌生的事物时都会产生一定程度的恐惧心理。这时候，家长一定要正确地对待孩子的这种恐惧，要告诉孩子这些事物是怎么回事。如果并不危险，就对孩子说清楚，告诉孩子这并没有什么可怕；如果很危险，就告诉孩子如何去应对这些事情。千万不要在孩子面前流露出自己害怕的情绪，要知道，只有父母勇敢地面对恐惧，孩子才会勇敢地面对恐惧。

教育要点

帮助孩子克服恐惧表

家长的做法	具体内容
切勿无中生有	正确解析自然现象，告诉孩子闪电、打雷都是正常现象，没有什么可怕的。 告诉孩子世上根本没有什么鬼怪，帮助孩子直面恐惧。
切勿嘲笑责骂	不能采取的态度：说孩子是胆小鬼、生硬地勒令孩子不许哭、在孩子日后不听话时以此吓唬他。 正确的做法是耐心地安抚孩子，向他解释一些生活中的科学常识，让他相信家长的力量可以保护他。
切勿否定恐惧	孩子有时候用否定对付害怕，以为自我暗示就能够战胜一切，其实这反而不利于心理健康。 家长应帮助孩子直面恐惧，给孩子讲些科学常识帮助他克服恐惧感。 不论孩子在哪个年龄阶段，只要我们把事情讲得合情合理，就能帮助他幼小的心灵建立起安全感。
及时找出对策	有时孩子的恐惧会以其他方式表现出来，家长要随时观察孩子的行为。当发现孩子有异常表现时，就要循着话题诱导他说出心底的想法，然后对症下药。

不可放纵孩子的购物欲

我们常常会在商场里看到这样的情景:孩子撒泼耍赖,要求父母买这买那,父母如果试图制止的话,孩子就会哭闹不止,把父母搞得没有办法,只好对孩子妥协,有时还会因此发生一场"闹剧"。

有一次,我和维尼夫雷特陪来访的朋友一起去逛商店。在商店里,我看见毛巾正在减价,又想起家里的毛巾该换了,就选了几条,并对维尼夫雷特说:"维尼夫雷特,你也选一条自己用吧。"于是,女儿就选了一条。

朋友的女儿米娜看见维尼夫雷特选了一条,也走上来说:"我也要一条毛巾。"

见朋友不说话,我忍不住问米娜说:"米娜,你缺毛巾吗?"

"我不缺毛巾。"

"你想要把毛巾带回家吗?"

"不想。"

"那你为什么要买毛巾呢?"

"因为维尼夫雷特买了一条。"

"是这样啊。那你知道维尼夫雷特为什么要买毛巾吗?"

"为什么啊?"

"因为我家的毛巾该换了,这里又正好在减价,所以才买,可我不明白你为什么要买?"

米娜听了我的话,并没有像以前一样,稍不称心就在母亲面前大哭大闹,而是听话地把毛巾放了回去。

后来,我和米娜的妈妈谈起了这件事,我问她为什么会这么放纵孩子的购物欲望。她告诉我说:"你不知道米娜闹起来有多厉害,我根本拿她没有办法,她想买就买吧,免得她吵。她那样哭闹,看着挺可怜的。"

我懂朋友的意思,她和丈夫已经分居好几年了,到现在还经常发生冲突。我知道她不希望孩子再在其他方面受到伤害。

虽然朋友这样说，但我还是认为朋友的做法是不对的。因为，在我看来，物质并不能弥补孩子在情感上遭受的伤害，只会使孩子受伤的心灵变得扭曲。其实，孩子是非常聪明而敏感的，他能很明显地感觉到父母心中的内疚，并且会毫不客气地利用父母的这种心理。然而更为严重的是，父母的这种心态还会对孩子产生十分恶劣的影响，会使他夸大自己的不幸，更觉得自己可怜，变得自怨自艾起来。

孩子虽然还小，但他们是懂道理的。如果父母没有很好地引导孩子，孩子就会在心里认为他可以毫无顾忌地购物，这样只会使他养成不良习惯，并形成一种错误的观念：无论他想得到什么，父母都有责任予以满足。

我记得有一次，我和维尼夫雷特在街上散步，正好路过一个文具店，就顺便带她进去看一看。在文具店里，女儿看中了一套漂亮的画笔，她看了又看，不肯离开。

"妈妈，我想买那套画笔。"她对我说。

"为什么呢？"我问她。

"因为它们很漂亮。"她回答说。

"维尼夫雷特，我记得你已经有一套这样的画笔了。"

"嗯，可那是两个月前买的，现在已经很旧了。"

"两个月前买的，现在就旧了？你知道吗，有一位伟大的画家，一套画笔用了十来年还不舍得扔掉。而我也认为，画笔只要能用就行了，跟旧不旧是没有关系的。"

"哼！妈妈真小气。"维尼夫雷特说。

听了女儿的话，我并没有生气，我平静地告诉她："维尼夫雷特，我不认为节省就是小气。我认为节俭是对的，我们可以把省下的钱买其他的更需要的东西。"

我认为，无论是在困难年代还是在富裕年代，节俭都是一种美德，我们都应该崇尚节俭。为了让女儿养成节俭的习惯，我在生活中的每个小细节上都注意培养她的这种品质。我之所以要女儿养成节俭的品质，从小的方面来看是为了居家过日子打算，从大的方面来看则是为人类的后代节约资源。无论从哪个角度看，我们都应该崇尚节俭的好习惯。

有些父母自己很节俭，出于对孩子的爱，他们往往会为了孩子而铺张浪费，这虽然体现了父母对孩子的爱，但这绝不是一种明智的做法。

当然，我说这番话并不是针对那些衣食无着的贫穷人家，我说的只是那些家境殷实的家庭。生活在这些家庭的孩子不仅消耗了过多的物质，还浪费了太多的钱财，在我看来，这不仅是在浪费自己家的钱，也是在浪费人类共有的资源，这简直是一种罪过。

基于我的这种观念，我常常对女儿说，我们应该省钱，应该学会节俭，不要随便浪费东西。我这样做就是要让她知道，一切东西都是来之不易的，都需要我们去好好珍惜。

案例连连看

订蛋糕

萍萍要过生日了，每年萍萍过生日爸爸妈妈都会到蛋糕店订做一个蛋糕。去年萍萍过生日，爸爸妈妈带萍萍去订生日蛋糕，萍萍看中了一个最大的，可是家里只有他们3个人，根本吃不了那么大的蛋糕，但萍萍非要订那个，因为是女儿的生日，爸爸妈妈只好订了那个最大的，结果大部分的蛋糕都浪费掉了。

今年萍萍的爸爸妈妈又带萍萍去订蛋糕，这次萍萍又选中了一个两层的大蛋糕。妈妈对萍萍说："咱们吃不了那么大的，选个小的吧。""我就要这个大的！"萍萍很固执。"你忘了去年的蛋糕没吃完，都浪费了，不给你订这个大的！"听到妈妈说不订这个大的，萍萍马上大哭起来，爸爸看见女儿这样，只好给女儿又订个大蛋糕。

专家解读

让孩子学会节俭

让孩子学会奢侈，就等于放纵孩子去享受。现在很多的家长并没有意识到这个问题的严重性。萍萍的浪费是跟父母的教育分不开的，当萍萍第一次要求订做一个根本就吃不了的大蛋糕时，父母就应该制止孩子的这种行为，并向孩子灌输节俭的观念。要知道，父母的纵容，只会进一步助长孩子的奢侈之风，让孩子养成浪费的坏习惯。

勤俭节约是中华民族的传统美德，父母作为孩子的第一任老师，在教育孩子的过程中，一定要让孩子从小就学会勤俭节约，帮孩子树立正确的金钱观、经济观。尝试让孩子自己理财，对金钱有一个明确的概念，学会合理地使用钱财，养成节俭的好习惯。

🌱 教育要点

让孩子从小学会节俭表

方　法	具体内容
灌输理念	给孩子讲一些伟人节俭的故事，在孩子心中埋下节俭的种子。随时提醒孩子所有的一切都是来之不易的，要珍惜自己的物品。
理性购物	父母应与孩子制订购物单，只买需要的物品，避免一次购买很多物品。
变废为宝	充分利用身边的废旧物品，既能节省生活开支，又能增添生活情趣。例如，孩子用过的旧玩具要保管好将来做拆装用，或洗干净赠送给比孩子小的小朋友。
学会理财	让孩子学会存钱，以备将来急用；让孩子学会花钱，随时记账。父母可给孩子买一个储蓄罐，教孩子把零钱、压岁钱要储蓄起来，以备将来大用和急用。

❧ 让孩子做力所能及的事情 ❧

因为维尼夫雷特对人友善，常常帮助别人做一些力所能及的事，在别人面前表现十分勤快，所以到她六七岁的时候就已经受到了很多人的喜欢。人们都夸维尼夫雷特是一个勤快的孩子。

看到维尼夫雷特这样招人喜欢，很多年轻的父母就向我请教教育孩子的问题。在他们看来，维尼夫雷特不仅学习能力强，还有很多让人羡慕的好习惯。所以，这些人经常这样问我：这么小的孩子居然那么明白事理，还那么勤快，是不是她天生就具备这些好习惯啊？当我回答说不是天性时，他们多半会问我维尼夫雷特在家里受了什么样的训练，有什么样的秘诀？面对他们的这些问题，我真不知该怎么回答才好。不过对于这个问题，有一点我可以告诉大家，那就是我经常鼓励维尼夫雷特做一些力所能及的事。

我认为，如果什么事都替孩子做，就等于取消了孩子自己动手的机会，使他们对别人产生依赖，让他们养成对自己的行为不负责任的坏习惯。也正是因为如此，在培养女儿的过程中，只要是女儿自己能做的事，我绝不会帮她做。我时常告诉女儿，只有能够做到不依赖外界的人，才能有信心独立而骄傲地做人。我这样做，就是有意识地让她形成独立和勤劳的好品德。

在维尼夫雷特两岁的时候，有一天她在客厅里蹒跚地走来走去，这儿摸摸，那儿看看，好像对一切都充满了兴趣。在她看得尽兴的时候，她手里的点心突然掉到了地上，她看看掉在地上的点心，并没有管它，只顾往前走。看到她这样，我指指垃圾桶，告诉她把点心捡起来放进去，女儿似乎没有明白我的意思，一动不动地站着，只是惊讶地看着我，就是不肯按我说的去做。

"维尼夫雷特把它捡起来。"我又一次对她说。

"女儿还不懂事，你为什么一定要让她去捡呢。"维尼夫雷特的父亲插话说。

"我来吧。"家里的保姆赶紧走了过来，想去捡起那块点心。

"安娜，别这样做，让她自己来。"我伸手挡住她说。

维尼夫雷特看了我一眼，身子往前挪了挪，看来她想忽略我的要求，马上离开这里。看到女儿这样，我只好走了过去，在女儿身边蹲下身子，挡住她的去路。

"维尼夫雷特，点心是你掉的，你应该自己捡起来，这样做才是一个好孩子。"

看着我柔和坚定的神情，女儿终于妥协了。她慢慢蹲下去，捡起那块点心，放到垃圾桶里，又蹒跚地向前走去。

在孩子小的时候，很多父母往往认为孩子太小了，根本不能解决自己遇到的问题。但在我看来，父母应该相信孩子的能力，相信孩子能够自己做好很多事情，只不过他们有时需要指导罢了。

我认为，父母不能让孩子永远躲在大人的身后，应该陪伴和指引孩子一起探索，让孩子学会适应生活，给他们体验生活和锻炼自己能力的机会。只有这样，孩子才会乐于做一些力所能及的事，养成勤劳的好习惯。

有的孩子在学会做很多事情后，会把家务事当成负担，觉得家务事既没有新鲜感也没有学习新东西时的乐趣。当孩子出现这种状况的时候，培养孩子勤劳的艰巨任务就落在了父母的肩头。在帮助孩子养成勤劳的习惯的过程中，父母不能像过去那样什么事都顺着孩子。在这一阶段，父母应该有意识地使孩子认识到做家务的重要性。

当孩子表现出做家务事的厌恶时，父母不应该命令他们怎样去做，这样只能引起孩子的反感。对孩子来说，他们需要的是把道理搞明白，而不是父母向自己发出做这做那的命令。我认为，父母因为孩子不肯做家务而发火或是训斥孩子是十分不妥当的做法，强制孩子做事的结果就是孩子宁可挨训，也不会再去做一丁点的事情。

在维尼夫雷特两三岁的时候，我经常让她到厨房来帮我做一些事，这些事虽然都很简单，但她仍然干得兴趣盎然。因为在劳动的过程中，她找到了一种乐趣，对她来说，这可能是她别出心裁的一种玩法，她在满足自己的好奇心和求知欲。

女儿到了五六岁的时候，反而没有了做家务的热情。有时，她甚至会故意偷懒，不做我给她安排的事。有一天，我看见维尼夫雷特房间里乱糟糟的，她的袜子扔在地上，手绢也很随便地放在桌子上，她却十分悠闲地躺在床上看着一本带插图的书。

"维尼夫雷特，你看看你的房间，我不是告诉过你要把房间收拾好，还要把你的袜子和手绢洗干净吗？"

"知道了，我等一会儿就收拾。"

"我早上就对你说了，怎么还要等一会儿？你不是答应我要收拾干净吗？"

"我要看这本书，我没有时间收拾它们了，等一会儿我叫安娜帮我收拾。"

听女儿说要保姆安娜替她做事，我有点生气了，但还是尽力控制自己不发火。

"不行，维尼夫雷特，你自己的事怎么能让别人替你做呢？这样吧，既然你不想干活，不如听我讲一个故事吧。"

女儿听到我要给她讲故事，立刻就从床上跳了起来。

"从前有一位母亲，她有两个儿子，她非常爱她的儿子，从来都不肯让他们做任何事情，担心把他们累坏了。"

"你看，人家的妈妈多疼自己的孩子啊，哪像你，总是让我干活。"我才开了个头，女儿就打断我。

"先听我说完，别打断我好不好？那两个孩子，哥哥很愿意享受妈妈的关心，什么事都不做，整天在床上睡觉。而弟弟呢？不愿意整天待着，就经常帮妈妈做一些家务。渐渐地，他学会了很多本领，做饭、洗衣，还会自己做一些有用的工具。"

"后来呢？"维尼夫雷特被勾起了兴趣。

"后来，两个孩子都长大了，妈妈也去世了。由于他们是大人了，兄弟俩就分开来过。哥哥呢，还是像小时候一样成天在家里睡觉。弟弟却每天都在外面辛勤劳动，挣了很多的钱，还娶了妻子，过着幸福的生活。"

"有一天，弟弟有事去找哥哥。他发现哥哥还住在以前的旧房子里，老远就闻到一股臭味。弟弟一推开门，你猜他看到了什么？"

"一定是那个哥哥死在床上了。"我话音未落，女儿就回答了我。

"说的真对！你是怎么猜到的？"

"这还用猜吗？那个哥哥那么懒，就知道在家里睡觉，不会自己养活自己，一定会饿死的。"

"那么，你希望以后被饿死吗？"我反问女儿。

"我当然不会了！"说完，女儿就立即开始收拾房间。

我见女儿开始收拾房间，心里非常高兴，嘴上却在逗她。

"维尼夫雷特，你不要干活，躺着多舒服呀！"

"妈妈，我才不会那样傻呢！这些道理我都知道，你不是告诉我：一个人最好的品德就是勤劳。我要做个勤劳的好孩子！"

案例连连看

越变越懒的晴晴

晴晴小的时候，特别懂事，总是想帮妈妈干点家务，妈妈总是怕晴晴干不好或是把自己伤到了。有一次，晴晴看见妈妈在洗碗，赶紧跑过去，拿起一个没洗的碗对妈妈说："妈妈，我帮你洗碗。"妈妈赶紧把碗拿了过去，对晴晴说："不行！你会把碗打碎的！"

妈妈洗好了碗，就去扫地，晴晴见妈妈拿起了一把扫帚，自己也拿起了一把一扫帚，妈妈觉得扫帚没有什么危险，就没有管她。妈妈开始扫地了，她把地上的垃圾刚扫干净，晴晴就学着她的样子又把垃圾扫得到处都是。妈妈生气极了，对晴晴大喊："去去去！不要在这给我捣乱！"晴晴只好放下扫帚。慢慢地，晴晴越变越懒了，成天只知道衣来伸手，饭来张口。

专家解读
孩子的懒惰与家长的教育有关

孩子懒惰，不是取决于遗传因素，而是环境造成的，其中，家长的因素起着决定作用。晴晴小的时候，当她想帮妈妈干活时，妈妈不是怕她做不好，就是怕晴晴给自己添麻烦，结果慢慢养成了晴晴衣来伸手、饭来张口的坏习惯。所以，家长不想让孩子变得懒惰，就应该记住：当孩子做出要种尝试做家务时，只要不是危险的和损害别人利益的就应该鼓励他，并且提供机会让他大胆尝试。

在孩子尝试的过程中，家长不要充当评判者，而是要当一个建议者、鼓励者、参与者、帮助者。这样，孩子每尝试做一件事情时，就会充满自信，干劲十足。时间一长，他很自然地就会成为一个勤快的、积极向上的好孩子了。

教育要点
让孩子变得勤劳表

家长的做法	具体事例
示范在先	如教孩子扫地、洗手帕、洗袜子、穿衣、穿鞋等，先让孩子看大人怎么做，边示范边耐心细致地给他讲解操作要点，然后手把手地教，再逐渐放手让他独立操作。
舍得孩子劳动	例如，孩子第一次洗衣服时，家长不要怕孩子累着或是洗不干净，应该放手让孩子去做。在做其他家务的时候，也可以让孩子做自己的小助手。

家长的做法	具体事例
平时多练习	例如，家长可以利用晚餐后的时间慢慢教孩子做一些孩子力所能及的事情，并试着让他自己来做，熟能生巧。
要求要适当	例如，父母让孩子做家务，应视孩子的能力来做，不宜超过孩子的能力，以免孩子因挫折而产生抗拒和畏惧感。
积极鼓励	孩子每做好一件事，应及时给予肯定和鼓励。如，拥抱一下或说声"谢谢"或"干得不错"都可以使孩子感到高兴和自豪，体验劳动的愉快，激起再劳动的欲望。
注意安全	例如，父母教孩子自己拿水壶或是其他的危险物品时，应教会孩子正确的使用方法和动作，以确保安全。

孩子学会合理安排生活很重要

很多父母在自己独身的时候，很有时间观念，把自己的生活安排得井井有条。成家后，尤其是在有了孩子之后，反而没有了头绪。在他们看来，家庭成员一多，时间就显得不够了，整天忙乱不堪，根本不能成为一个有条理的人。

在我看来，一个毫无条理的家长是很难让孩子形成时间观念的。父母一会儿要求孩子这样，一会儿要求孩子那样；一会儿告诉孩子必须按时进餐，一会又说饿了就可以去吃，朝令夕改，孩子根本就无所适从。

因为父母没有时间观念，孩子也会变得松懈起来，见了好吃的东西拿起来就吃，不喜欢的书随意撕毁，长此以往，孩子也会逐渐发展到对什么都无所谓的，随心所欲，这样的孩子是不可能养成良好的生活习惯的。

我认为，父母从孩子小时候起就应该声明，孩子同样有尊重父母的权利。父母必须从小就告诉孩子，哪些东西不能动，因为对爸爸很重要；哪些东西是不能随便拿的，因为是妈妈的东西。并要告诉孩子，如果弄坏了将会有什么后果，弄脏或弄乱了又将有什么后果。

　　我知道，只有父母能够坚持不懈地保持良好的习惯，孩子才有信心坚持下去。正是因为这样，我和丈夫都拿出了足够的耐心对女儿进行教育，让女儿养成良好的习惯。哪怕在一些很小的事上，比如饭前洗手、和爸爸妈妈道晚安等，我和丈夫都会耐心地对女儿进行教育。

　　每当小维尼夫雷特刚学会一种好习惯，她都会兴奋得手舞足蹈。但过去一段时间之后，她那股新鲜劲儿就没有了，就不想再坚持了。每当这个时候，我总是会教女儿学着坚持每一个好习惯。因为，我要让她明白好习惯不是学会就算完的，好习惯是需要坚持下去的。维尼夫雷特有时也明白这个道理，但她有时候太调皮了，明明知道我希望她保持这个良好的习惯，可她还是会尝试一下，看看自己不遵守又会有什么样的结果。

　　我记得有一次，维尼夫雷特在房间里坐立不安，显得非常焦急。看到她这个样子，我只好走过去，看看究竟是怎么回事。

　　"维尼夫雷特，你怎么了？"我问道。

　　"唉，真烦人，我的事情简直太多了，我都不知道该怎么办才好。"

　　"哪些事情让你烦恼呢？"

　　"你看，我要学语言，还要做数学题，过一会儿还要练琴。我的时间根本就不够用呢。"

　　"我记得你在房间里学习很长时间了，怎么功课还没做完？"

　　"我也不知道，我在这儿做了很久了，可是什么也没有做完。"

　　"为什么呢？"

　　"我学了一会儿语言，又想到还要去做数学题了，一想到如果我会做数学题了，语言课该怎么办呢？"

　　听到女儿的话，我知道女儿一定是把学习的程序搞乱了，导致做起事来没有头绪，心情也因此受到了影响。当心情烦躁的时候，人根本不可能做好任何事情。

　　"维尼夫雷特，我觉得你应该先休息一下。然后把做每件事的时间都仔细安排一下，想一想哪些先做，哪些后做，给自己制订一个计划，这样可能会好一些。"

　　听了我的话，女儿若有所思，最后她采纳了我的意见，休息了一会儿，并按我的提议对自己的功课做了详细的安排。没多久，女儿的功课就做完了，她开始高高兴兴地练起琴来。

女儿练完琴后，我问她："有什么感觉，现在还烦吗？"

"妈妈，真是奇怪，我现在已经好多了。我把功课作了安排后，没用多久就做完了。"

"当然了。维尼夫雷特，今天的事给了你一个经验：无论做什么事情，无论是在学习上还是在生活上，都应该有一个合理的安排。你要记住，有计划地工作才会有好的成绩，有规律地生活才会幸福。"

我认为，让孩子学会合理地安排生活节奏，学会制订计划，对孩子的成长是非常重要的。孩子只有明白了这个道理，知道了自己该做什么，不该做什么，才能渐渐地形成一种良好的生活习惯。

案例连连看

散漫的迪迪

迪迪从小跟着爷爷奶奶在农村长大，适应了慢节奏的生活，做事没有头绪，而且也没有时间观念，往往是想到什么就做什么，没有一个完整的计划。妈妈决定从小事着手，培养迪迪的时间观念。

周末的时候，妈妈带迪迪去图书馆看书，迪迪特别喜欢看科幻类图书。到中午的时候，迪迪选好的书只看了一点，他心里懊恼极了。在妈妈的帮助下，直到下午才看完。

整个暑假中，妈妈每天陪迪迪看书，让他集中精力做这一件事。就这样，每天看完一本书所用的时间越来越短。暑假过后，散漫的迪迪就成了一个注意力集中的孩子了。

专家解读

让孩子合理安排时间

合理安排时间，既能反映出孩子的学习和生活态度，也可以使孩子赢得更多的时间来学习。迪迪刚开始看书时，没有时间观念，但在妈妈的启发下，他建立了时间观念，合理地安排了看书的时间，这样不仅节约了时间，还增长了更多的知识。

作为家长，我们在教孩子合理安排时间的时候，一定要以适合孩子的实际情况为前提。如果在执行的过程中，发现了问题，就要及时调整，千万不要把时间安排得太死，要宽松一些，让孩子可以根据实际情况做适当的调节。

教育要点

让孩子合理安排时间表

步　骤	具 体 方 法
建立时间观念	当孩子做事磨磨蹭蹭的时候，告诉孩子不能按时完成的后果，让孩子意识到按时完成的重要性。 父母还可以给孩子讲名人珍惜时间的故事，让孩子认识到时间是最宝贵的财富，还可以在醒目的地方贴上有关珍惜时间的名言警句，提醒孩子树立时间观念。 父母可以送给孩子闹钟，当孩子有重要的事情要做的时候，就让孩子自己定好闹钟，这样就会有紧张气氛，时间观念也会形成。
制订作息时间表	父母可以和孩子一起制订一个作息时间表，最好内容具体到细节，逐渐让孩子将作息时间固定下来，才能明确地认识时间，养成良好的作息规律。 一向对时间缺乏概念的孩子做出了按时作息的事情时，父母不要吝啬奖励，因为赞赏和表扬可以激发起孩子更大的积极性。

正确地对待孩子的不良行为

在孩子的成长的过程，由于孩子年龄太小，总是不太懂事，会有各种各样的坏习惯，甚至还会有一些不良行为。当父母发现孩子的这些不良行为后，总是被气愤占据了头脑，对孩子不是责骂就是惩罚，我认为这是一种十分不妥当的做法。

在我看来，当孩子出现不良行为的时候，父母应多注意自己的教育方式，对事不对人，无论在什么情况下都不能伤害了孩子的自尊心。

维尼夫雷特 5 岁的时候，非常调皮。有一次，我发现她在没有得到别人允许的情况下擅自拿了别人的东西。我并不认为这是"偷"，因为女儿当时年龄太小了，根本就不知道什么是偷，更不明白这种行为有多恶劣。

那天，我和女儿一起出去买东西，快要到家的时候，我发现女儿的手上居然拿着一个苹果。当时，我感到有些奇怪，因为我根本就没有给她买苹果。她的苹果到底是从哪来的呢？我仔细地回忆了这次购物的情景，猛地记起，我们曾在路上的一家水果店里停留过，我突然意识到可能是小维尼夫雷特在我们都不注意的时候拿了这个苹果。

这件事让我深感震惊，我没有想到女儿会这样做，但是我并没有立即指责她。我坐下来耐心地询问她这个苹果是怎么来的。维尼夫雷特并没有隐瞒，老老实实地把真实的情况告诉了我。原来，在路过水果店的时候，维尼夫雷特看见那个苹果很好看，她想它一定很好吃，所以就把它拿了回来。

吃过晚饭后，家里只剩下了我和维尼夫雷特，我把她叫到了我的书房，把女儿抱在膝上，尽力用一种柔和的眼光看着女儿。

"维尼夫雷特，你今天从水果店里拿那个苹果的时候付钱了吗？"我问。

"没有。"女儿说。

"维尼夫雷特，你知道吗？妈妈今天带你出去买东西，每样东西都是付了钱才可以拿回家的。你知道我为什么要这样做吗？"

女儿摇摇头，不知该怎样回答。

"拿了别人的东西付了钱，叫买；不付钱，就叫偷。买东西是正常的，而偷东西是邪恶的。"我耐心地向女儿解释。

"可是我不明白，水果店里有那么多苹果，拿一个有什么关系呢？那位先生以前还给过我水果吃呢！"女儿还是不明白。

我继续耐心地开导她。"水果店里当然有很多水果，水果店的老板必须靠这些水果谋生，我们想吃水果就必须要用钱买。维尼夫雷特，你要知道，他必须把水果换成钱才能维持生活，如果他的水果都被别人不付钱就拿走了，他要怎样生存呢？所以，不付钱就拿别人的东西是错误的。那位先生有时候送给你一个水果吃，是因为他看你是个孩子，那是他送给你的礼物，你可以接受。但是，这并不表示你可以随便拿水果店的苹果。再说，那位先生对你那么好，你就更不应该乱拿他的东西了。"

在我的解释下，维尼夫雷特渐渐明白了我讲的道理，并承认了自己的错误，保证以后再也不做这样的事。

每天晚上睡觉之前，我都要给女儿讲故事，那天晚上，为了让她更深刻地理解这个道理，就给她讲了一个与随便拿别人东西有关的故事。

"从前有一个小男孩，他从小就有一个偷东西的坏习惯。有一天，他趁邻居不注意，就偷了人家一个鸡蛋，还把鸡蛋拿回家给了他的妈妈。他的妈妈不但没有责怪他，反而还夸他能干，小男孩高兴极了。

"在妈妈这样的纵容下，小男孩变得越来越坏，不仅偷一些小东西，还开始偷一些十分值钱的东西，每一次偷了东西回家都会得到妈妈的夸奖。就这样，这个小男孩慢慢地长大了，他成了一个凶残的强盗。

"终于有一天，他被警察抓住了。在上绞架之前，他要求和妈妈说句话，当妈妈把耳朵凑到他的嘴边时，他一下子就咬下了妈妈的耳朵。

"母亲痛哭着说：'你为什么这样对待我，我对你那么好。'

"'我第一次偷东西的时候，如果你就教训我，我就不会落到今天这个下场了。'强盗说。"

听完这个故事，维尼夫雷特流着眼泪，紧紧地抱住我说："妈妈，我爱你，你帮我改正了错误，使我没有变成一个坏蛋……我知道自己做错了事情……我是个小偷。"

见女儿如此难过，我安慰她说："不，我的宝贝，你不是小偷，因为你根本不知道拿别人的苹果是不对的。我相信，今天我给你讲了这个道理和这些故事，你以后一定不会再那么做了。"

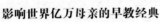 案例连连看

谁打碎了花盆

今天，妈妈带丹丹去花园玩，丹丹开心极了。在花园里，丹丹遇到了好朋友明明，他们在一起玩捉迷藏的游戏。丹丹在躲藏的时候，不小心碰倒了花园的花盆，她害怕极了，眼巴巴地望着妈妈。妈妈不仅没有责备丹丹，还悄悄地对丹丹说："别说是你打碎的。"

不一会儿，花园的管理人员来了，管理人员问丹丹说："是谁打碎了花盆？要罚款的！""不是我打碎的。"丹丹看看妈妈没说话，马上矢口否认。"那是谁打碎的？只有你俩在这儿玩。"管理人员接着问明明，明明刚想说话，丹丹马上指着明明说："是他打碎的，我看见了。"明明听到后，也不示弱，"你撒谎！你是个坏孩子！"听到有人说自己是坏孩子，丹丹委屈地哭了起来。

专家解读

正确看待孩子的不良行为

在孩子的成长过程中，往往会出现一些不良行为。如第一次撒谎，第一次发脾气，第一次拿别人的东西等，这些倾向往往与父母的教育有关。当丹丹打碎花盆后，妈妈不仅没有马上指出孩子的错误，帮孩子改正，反而教丹丹说谎。在妈妈的教育下，丹丹根本不知道说谎的严重后果，并学会了推卸责任，把错误推给明明。

作为家长，当我们发现孩子的第一次不良行为时，就应该十分重视，采取正确的教育方法，查明原因，讲清道理，正面引导，把孩子的不良行为消除在萌芽状态，以免养成不良习惯。在纠正孩子不良行为的过程中，家长千万不要采用迁就或者简单粗暴的方法，否则不仅不能收到良好的教育效果，反而会使孩子的不良行为得到强化。

教育要点

应对孩子的不良行为表

注意事项	具体内容
避免随意	有的家长凭着自己的喜怒随意批评孩子，家长的这种做法，往往使孩子很迷惑。这时的批评不仅不起作用，反而会模糊了孩子的是非观念。
及时客观	批评孩子要及时，该批评时立即批评，不要说"等你爸爸(妈妈)回来时，让他教训你"之类的话延误时机。有些家长批评孩子时，喜欢数落孩子过去的毛病，这样会使孩子认为你一直在搜集他的缺点，引起反感。
实事求是	孩子出现不良行为后，家长批评孩子应实事求是，公正合理，允许孩子陈述辩白，孩子辩白之后，家长应告诉孩子什么地方做错了，为什么批评他，他的错误有什么危害，错误的严重程度如何等等。

注意事项	具体内容
场地合适	孩子最怕在别人面前出丑，如果当着众人的面斥责孩子，结果一定适得其反。家长最好选择在没有他人在场时，个别地进行，而且批评的声音越小，孩子越容易听进去。
言语文明	家长在批评孩子时要谨慎小心，用文明的语言。家长批评时表情可以严肃，语气可以坚决，但千万不要说"你真笨！""别人都会，就你不会。"之类的话，这些话只会让孩子更悲观，产生自卑感，不利于他们改正错误。
引导改正	批评的重点不应放在"错误"上，而是应引导孩子对错误行为进行补救。另外，家长必须把改正方法说明，要说"做什么"，少说"别做什么"。

有意识地培养孩子的爱心

维尼夫雷特之所以能得到别人的欣赏和喜爱，其中一个主要的原因就是她是一个懂得关心别人的孩子。在女儿很小的时候，我就常常告诉她，没有爱心和同情心的人，永远不会得到别人的尊敬和喜爱。

不仅如此，我还告诉她，很多事情都是相对的，你对别人好，别人才会对你好。如果一个人只关心自己，不关心别人，那么他就不会得到别人的关心。维尼夫雷特从懂事起就明白了这个道理，并认识到对一个人来说爱心有多么重要。

有一次，我从外面回来，刚进门就看见一幕我不想看到的画面：维尼夫雷特正和邻家的孩子吉姆用石头打一条从屋子旁经过的小狗，小狗被石头打中后发出了凄惨的叫声。看到两个孩子这样，我赶紧走过去制止了他们的行为，并问他们："孩子们，你们为什么要打那条小狗？"

"我觉得它长得太难看了，一点也不可爱……"吉姆说。

"我怕它咬我，所以想把它打走……我想它再也不敢来了！"维尼夫雷特指着小狗跑掉的方向说。

"那么，小狗咬你了吗？"我问女儿。

"当然没有。我只是担心它咬我……但是它从院子外边过的时候看了我一眼……"女儿说。

"维尼夫雷特，它不过是在院子外面，并没有走进来，怎么会咬你呢？在我看来，那条狗那么小，它怕你们还来不及呢，怎么还敢过来咬你呢？"我说。

"可是它太难看了……"吉姆说。

"我觉得你才难看呢，你看看你，满脸都是灰，衣服还那么脏。"我这么一说，吉姆看了看自己身上的衣服，不好意思地笑了。

"吉姆，那条小狗可能因为没有家，才会那么脏，你不但不帮助它，还去欺负它，你觉得这样做对吗？还有你，维尼夫雷特，你那样打它，它不咬你才怪呢。你想想看，要是有人那样打你，你会怎么办呢？"

听了我的话，两个人都无话可说，都不好意思地低下了头。

第二天，我就给维尼夫雷特买了一只特别可爱的小白猫。它一身雪白，只有脑门上有一小块黑色，女儿喜欢得不得了，经常抱着它走来走去。当然，我买这只小猫，不仅仅是为了让女儿玩，我主要是以此来培养她的爱心。

有一次，这只白色的小猫不小心摔伤了腿，维尼夫雷特看到后急得哭了起来，并要我去给小猫找医生。等到医生到了我们家后，小维尼夫雷特就像她生病时我所做的那样，不断地向医生介绍小猫的伤情，一副特别关切的样子。

"我从来没见过像你这么有爱心的孩子。很多孩子都喜欢欺负小动物，可你却对小动物那么关心，真是太难得了。"医生不住地夸奖女儿。

其实只有我知道，女儿不久前还和那些孩子一样欺负小动物，但自从那次打了小狗之后，维尼夫雷特再也没有欺负过小动物。我想这跟我的引导是有很大的关系的，要知道，为了培养女儿的爱心，我可费了不少心思呢。

在我的教育下，维尼夫雷特不仅不再欺负小动物，就连小花小草都不会随便践踏，用她的话说"它们都是有生命的，需要别人去爱护"。

❀ 案例连连看

让　座

乐乐今年3岁了，是个特别有爱心的小朋友。他经常帮年迈的爷爷拿眼镜，爷爷也常常夸奖乐乐"真是好孩子，能帮助大人做事情了"！每次乐乐听到爷爷的夸奖都开心得不行。

有一次，妈妈和乐乐一起坐公交车，一个年轻的叔叔见乐乐上车，马上给乐乐让座，妈妈马上对乐乐说："看叔叔多有爱心啊！快谢谢叔叔。"乐乐听了之后，马上向叔叔道谢。这时又上来了一位比乐乐小的孩子，乐乐看到后，马上把自己的座位让给了他。妈妈抚摩着乐乐的头夸奖说："乐乐也有爱心，乐乐懂事了。"乐乐别提多高兴了。

专家解读

抓住培养孩子爱心的关键期

婴幼儿期是人各种心理品质形成的关键时期，爱心的形成也是在婴幼儿时期开始的。因此培养孩子的爱心，要从孩子很小的时候抓起。乐乐之所以特别有爱心，与家人多次的提醒是有很大关系的，在家长的夸奖下，乐乐遇到类似的情况时，就会主动地关心他人，为他人提供力所能及的服务，并为自己帮助了他人而感到快乐。

作为家长，我们一定要抓住培养孩子爱心的关键时期，在孩子出现帮助他人的行为时，无论是有意的还是无意的都要加以引导，多夸奖，多表扬。父母要做孩子爱心的发现者和讲解员，及时进行爱的传递，让爱从小在孩子心中萌芽，成长。

教育要点

培养孩子的爱心表

父母的做法	具体内容
父母要富有爱心	父母平时就要注意自己的言行举止，做到孝敬老人、关心孩子、乐于助人等，让孩子觉得父母是富有爱心的人，自己也要做一个富有爱心的人。
教孩子学会移情能力	所谓移情能力是指能设身处地地为他人着想、感受他人情感的能力。比如当看到别人生病疼痛时，要让孩子结合自己的疼痛经验感受并体谅他人的痛苦，为他人提供帮助。

父母的做法	具体内容
为孩子提供奉献爱心的机会	许多父母只知道一味地疼爱孩子，却忽略了给孩子提供奉献爱心的机会。如果让孩子只是接受爱，他们就丧失了施爱的能力，只知道索取，不知道给予，并且觉得父母关心他是理所当然的。
保护好孩子的爱心	有时候父母由于工作忙或其他原因，对孩子表现出来的爱心视而不见，有时甚至训斥一番，把孩子的爱心扼杀在其中。比如有个小女孩为刚下班的妈妈倒了一杯茶，妈妈却着急地说："去去去，快去写作业，谁用你倒茶。"

第十一章

宝贝，你一定能行

我为女儿感到骄傲

我相信，很多家长都明白，自信心无论是对一个人的智力、体力，还是处世能力都起着决定性的作用。如果一个人缺乏自信，也就缺乏发展各种能力的积极性。要知道，积极性对一个人的各项感官功能和综合能力的发挥都起着决定性的作用。

有位教育专家曾经做过这样一个试验：把一个差生班的学生当作优秀生班的学生来对待，而把优秀生班的学生当作差生班的学生来教。一段时间后，这位教育家发现，原来成绩相差很远的两班学生，在测验中的成绩基本相当。出现这种结果的原因就是：教差生班的老师以为自己教的是一个优秀生班，对差生班的学生给予了鼓励，极大地提高了他们的学习积极性；而教优秀生班的学生以为自己教的是差生班，对学生充满了不信任，使优秀生班的学生自信心受挫，打击了他们的学习积极性，导致了成绩的下降。

自信心就像能力的催化剂，能将人的一切潜能调动起来，并把各种功能提升到最佳状态。而这些高水平的发挥经过不断重复就会巩固成人的本能的一部分，使人的能力达到一个新的高度。在很多伟人的身上，我们经常会看到这种超凡的自信心，正是有了这种自信心的驱使，他们才敢对自己提出更高的要求，哪怕失败了，也毫不畏惧，依旧激励自己不断努力，直到最后取得成功。

正是因为如此，我认为，培养孩子的自信心必须从小开始。孩子们需要一定的成长空间去试验自己的能力，去学会如何应付危险。作为父母，我们不要以爱为理由溺爱孩子，更不要替孩子做任何他能做的事。如果父母做得过多，孩子就失去了发展自己能力的机会，也就失去了树立自信心的机会。

在教育维尼夫雷特的过程中，我也像大多数父母一样，在这方面出现了严重的失误。因为维尼夫雷特是个女孩，我总是怕她受到伤害，总是想尽一个母亲的全力去保护她，为她做一些她自己本来就能做的事。我以为这是爱她，丝毫没意识到这是在害她，直到在一次旅行途中我看到了一个女孩的表现，才幡然醒悟。

那一次，我和维尼夫雷特去加勒比海度假。上船安顿好之后，我们就扶在船舷边向给我们送行的朋友们挥手告别。乘客们还在陆续上船，大家都背着旅行袋，各个兴致勃勃，散发着健康的活力。

在这些乘客里，有一家人吸引了我的视线。那是一对夫妇带着4个中学生模样的孩子，4个孩子当中有个女孩的腿是瘸的，而且瘸得很厉害。他们之所以引起我的注意并不是因为这个女孩的残疾，而是这个女孩背上那个硕大的旅行包。我很奇怪女孩的一家人都在，却没有人过去帮她。

我当时不禁为这个女孩感到委屈，他们怎么能这样残酷无情地对待一个身有残疾的人呢。我的同情心高涨，要不是碍于她的父母在旁边，很可能冲过去帮忙了。维尼夫雷特也注意到了那个女孩，她满怀同情地拉住我的衣角求我说："妈妈，你看那位姐姐多可怜呀！我们去帮帮她，好吗？"

我确实很想过去帮他，但女孩那自信的神情阻止了我。尽管她背着一个大背包，走起路来一瘸一拐很吃力，但她脸上带着愉快的微笑，丝毫没有埋怨与沮丧。她满怀自信地走在最前头，还不时兴奋地回过头去招呼身后打闹的三个兄弟，俨然一副有威信的大姐模样。

我对维尼夫雷特说："维尼夫雷特，你是个好孩子，好孩子应该有同情心。不过你看，那位姐姐并不需要我们帮忙。"

这件事给了我很大的启发，我发现一个家庭的可贵并不是过分地呵护孩子，而是培养孩子独立生活的能力。因为给孩子过多的照顾不仅会使孩子失去锻炼和进步的机会，还会使孩子因为缺乏能力，而失去信心。对于一个有残疾的孩子来说，假如家庭给予她太多的特殊照顾，这样虽然满足了家人对她的不幸进行补偿的愿望，但是对她漫长的人生来说可能就是害了她。如果是这样的话，那么这个女孩还会有那样自信的笑容吗？

通过这件事，我开始反思，因为和那个家庭相比，我实在是太不重视维尼夫雷特自信心的培养了。想到这里，我感到十分害怕，我害怕由于我的这个失误，而毁了女儿的一生。

在后来的海上旅行中，我发现那个女孩的一家确实在这方面做得很好。尽管那女孩行动不便，但她不仅能做好自己所有的事情，还能管好她的三个弟弟。每当有乘客试图帮助她时，她的父母就会很礼貌地阻止，如果父母不在身边，她自己也会谢绝别人的帮助。

在船上，我发现那个女孩是最有活力的孩子，她根本没把自己当成残疾人，她完全像个正常的孩子一样，在船上走来走去，为自己和家人办理所有的事务。

看到女孩这样优秀，我特地去找她的父母做了一次谈话。他们告诉我："一个有残疾的孩子，由于身体有缺陷，很容易产生自怜心理，对自己的未来充满恐惧。如果家人再对她特别照顾，只会使她的这些感觉更强烈，对自己更没有信心。如果孩子带着这种心态长大，他们的心理也变得残疾，心理残疾同样是难以痊愈的。正是因为明白了这个道理，我们才放手让女儿自己照顾自己。因为我们都不可能陪她一辈子，我们不希望将来女儿离开了我们之后不能自立。现在，看到她已经变成了这么能干的孩子，我们都为她感到骄傲。"

听了他们的话，我意识到大人对孩子的特别关怀反而会对孩子的成长造成很大的危害。作为明智的父母，我们应该让孩子根据自己的条件，尽量地发展自己的能力，树立强烈的自信心，让自信心和能力相互提携，齐头并进。

和女孩的父母谈话后，我决定不再谨小慎微地呵护女儿，放手让她去做自己能做的事。不仅如此，只要她能做到，我还让她帮我做各种家务和处理外面的事务。

由于维尼夫雷特已经习惯了我们的帮助，每天早上，维尼夫雷特依旧会躺在床上，等着我来帮她穿衣服，我告诉她，必须自己穿，否则就一直躺在床上好了。我还让她自己系鞋带，她总也系不好，于是就撒着娇让我帮她。我没有过去帮她，而是告诉她不穿好鞋子就别想出去玩。

那段时间，维尼夫雷特过得很不好，很多事她都做不好，她开始对自己失去了信心。我心里十分自责，因为是我的失误造成女儿如今这样艰难。可是，我更加坚定了培养维尼夫雷特独立生活能力的决心。

每当女儿因为缺乏自信而哭着不肯做事的时候，我就用那个残疾女孩的事来鼓励她说："维尼夫雷特，你要有信心，你想想看，我们在船上遇到的小姐姐那么能干，难道你不想和她一样能干吗？"

"想是想，可是我觉得我太笨了！"维尼夫雷特哭着说。

"不，维尼夫雷特，你怎么会笨呢？那个小姐姐腿有毛病都能把事情做好，你也一定能做好。只要你有信心，肯努力，就一定会做好的。"

"我真能做好吗？"维尼夫雷特还是有点怀疑。

"当然，妈妈相信你！别动不动就哭，你见过小姐姐哭吗？"

"没有，她总是笑。"

"对呀，你也要像她那样自信才好。"

"妈妈你说得对，小姐姐的腿有病还那么能干，我一定也能像她那样把事情做好。"维尼夫雷特听了我的话，停止了哭泣。

克服了这些困难后，维尼夫雷特逐渐养成了独立做事的好习惯，不再动不动就要别人帮忙了。看到自己能把许多事情做好，维尼夫雷特变得越来越自信，甚至主动要求帮我干家务了。

就这样，维尼夫雷特到了五六岁的时候，不仅能自己照顾自己，还能在一些场合主动照顾比她小的孩子了。我终于可以像那个残疾女孩的父母一样自豪地对亲友说："我为我的女儿感到骄傲。"

案例连连看

闷闷不乐的莎莎

莎莎上幼儿园了，可是她每天回家都闷闷不乐的。妈妈有些担心，于是去询问老师莎莎最近发生什么事情。老师告诉莎莎妈妈，莎莎平时在幼儿园表现都很好，但就是比较胆怯，遇到一点儿困难就退缩。

有一次，幼儿园的小朋友们一起玩捉迷藏的游戏，刚开始的时候，老师让莎莎来找小朋友，由于莎莎从来没有玩过捉迷藏的游戏，她找了好长时间都没有找到一个小朋友，小朋友们都等烦了，只好自己出来了。第二次，该莎莎藏起来了，她根本不知道自己藏在哪里，等小朋友睁开眼睛的时候，莎莎还没有藏好，小朋友一下子就抓住了莎莎。莎莎见自己一下子就被抓了，说什么也不肯再玩了。

🌿 专家解读

抓住培养孩子自信的重要时期

现在不少父母存在一个共同的苦恼，就是孩子缺乏自信心。自信心是孩子成功的前提条件，一个缺乏自信、充满自卑的孩子，即使脑子很聪明，反应灵敏，但在生活中稍遇困难和挫折就会发生问题。莎莎正是因为缺乏这种自信，才会遇到一点困难就退缩。

幼儿阶段是孩子形成自信的重要时期，作为家长，我们一定要正确把握，创设良好的机会和条件让孩子去尝试和发现，并赏识孩子的点滴进步，发现孩子身上的闪光点，及时表扬，充分肯定，让孩子体验到成功的喜悦，产生积极愉快的情绪体验，树立强大的自信心。

🌿 教育要点

建立孩子自信的五大指导观念表

指导观念	具体内容
正确引导	不要总是对孩子说不要怎样做，要多说你怎样做，让孩子朝着你引导的积极方向去努力。
及时纠正	当孩子因为自己某方面的缺陷对自己失去信心时，一定要及时纠正他的这种错误观念。例如，孩子学不会某项技术时，孩子有可能会认为自己很笨。你可以告诉他"其实你很聪明！只要你努力，就一定会成功"。
营造氛围	如果父母经常争吵或是经常打骂孩子的话，孩子就会缺乏安全感，对自己失去信心。我们应该让家成为孩子的避风港，时刻注意孩子的情感变化，营造一个好的家庭氛围。

指导观念	具体内容
真情流露	孩子伤心或是不自信时，你可以将孩子抱在怀里告诉他，他很棒，你一直为他感到骄傲，要经常地、诚恳地给予他表扬。
鼓励赞扬	不仅在孩子做得好的时候要表扬，而且在孩子做出努力后，即使达不到预期的目标，也要多进行鼓励。

鼓励孩子做自己能做的事

从对维尼夫雷特的教育中，我发现，帮孩子们做他们能做的事，会使他们丧失自信与勇气，并使他们感到恐惧，没有安全感。

我认为，正是因为父母们无私的包办行为，才剥夺了孩子发展自身能力的权利。我希望年轻的父母们一定要注意：孩子们自己能做的事，就让他们自己去做，千万不要事事都替他们去做。这是一个很重要的原则，必须要反复强调。

我之所以反复强调这个原则，是因为这个错误是父母们常犯的，父母对孩子深深的爱往往会超越理智，照顾孩子的愿望压倒了一切。我的老同学哈里森太太的丈夫因意外事故去世了。由于他们住在东海岸，与我相距很远，两年后我才得到了这个消息。我愧疚极了，决定立即出发去看望她。

见到哈里森太太之后，我发现，哈里森太太虽然表面已经从丧夫的悲痛中挣扎出来，但实际上并非如此。在我看来，她只是把那份感情转移到了儿子大卫身上，她太溺爱大卫了。

现在，大卫已经4岁了，还是什么也不会干，喂饭，穿衣，穿鞋都要妈妈代劳。为了不让儿子出意外，哈里森太太几乎寸步不离地守着大卫，到哪里去都要带着他。为了确保大卫的安全，哈里森甚至还禁止大卫到院子外面去玩。在这样的教育下，大卫变成了一个无能、孤僻的孩子。我刚到他家时，大卫甚至连话都不敢跟我说。

看到哈里森太太对待孩子的方式，我几乎忍无可忍，我花了几天时间说服她把大卫送到幼儿园去。我想如果大卫离开妈妈，到一个比较正常的环境去，一定会变得好点。在我的劝说下，哈里森太太总算答应了送大卫去幼儿园。

大卫只去了幼儿园两天，幼儿园的老师就把我们叫去谈话了。老师对我们说，大卫自己不会吃饭，自己不会穿衣，不会扣扣子，不会穿鞋，而同龄的孩子都能把这些事做得很好。和那些孩子相比，大卫总是会手忙脚乱，什么都做不好。老师建议哈里森太太让大卫自己学习做这些事，因为当幼儿园的老师教大卫这些基本技能时，大卫说什么也不肯做，只是闹着要妈妈。没想到哈里森太太断然拒绝了老师的要求，她竟然说"我的大卫就是我的一切，我宁愿为他做更多的牺牲"。

大卫开始吵着不去幼儿园了，尽管我劝了哈里森太太很长时间，她还是把他接回了家，让他继续像过去那样生活。

其实，在我们的生活中，这样的母亲比比皆是，母亲的这种自我牺牲精神也往往为人称道。但是，值得我们考虑的是，在赞美母亲的奉献精神的同时，是否想过这样做对孩子的成长会有什么危害？

事实上，在母亲如此溺爱的环境长大的孩子是很难有什么成就的。因为母亲对孩子的溺爱让孩子没有机会去学习怎样照顾自己的生活，导致他们对自己缺乏自信，认为自己什么也做不了，只能依赖妈妈。在我看来，如果一个孩子从小就如此缺乏自信，将来是很难成为一个敢于探索的人。哈里森太太的关怀虽然使大卫感到满足、有安全感，但是，一旦妈妈不再这样对待他，他就可能心生怨恨，而这一天迟早都会来的。

我认为，一个真正懂得爱孩子的母亲，关心的应该是孩子将来是否能独立应付外面的世界。而要想使孩子能成功地走向外面的世界，就必须从小培养他们的自立与自信。如果我们像哈里森太太一样包办孩子的一切，是不可能达到这个目的的。因为在这样的状态下长大的青年，内心一定会充满畏缩，毫无勇气。

为了使哈里森太太有更为直观的认识，我还邀请她带大卫和我们一起到我姐姐的别墅去度假。当她看到与大卫同岁的维尼夫雷特什么事都会做时感到非常惊讶。后来，她把维尼夫雷特的自信独立与大卫的畏缩无能作了对比，哈里森太太逐渐明白了哪种教育方法对孩子更好。

一天下午，我们带着大卫、维尼夫雷特和我姐姐的孩子们去海边游泳。到了海边，大卫根本不敢下水，只是在沙滩上坐着。维尼夫雷特和6岁的阿丽森很熟练地穿上了泳衣，准备下水，但3岁的艾伦却噘着小嘴站在那里生闷气。

“艾伦，快点换上游泳裤。”他妈妈催促道。

艾伦的父亲和别的孩子已经下水了，但艾伦还是站在那儿无动于衷。

“艾伦，爸爸已经下水了，你还站在那儿发什么呆啊，快穿上游泳裤。”

“我不会穿。”艾伦理直气壮地说。

“过来宝贝，我帮你穿。”他妈妈只好这样说。

“你瞧我弟弟有多笨。”阿丽森看到艾伦的表现后，笑着对维尼夫雷特说。

看到这里，我赶紧上去拦住姐姐，让她别为艾伦穿游泳裤。艾伦之所以这样做是因为作为家里最小的孩子，他知道自己不穿泳裤可以获得妈妈的额外关注。而阿丽森也愿意妈妈这样做，是因为她可以在父母面前表明自己比弟弟能干。我姐姐显然没有意识到她的行为对两个孩子的意义。

由于我早就跟姐姐谈过这个问题，她也意识到了艾伦是可以自己穿上游泳裤的，现在她必须给艾伦让出发展的空间来。艾伦过来后，我姐姐并没有替他穿游泳裤，而是在一旁指导示范，她不再催他“快点快点”，而是从容地说：“你自己能穿上的，慢慢来。别忘了你已经是个大孩子了。”

起初，艾伦还坚持说他自己穿不上。我姐姐继续鼓励他：“你肯定能自己穿上。妈妈闭上眼睛数十下，看你能不能穿好。”

艾伦仍然坚持要妈妈帮他穿，由于没有信心，又看到别的孩子在海里玩得高兴，他却不能过去玩，忍不住哭了起来，不肯再做任何努力。平时他这一招总是最管用的，可今天不行了，我早就把姐姐拉到海滩上晒太阳去了，如果他不自己穿，没有人会给他穿游泳裤的。

艾伦发现没有人同情他的“不幸”后，最终改变了主意，开始试着靠自己来解决那个难题。过了一会儿，艾伦终于自己穿上了游泳裤，走出来和大家一起开心地玩了起来。

哈里森太太把这一切都看在眼里，她终于认识到该怎样对待孩子了，并且开始改变自己错误的教育方式。那天晚上，孩子们由于玩了一天都早早上床睡觉去了，只有大卫不肯睡觉，在桌边磨蹭。

"妈妈，我想要你和我一起睡觉。"他小声地对妈妈说。

如果是以前哈里森太太一定会放下一切来满足儿子的要求。但是这一次，她平静地对儿子说："你自己先去睡吧，妈妈还要和叔叔阿姨聊聊天。"

"我害怕。"大卫不肯自己去睡。

"别害怕，妈妈就在这儿。"

"妈妈，我不敢自己睡，你和我一起睡嘛。我怕黑，而且妖怪会把我抓走的。"大卫开始撒娇。

"根本没有什么妖怪，你已经是个大孩子了，以后都要一个人睡。别害怕，上帝会保佑好孩子的。"在我们鼓励的注视下，哈里森太太耐心而温柔地说。

看到妈妈不再纵容自己，大卫开始闹了，他跺着脚大哭，还在地上打滚，但哈里森太太只是看了看他，就不再管他。大卫闹了一会儿，发现没有人理睬他，他也确实非常困了，只好爬起来自己去睡觉。

从那之后，哈里森太太就改变了对儿子的态度，因为她懂得了该怎样培养孩子。过去大卫说什么妈妈都照办，现在哈里森太太开始反省自己的行为了，她尽量让大卫学会独立。才几天，大卫就发现他已经不能用发脾气的方式指挥妈妈了，最后，大卫自己在独立之路上迈出了第一步，哈里森太太用正确的教育方法，帮儿子学会了独立。

几年后，我又见到了大卫，他已经长成一个坚强的大孩子了，不仅能照顾自己，还能照料寡居的母亲。我相信，他将来一定会成为一个有出息的年轻人。

🌿 案例连连看

不敢自己睡觉的卡卡

卡卡今年已经6岁了，还是不敢自己睡觉。每天晚上，如果妈妈不陪在卡卡身边，卡卡就会又哭又闹，有时候还会扔被子，打碎东西。有一次，妈妈出差了，只有爸爸在家，卡卡又不肯自己睡觉，一直缠着要爸爸陪，爸爸见卡卡这样胆小，生气极了，强行把卡卡带回了他自己的房间，还锁上了门。

这可把平时娇生惯养的卡卡吓坏了，他不停地敲打房门，并哀求爸爸打开房门，但爸爸还在气头上，说什么也不肯打开房门。卡卡看爸爸不给自己开门，只好上床睡觉了，由于卡卡是第一次自己睡觉，他害怕极了，做了一夜的噩梦，第二天就生病了。看到病恹恹的卡卡，爸爸妈妈只好放弃了让卡卡独睡的念头。

专家解读

独立性的培养要从独立睡觉开始

父母和孩子分床睡，是一次"断奶"的过程，甚至要比断奶还难，因为这次断奶更多的是心理上的"断奶"。卡卡自己不敢睡觉，自己睡觉的话甚至会生病，这与家长的教育有很大的关系。因为在培养孩子独立睡觉的期间，孩子的内心是非常脆弱的，如果没有好的引导，突然强制实行就会给孩子带来难以愈合的伤害。

父母在培养孩子独立睡眠习惯的过程中，一定要随时关注孩子的举动，不让孩子接触那些恐怖性质的东西，并和孩子做好沟通工作，找出孩子不敢自己睡觉的真正原因，对症下药。千万不要自己一时冲动，让孩子在这个特殊时期，留下难以弥补的伤害。

教育要点

让孩子独立睡觉小窍门表

小 窍 门	父母的具体做法
创造环境	父母可以和孩子一起布置他的小房间或者小床铺，尽可能地让孩子自己做主。这样首先是从心理上满足了孩子独立的需要，同时又为孩子创造了单独睡眠的环境。
放松心情	在晚上入睡前，家长可以给孩子讲讲笑话或故事，让他心情放松。也可以和孩子一起听听轻柔舒缓的音乐，但不要讲鬼怪故事或者听节奏过快的音乐。
找替代物	如果孩子需要，可以给他找一个替代物。例如，让他抱着妈妈的枕头或者自己喜欢的娃娃睡觉。时间长了，父母可撤掉替代物，但切不可操之过急。
打开房门	孩子开始独睡时，打开他房间的门，也打开自己房间的门，让两个小空间保持交流。这样，孩子会感到还是和父母在一个房间里睡觉，只不过不是在一张床上。

每个孩子都需要鼓励

一位著名的教育家经常说"孩子离开了鼓励就无法生存"。我认为，在孩子的成长过程中，鼓励是使孩子产生自信的一种非常重要的手段。每个孩子都需要不断地鼓励，就像植物不断需要阳光雨露一样。

孩子在幼儿时期，面对繁杂的世界常常会感到无能为力。但是，他们依旧会鼓足勇气进行各种各样的尝试，努力学习各种方法，使自己能适应和融入这个繁杂的世界。这时候，作为成年人的我们却往往在无意中给孩子设置了许多爱的障碍，而不是称赞他们非凡的勇气和努力。

我们之所以会为孩子设置很多爱的障碍，根本原因就是我们不相信孩子的能力。我们总认为孩子只有到了某一个年龄段才能做某一种事情，其实这只是对孩子的一种偏见。比如，一个两岁的孩子主动帮我们收拾桌子，当他拿起一个盘子的时候，妈妈马上会说："别动它，你会打碎的。"父母这样做，虽然保护了那个盘子，却会在孩子的心里投下阴影，并推迟他某种能力的发展。

其实，大人们常常会在不经意间向孩子们炫耀自己的能力、魄力和力气。例如，他们常常会说"你怎么把房间搞得乱七八糟的"，"你怎么把衣服穿反了"之类的话，每一句都在向孩子们表明他们是多么无能，多么没有经验。大人的做法会使他们逐渐失去信心，失去探索和锻炼自己的主动性，忘记只有通过各种大胆的探索才能使自己成为一个有用的人。

作为父母，我们常常有一种先入为主的观念，认为孩子只有到了某个年龄段才能做某种事情，事实上孩子在那个时刻往往是可以做得很好的。更糟糕的是，我们这种做法会使孩子丧失自信，让孩子对自己的能力产生怀疑，进而削弱了他们的进取心，对孩子的一生产生十分消极的影响。

我认为，我们应该鼓励孩子敢于犯错误，敢于面对失败，并要想方设法维护他们的自尊心和自信心。无论是孩子还是大人都有犯错误的权利。而我们作为父母，首先就不能灰心丧气或失去信心，而应该鼓励孩子，让孩子敢于面对错误，帮他们建立起自信。

抓住鼓励孩子的时机并不是一件容易的事，所有的父母都应该经常反思，仔细思考和研究应该怎样鼓励孩子。从我的经验来看，从一个孩子的行为中就可以看出他的自信程度，如果一个孩子对自己的能力缺乏自信，那么他做事的效率一般都比较低，并且缺乏做事的积极性。

维尼夫雷特刚开始学习独立的时候，每当鞋带松开后，就会坐下来叫我过去帮忙。后来，只要遇到这种情况女儿就会大声地喊妈妈。如果我一次又一次为她系鞋带，或者被她弄烦了就训斥她，那么维尼夫雷特就会觉得自己太笨了，而妈妈真是神通广大，能那么快就把鞋带系好。如果总是这样，维尼夫雷特就可能产生这样的想法：算了吧，我没法跟妈妈比，我还是放弃努力吧。

值得庆幸的是，我并没有采用这样的方式来对待维尼夫雷特，而是一次又一次地鼓励她自己学着系鞋带，只要她做得稍微好一点，我就会大声地表扬她"维尼夫雷特，你这次系得真好，我想如果我们再来一次的话，你肯定能干得比上次更好"。我就是用这种鼓励的方法教会了我3岁的女儿系鞋带。

当然，每一个孩子都有自己的特点，我们一定要针对孩子的特点找到鼓励孩子的最佳方式。只有这样，我们才能更有效地鼓励孩子，使孩子对自己有正确的认识，帮孩子树立起自信心。我们要鼓励孩子把幸福掌握在自己手中，并给予孩子自主选择的机会，使孩子看到正确的结果，这才是培养自信心最好的办法。

有一年复活节，我们约了很多朋友到我们家来做客。为了准备这个盛宴，我们每个人都忙个不停，维尼夫雷特也很兴奋，跟在后面跑来跑去，很想帮上点什么忙，但所有人都嫌她碍事。由于不时有人对她喊"小家伙,让开！""放下！你能干什么啊？快出去玩吧！"维尼夫雷特只好闷闷不乐地坐在楼梯上发愣。

看到这种情况，我怕孩子的自尊心会受到伤害，就让她到厨房里帮忙。因为她喜欢吃蛋糕，所以我就派她负责把厨师调好的原料推进烤炉里，然后守着，时间一到就通知厨师来取。由于维尼夫雷特极力想证明自己的价值，因此特别卖力，是个非常合格的助手。

做完这项工作后，我又把她叫到了餐厅，指导她把鲜花摆在恰当的地方。

维尼夫雷特对花的摆放还提出了自己的看法，我也全都采纳了她的建议。我告诉她，由于她干得很出色，现在把摆放餐具的工作也交给她。看了我的示范后，维尼夫雷特学着我的样子把餐具都整齐地摆到了餐桌上。她干得确实不错，我只纠正了两三个小错误。

晚宴开始后，我向客人们介绍了维尼夫雷特一天的工作成果，当朋友们向维尼夫雷特鼓掌致谢时，她小脸蛋红红的又害羞又兴奋。在这种实践中，维尼夫雷特深深感到自己是一个有用的人，她也有资格参与，也可以和别人合作，还可以帮别人把事情做得更好。

我认为，鼓励的重点就是让孩子认识到自己是群体中的一分子，是家庭中的一员。我们可以用鼓励的方法让孩子明白，人生真正的乐趣就在于可以让我们周围的人感觉到我们的存在、我们的价值。另外，鼓励还可以让孩子认识到，不必过分苛求自己，只要敢于尝试，就会找到无穷的乐趣。

🌸 案例连连看

不同的结果

小梅和小静是好朋友，她俩都特别喜欢跳舞，于是都央求妈妈给自己报了一个跳舞班。刚开始的时候，由于她俩的基础都不好，第一次跳舞比赛就犯了很多错误，小梅和小静的自信心都受到了很大的打击。

小梅回到家后，对妈妈说："妈妈，我学不会跳舞，我总是出错。"妈妈听了之后，高兴地说："祝贺你，孩子！你提前发现了自己的错误，等到下次你一定会跳得更好！"听了妈妈的话，小梅马上恢复了自信，果真越跳越好。小静回到家后，也对妈妈说了同样的话，妈妈还没听完，就大声地训斥道："我就知道你不行，现在好了！"小静听了更加没自信了，结果越跳越糟糕。

🌸 专家解读

自信是成功的基石

自信是成功的基石，要想夯实根基，就要从小把自信的种子埋在孩子的心里。播下这个种子，则需要父母正确的引导和细心地呵护。小梅和小静遇到了同样的情况，却产生了不同的结果，这与妈妈的引导是有很大关系的。

每一位家长都希望自己的孩子取得成功，这就需要你给孩子的心灵注入自信的力量。当孩子对某件事情丧失信心后，我们一定不要趁机揭孩子的伤疤，应该冷静地面对孩子所出现的问题，多看孩子闪光点，多鼓励孩子，把自信的种子种在孩子的心里。

教育要点

让孩子树立自信的方法表

具体方法	举例说明
认真对待孩子的要求	经常忽视孩子的需要，会让他因不被重视而失去信心。例如，当他在电话里满怀期望地提出"妈妈，我要喝牛奶"。如果你在外面一时不能满足他，就可以告诉他具体时间"回到家，妈妈给你拿，好么"？
给孩子选择的机会	例如，周末带孩子出游，可征求他的意见，给出选择的范围，让他自己作出选择，这样可以增添他对自己的信心。
给孩子展示的空间	例如，让孩子在家中最醒目的墙面上张贴他的涂鸦之作，或是在柜子上做个陈列架，陈列他的小制作。荣誉感最能激发孩子的自信心。
给孩子属于自己的领地	例如，给孩子一个房间，让他有一个自由玩耍、不受束缚的小天地。拥有自己的"领地"，会让孩子心中充满骄傲感，平添他的自信。
让孩子偶尔当当家	例如，带孩子去超市，把待付款交到他手里，让他付账。虽然他还不会算账，但至少让他知道钱能买东西。逐渐让孩子自己掌握零用钱，让他当家，会增加他生活的自信心。
鼓励孩子表演特长	例如，当孩子唱歌的时候，你可以给他打拍子，表示应和，锻炼他的自信心。

不要拿别人和孩子比

很多父母错误地认为孩子需要的是教育，而教育的内容无非就是训话和惩罚。在我看来这是一种十分错误的观点。在现实生活中，孩子们最需要的往往是父母们的鼓励。

维尼夫雷特两岁的时候，有一次我看见她在专注地观察祖母浇花。她观察了一会儿，就走过去，小心地拿起水壶，想要帮祖母浇花。祖母赶紧抢过水壶训斥道："维尼夫雷特，别动！你看你，把水都洒到身上了。你现在还小着呢，这些事等你长大了才能做。"

祖母不知道自己已经在无意间打击了维尼夫雷特的积极性。在祖母的训斥下，维尼夫雷特会觉得自己是那么的渺小。

其实，两岁的孩子也是可以浇花的，我们应该给孩子机会。就算把衣服弄湿了又有什么关系呢。如果孩子能够通过浇花识别各种花卉，亲眼目睹自己浇的花更加美丽，一定会充满自豪感，并对探索这个世界产生更大的兴趣。

有一次，我带女儿去姐姐家度假，我们要赶时间出门看演出。3岁的维尼夫雷特自己坐在大门口的凳子上穿鞋，很长时间也没有穿好。姐姐一着急就说："维尼夫雷特，过来，姨妈帮你穿，你穿得太慢了。"她抱过女儿，三两下就系好了鞋带，维尼夫雷特看到我姐姐的手法如此熟练，觉得自己太渺小了，就放弃了努力，本能地伸出了另一只脚。

在我看来，让女儿自己去穿，第一次可能穿不好，但多穿几次后就会穿得很好，如果我们能适当地表扬她几句，她就会觉得自己又学会了一种技能，这对她是很有好处的。但是多数父母都像我姐姐那样，不肯采取正确的方法却用自己的言行向孩子表明，他们不能干，没经验，比不上大人。

父母总是希望孩子成为最出色的青年，却不允许他们用不同的方式去发展自己的能力，甚至是怀疑和限制他们的发展。当孩子要帮妈妈收拾桌子时，妈妈往往会夺过盘子说："宝贝，你会把盘子打碎的。"这样做，虽然没有打碎盘子，却打碎了孩子的自信心。

孩子们虽然还处于学习摸索阶段，但好奇心驱使他们什么都想试试，所以孩子总爱跟在大人身后，学着大人做事。然而，我们却经常朝他们喊"穿错了，穿反了"等让孩子觉得自己很无能的话。

例如，当孩子自己吃饭时，我们会一把抢过勺子喂他，还会对她说"你看你，把衣服弄得多脏啊"！要是孩子不肯张嘴等我们喂，我们还要冲他们发火。我们没有意识到这样做会打击孩子的积极性。当孩子不肯好好吃饭的时候，父母不必生气，也不要感到无奈，应该想一想，在这之前是否有过打击孩子自信心的行为。

其实，孩子做事的主动性都是与生俱来的，他们很小的时候就认为自己已经有能力做事了。假如女儿小的时候跟我说"我要打鸡蛋""我要浇花""我要洗盘子"。而我则永远回答"宝贝，你还小，玩去吧"。那么，维尼夫雷特即使到了 10 岁，如果我说"女儿，来帮我打扫房间吧"。维尼夫雷特就可能会说"妈妈，我还没玩够呢"。那时候，我一定会很生气，认为她是个懒惰的孩子，正是我自己把女儿教成这样的。

除了上述行为外，还有一种行为会伤害孩子的自信心，这也是一些父母们喜欢采用的激励手段，把自己的孩子和别人作比较。父母们总认为提醒自己的孩子别人有多么出色可以激起孩子的上进心，却不知道这种做法其实是有害的。

由于维尼夫雷特很愿意陪我姐姐聊天，我姐姐很喜欢维尼夫雷特，所以每年圣诞节我都要带维尼夫雷特去我姐姐家玩。有一天，维尼夫雷特在和姨妈闲聊时很自豪地告诉姨妈，她除了科学是 B，其余的科目都是 A。

"维尼夫雷特，你真是太棒了，成绩总是这么好。"我姐姐叫了起来，"阿丽森，你过来，你的成绩单呢？"

阿丽森在楼梯上已经听到了厨房里的对话，正犹豫着不愿出来。听妈妈叫了好几声，才不情愿地走了出来。

"阿丽森，你的成绩单呢？你这次考得怎么样？"我姐姐问她。

"在我房间里。"阿丽森迟疑地回答。

"是不是又要告诉我坏消息？"看到女儿垂头丧气的样子，我姐姐有些生气了。她提高嗓门说："去把成绩单拿来让我看看。"

"我真为你感到害羞，阿丽森。"我姐姐看到阿里森的成绩大部分科目都是 C，就忍不住大声训斥起来，"你的成绩为什么总是这样糟糕呢？你看看维尼夫雷特的成绩多好！你的学习条件哪一点比她差？你为什么不能像她一样呢？你总是那么懒，就是不集中精力学习！你简直就是这个家里的耻辱！去！回你的房间去好好想想再来和我谈……我不想见你这个样子，听到了没有！"

尽管妈妈已经不是第一次当着维尼夫雷特的面训斥她了，阿丽森还是觉得下不了台，含着眼泪回到了自己的房间。

阿丽森比维尼夫雷特还要大两岁，但由于表妹的成绩总是很出色，阿丽森总觉得自己像个丑小鸭，她是那么需要得到来自我们的鼓励。然而她从小感受到的就是来自维尼夫雷特的压力，妈妈不但没能给她鼓励，还经常拿她和维尼夫雷特作比较。

我认为，我姐姐在这件事上犯了三处错误，这对阿丽森的教育十分不利。第一，她还没有看到阿丽森的成绩单的时候，就断定她的成绩一定很差，这表明她对阿丽森根本一点信心也没有。第二，我姐姐告诉阿丽森，她为阿丽森感到羞愧，让阿丽森认为自己在妈妈心目中一点分量也没有，自己只是一个毫无价值的孩子。第三。姐姐还拿阿丽森与维尼夫雷特作比较，更降低了阿丽森的自信心，让她更加怀疑自己的能力。

也许在我姐姐看来，她的责备或许可以对阿里森产生一定的刺激作用，能让阿丽森奋发图强。她认为，把阿里森和维尼夫雷特作比较也许会促使她俩竞争，用来提高阿丽森的学习成绩。但是，对一个从小缺少鼓励和自信的孩子来说，这样的做法只能使她变得更加缺乏自信。

在我看来，每一个孩子都有自己的独特性，都应该从自己的实际基础上发展，而不是做别人的复制品。所以让阿丽森树立自信的唯一有效的方法，就是停止拿她们姐妹二人的成绩作比较，并鼓励阿丽森的每一点微小的进步，让阿丽森明白，无论她的学习成绩怎样，只要她努力了，大家都会喜欢她，只有这样她才能以独立的自我和充分的自信去面对生活。

案例连连看
不肯参加比赛的莲莲

莲莲今年5岁了，是一个特别聪明可爱的小姑娘。但妈妈总是嫌莲莲不够好，时常拿莲莲和其他小朋友作比较。有一次，幼儿园举行一次书法大赛，这可是莲莲的强项，妈妈马上给莲莲报了名，并告诉女儿说："邻居家的乐乐还比你小呢，人家总是拿第一，你却从来就没拿过第一。这次你一定要争气！"听了妈妈的话，莲莲的压力大极了。

比赛的那天，莲莲一直想着要拿第一。结果紧张得不行，不仅没有拿到第一，连写都没写完。妈妈知道后，生气极了，说："你看看你！再看看人家！

我怎么生了你这个没出息的孩子啊！真是丢人！"听了妈妈的话，莲莲伤心极了，再也不肯参加任何比赛了。

专家解读

慎用比较

莲莲出现这样的情况，是因为莲莲的妈妈走入了一个"比较"的误区。莲莲已经 5 岁了，已经有了明显的自我意识，妈妈时时处处拿比莲莲强的小朋友给莲莲做榜样，并用同样的高标准来要求莲莲，不仅忽略了莲莲的个性化教育，还给莲莲带来了巨大的压力，让莲莲越来越自卑，导致莲莲不敢参加任何的比赛了。

作为父母，我们必须明白一个事实：孩子天生就有差别，每个孩子都有属于自己的特质。我们首先要承认这个差别，然后在孩子原有的基础上帮助孩子进步。我们可以拿孩子的今天和昨天比，拿孩子自己的成功和失败比，切忌拿自己孩子的短处和别人孩子的长处比。

教育要点

孩子缺乏自信的五大原因表

原　因	父母的正确做法
过多照顾	不要过分保护孩子，要让孩子学会独立自主地做一些事情，因为孩子只有在不需要太多帮助的情况下做成一件事情，才会建立起强烈的自信心。
过多批评	不要让孩子长期处于缺少接纳、关爱、赞扬和肯定的环境里，否则，孩子就会怀疑自己的价值和能力，倾向于形成一种"自我无能感"，时间长了，就会产生无助与自卑感，导致自信心缺失。
期望过高	不要对孩子要求过高，否则，孩子会经常否定自己，产生持续失败的挫折感，积累"我不行"的消极情感体验，从而由经常的自我怀疑转为自卑。
过度比较	不要拿自己的孩子和别人的孩子作比较，更不要拿自己孩子的缺点和别人孩子的优点相比，这样孩子就会觉得自己总是"不行"，从而产生自卑。
缺乏锻炼	多给孩子锻炼的机会，让孩子多动手、动脑、操作、练习。否则，孩子就无法感受到自己的能力，体验到成功的快乐，直接影响自信心的树立。

第十二章

鼓励如同阳光洒满孩子心间

鼓励孩子要有正确的方式

很多年轻的父母不明白鼓励是什么，他们甚至认为鼓励就是说一些好听的话，夸奖一下孩子。其实这种做法是不对的，这些父母完全没有理解鼓励的真正含义是什么，也没有认识到鼓励对孩子的成长有多重要。

我认为，鼓励不仅仅是培养孩子自信心的一种方式，它还能为孩子提供很多实现自我价值的机会。它能让孩子知道，他完全有能力在自己感兴趣的领域作出贡献，对周围的事物产生影响。另外，鼓励还能使孩子学会基本的生活技能，并应用这种能力在个人生活与社会交流中获得成功。

教育的失败往往是因为父母的固执和不合理的教育方式。有些父母认为纠正孩子的错误，只有惩罚才能奏效，鼓励孩子太费事了。其实，鼓励也可以用非常简单的方式进行，有时候给孩子一个拥抱，他就会感到安慰。很多时候，父母看到经常哭闹，或是怎样哄都闷闷不乐的孩子会感到生气，甚至会打骂孩子，以为这样就可以制止孩子的这些行为。实际上，这只是一种极不明智的做法，对孩子根本起不到任何好的作用。

维尼夫雷特小的时候也总是哭闹，但我从不来用打骂的方式去制止她，我会把女儿抱在怀里，告诉她，她是一个多么可爱的孩子，我有多么喜欢她。在我的安慰下，女儿通常会停止哭泣，慢慢平静下来。我想，女儿的哭闹可能就是为了引起我的注意，让我给她一些温情，当我满足了她的需求，她很容易就会安静下来。

另外，掌握鼓励孩子的时机也是非常重要的。在对维尼夫雷特进行鼓励的时候，我总是会选择在她冷静之后，尤其是当她表明权利或报复时。因为在我看来，冷静往往是处理冲突最有效的方法。如果当时的情况根本无法让孩子冷静下来，也要友好地表明自己的感情与目的，不要图一时之快而说出伤人的话来。

在培养维尼夫雷特的过程中，我总是把鼓励和肯定放在首位，尽量避免伤害她的自尊心。

我记得，维尼夫雷特3岁的时候，有一段时间对画画特别没有热情。在此之前女儿一向对画画是很有兴趣的，我对她的这种状态感到很奇怪。为了帮助女儿恢复画画的热情，我专门找她进行了一次谈话。

"维尼夫雷特，我发现你好几天没有画画了，为什么呢？"

听到我的问话后，女儿并没有马上回答，而是低下头开始自言自语。

"告诉妈妈，你是不是不喜欢画画了？如果你真不想画了，就告诉妈妈，妈妈不会强迫你的。"

"不，妈妈，我喜欢画画。"

"那你为什么好几天不画画了呢？"

"因为……因为我总是画不好。"

"怎么会呢？我看你一直都画得很好啊。"

"不，就是不好。"

"能把你的画拿给我看一下吗？"

"不要，那些画一点也不好。"

"给妈妈看又不是给别人看，没有关系的，说不定我还能帮你呢。"

听到我这样说，女儿把她的画全都拿了出来，一副很难为情的样子。

"这画多美啊！怎么还说画得不好呢？"看了女儿的画，我赞叹不已。

"可那个太阳画得不圆。不知为什么，我画圆的东西，像小球呀、苹果呀，

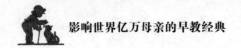

总是画不好。"

"可是，这些东西没有必要画得那么圆呀！"

"但卡特就画得很圆呢，他还总是嘲笑我。"

"维尼夫雷特，我不是带你看过画展吗？你想想，有哪位画家会把苹果、太阳这些东西都画成正圆的呢？"

"没有。"女儿想了想说。

"这就对了，你想，只有绘图员才那么画，你又不是绘图员。那些艺术家都不会画得那么圆，为什么你非要那样做呢？在我看来，好的画不是讲究线条画得直不直，苹果画得圆不圆，而应该追求生动并有感情。"

女儿似乎没有听懂，只是奇怪地看着我。

于是，我给她讲了画家和绘图员的区别，我还告诉她卡特对她的评价是不对的，又从女儿的每幅画中都找出了女儿的优点。听了我的话，女儿心头的疙瘩终于解开了。由于消除了心理上的障碍，维尼夫雷特又恢复了对绘画的兴趣，而且越画越好了。

在我看来，对维尼夫雷特这样的孩子来说，能不能把画画好根本就不重要，重要的是她要有信心画下去。

根据我的经验，父母对内心痛苦或没有信心的孩子进行严厉的指责是最愚蠢的做法。假如父母能给孩子一些温暖，并不失时机地鼓励他们，那么孩子就会把原本做不好的事做得更好。

案例连连看
红红的表现越来越好

红红因为总是表现不好，经常挨幼儿园老师的批评。有一天上课的时候，老师突然点了红红的名字，可这次老师没有批评红红而是表扬了她。原来，红红在家的时候经常帮妈妈做家务。早上，妈妈送红红来幼儿园的时候，跟老师说起了这件事情，希望老师能通过这件事情调动起红红好好表现的积极性。

幼儿园的老师听取了妈妈的意见，当着所有小朋友的面，表扬了红红，并鼓励红红以后要继续努力。红红听了之后，开心极了，回家之后，不仅又帮妈妈做家务，还主动地完成作业。第二天，妈妈向老师汇报了红红的表现，老师再一次表扬了红红，并鼓励她，只要努力，其他的方面红红一定也会做得更好。在老师和妈妈的鼓励下，红红的自信心越来越强，表现也越来越好了。

🐾 专家解读

不要吝啬您的表扬和鼓励

不要吝啬您的鼓励和表扬，尤其是对年龄小的孩子。因为，对于他们来说，您的鼓励和表扬是使他们取得进步最好的催化剂。红红的妈妈正是看到了这一点，才和老师配合利用表扬和鼓励的作用，使红红的行为有了很大的改观，树立了强烈的自信心，把其他方面也做得很好了。

其实，对于年龄小的孩子做好一些"简单"的事已经很不容易了，而良好的习惯和成绩都是由这些"简单"的行为累积而成的。因此，作为家长，无论孩子做的事情有多么"简单"，只要是孩子的进步，就要慷慨地给予表扬和鼓励，年龄愈小的孩子，表扬和鼓励的次数也要愈多，并要随着年龄的增长逐渐提高表扬和鼓励的标准。

🐾 教育要点

不同的表扬类型表

类　　型	具体内容
恰当的表扬	一次恰当的表扬比十次泛泛的夸奖要好得多，表扬不应该是针对孩子的表面成绩，而应该针对他们真正的进步。
意外的表扬	"出乎意外"的表扬会让孩子加深对自己的认识。这种表扬主要针对孩子身上的闪光点，当孩子知道自己这方面的优点后，就会重新评估自己，对自己有一个更为全面的认识。
明确的表扬	为了激励孩子进步，表扬应该严格限于孩子的进步和优点，把孩子引向重视能力、品行、态度和创新意识等方面。
公开的表扬	家长可以让孩子在公开场合展示他们的优点，并及时给予公开的表扬，这会激励孩子更加努力，起到更好的效果。

孩子的自信比花瓶重要得多

我认为真正的幸福产生于自己的独立活动之中，而不是依赖别人的注意而产生的。如果一个孩子只有得到别人的注意才高兴，那么他就不可能拥有真正的幸福。

维尼夫雷特从出生开始就表现出了强烈的参与欲望，希望能加入到人群中，像别人一样能够做很多事。其实这几乎是所有孩子的天性，这种天性不仅是孩子学习的动力，还是一种可贵的探索精神。

有一次，我想把刚买回来的鲜花插到一个漂亮的花瓶里，我想在花瓶的底部铺上一层小石子作为装饰。

"妈妈，我来帮你弄吧。"维尼夫雷特抓起一把小石子。

"不，你会把花瓶打碎的。你在旁边看着好吗？"

"我不会打碎花瓶的。"女儿坚持要帮我的忙。

"到别的房间去玩，不然妈妈就要发火了。"我抓住她的手说，企图把她带到别的房间去。

维尼夫雷特见不能帮我的忙，扫兴极了。看到女儿的样子，我突然意识到这种做法是不对的，因为这样会打击她的好奇心和探索心。于是，我又把维尼夫雷特叫了回来。

"我认为你帮妈妈干活应该是一件好事。这样吧，我教你干好不好？"

听了我的话，维尼夫雷特眼中立刻闪现出兴奋的光彩，过去抓了一把小石子。

"维尼夫雷特，不要一次拿那么多，应该一个一个地放，不要使劲往里扔，要轻轻地放，这样瓶子才不会被砸碎。"在我的指导下，女儿终于把石子放得非常到位了。

我当初为什么要那么在乎那个花瓶呢？其实一个玻璃花瓶的价值远远比不上女儿的自信心。我很清楚，即使是成年人也会经常犯错误，那么为什么要苛求孩子呢？我认为，我自己所做的一切不是为了在一夜之间突然达到完美，而是为了不断地改善自己教育孩子的方法，况且我们根本不可能达到完美。

在女儿成长的过程中，我时刻都在注意女儿的变化和进步，哪怕是微不足道的进步，我也会感到十分欣慰。随着维尼夫雷特的每一点进步，我的信心也不断增强，我相信自己能够帮她做得更好。

我认为，要培养和鼓励孩子的自信心，一定要注意方法。有些方式看似很好，却会因为使用不当而起到相反的作用。有时候夸奖孩子反而会打击他们的自信心。也许有人会感到奇怪，夸奖孩子，怎么会打击孩子的自信心？但这却是事实。

我曾听说过这样一件事：

一个名叫爱伊娜的母亲走进她11岁女儿的房间，发现女儿把房间打扫得干干净净的，正坐在桌子旁安静地做功课。这位母亲按捺不住内心的喜悦，不住地夸奖孩子"你真是个好孩子！我没有要求你这样做，你却做了。你真是太乖了。妈妈太喜欢你了"。在后来的几天，爱伊娜却发现女儿并不像她想象得那么乖，因为她没有再主动打扫房间。

可是这能怪谁呢？只能怪爱伊娜自己，因为她的方法是有问题的。爱伊娜虽然是在表扬孩子，却会让孩子产生这样的想法"妈妈喜欢我，是因为我打扫了房间，假如我没有这样做，她还会喜欢我吗"？

我认为，这种夸奖会使孩子得到这样的印象，即他们自身的价值完全在于能否满足妈妈的要求。如果妈妈赞扬了他们，他们就会觉得自己的个人价值升高了，如果他们受到了责备，他们就会认为自己的个人价值降低了。

这样发展下去，孩子走入社会之后，他能否适应外面的世界，在很大程度上他就会取决于别人对他的评价。如果别人赞扬他，他就会自我感觉良好；如果别人说他做得不对，或者忽略了他的成绩，那么他的自我感觉就会急剧下降，甚至丧失自信心。

因此，在对孩子进行表扬时须要特别慎重。在养育女儿的过程中，当她取得很大进步时，我会直接赞扬她。对于那些她一直做得很好的事情，我只是在心里说：宝贝，你真行。

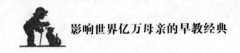
案例连连看

讨厌钢琴的周周

周周的妈妈是个著名的钢琴老师。周周出生后，妈妈特别希望周周也能在钢琴上有所成就，周周从小就对钢琴不感兴趣，反而十分喜欢绘画。为了让周周学好钢琴，妈妈给周周规定每天必须练3个小时的琴，还取消了给周周报的绘画班，周周为这件事情伤心极了。

有一次，妈妈又让周周练琴，周周说什么也不肯练，非要去学画画。妈妈生气极了，动手打了周周，还说："你要是不练钢琴，妈妈就再也不喜欢你了！"周周听了之后，难过极了，他想都是因为钢琴，妈妈才不喜欢他的。他大声地对妈妈说："我讨厌钢琴！都是因为它，妈妈才不喜欢我的！"就这样，周周更讨厌学钢琴了。

专家解读

爱是没有条件的

有些父母，在心里总是有一个标尺、一个定位：我的孩子要变成什么样子才是我心目中的标准孩子。就像周周的妈妈一样，她完全按照自己的意志来安排周周的生活，根本不尊重周周内心的想法和感受，当周周违反自己的意志时，她就会把爱当作要挟孩子的条件，让周周认为妈妈的爱是有条件的，是不可靠的。

作为家长，我们应该把孩子当作和自己一样的人来对待，尊重孩子的想法和感受，不强迫孩子做他们不喜欢的事情。另外，我们还必须让孩子知道，我们的爱是没条件的，不会因为他的任何表现而有所改变，让孩子确信自己是永远被家长爱着的。

教育要点

鼓励孩子有效果表

鼓励技巧	对孩子的影响
及时	在孩子的心目中，事情的因果关系是紧密联系在一起的，年龄越小，越是如此。如果鼓励不及时，孩子就会弄不清楚为什么受到了鼓励，就会对这个鼓励没什么印象，这个鼓励也就不会对孩子产生任何好的影响。

鼓励技巧	对孩子的影响
具体	泛泛的鼓励，虽然能暂时提高孩子的自信心，但孩子不明白自己好在哪里，为什么受鼓励，就容易养成骄傲、听不得半点批评的坏习惯。只有具体地表扬孩子，孩子才明白自己哪些是好的，并找准努力的方向。
态度正确	在鼓励孩子的时候，家长一定要注意自己的态度，要冷静、温和。即使孩子犯了很严重的错误，家长也要控制自己的情绪，必要的时候，先自己冷静一下，再和孩子交流。

让孩子自己来

维尼夫雷特很小的时候，我就开始教她做自己的事情了。女儿一直为自己能够照顾好自己，能把自己整理得干净利索，并不断掌握新的技能而自豪。

女儿从幼儿时期就表现出了要自己动手做事情的欲望。她去抓勺子，是因为她想自己吃饭，我从来不怕她把衣服和桌子弄脏而不许她尝试。因为我知道，如果不让她动手，就会挫伤她的积极性，让她对自己的能力产生怀疑，造成无法挽回的损失。而把弄脏衣服洗干净，要比帮孩子找回勇气容易得多。所以，只要女儿表现出要为自己做点什么的时候，我通常会放手让她去做。

父母总是会担心年龄较小的孩子，什么也不敢让他们做，因此整天为孩子忙碌。由于孩子太小，父母们帮助他们似乎是一种不可回避的责任。但是，我认为父母应该控制自己的这种冲动，因为父母在帮助孩子的时候，往往忽视了这些帮助对孩子来说是否有必要，也许孩子们早就掌握了那些技能。

有时候，父母在为孩子做事时，经常会受到孩子的抵制，他们会说"让我自己来"。每个孩子起初都有表现自己能力的欲望，比如自己照顾自己，帮父母做事。如果他们能够单独完成这些事情，他们就会为自己有这样的能力而感到骄傲。这样的孩子长大后，自然会很愿意为自己做事情，也乐于帮助别人。可是，在大多数家庭中，孩子的这种欲望却会被父母的担心、呵护和包办所挫伤。父母可能会因为过于担心孩子而不顾一切地制止孩子的这种行为。在这种情况下，孩子往往会有一种挫败感，认为自己没有能力，自信心也会在不知不觉中减退。

我认为，给孩子尝试的机会，让孩子相信自己的能力，并对他们进行必要的鼓励，是非常有利于他们的潜力发展的。

维尼夫雷特3岁那年，朋友告诉我一个消息：我们所在的城区将举办一次儿童朗读比赛。听到这个消息，我便开始和女儿商量。

"维尼夫雷特，你想参加儿童朗读比赛吗？"

"当然想，可是……"

"可是什么？如果你想参加，妈妈明天就去给你报名。"

"可我有点怕。"

"为什么怕呢？你的朗读一直很棒啊。"

"到时候一定有很多人，他们都会看着我。"

"那有什么关系呢？你一定会表现得很好的。"看着女儿的犹豫，我决定鼓起她的勇气，不让她因为害怕而放弃一个能够表现和锻炼自己的机会。

"你还是参加吧。你的朗读真的很不错，不管能不能得第一，至少给自己一个机会锻炼一下。如果你怕别人看你，你就别去看他们。再说别人看着你说不定还是件好事呢！你想想，人们只会注意自己喜欢的人，要是没有人看你，可能说明别人不喜欢你。不过，我想别人一定会喜欢你的。何况，你把自己的朗读水平表现给喜欢你的人看，是一件多好的事情啊！当然了，这件事还得由你自己来决定，我只是把我的想法告诉你。"

听了我的话，维尼夫雷特又考虑了一会儿，终于同意让我去给她报名。

第二天，我把报名表递给女儿，她的眼中没有露出喜悦的目光，反而显得心事重重。

"维尼夫雷特，怎么了，后悔啦？"我关心地问。

"我怕我不能获胜。"女儿小声说道。

听到女儿的话，我觉得我有必要告诉她这次比赛的目的和意义了。我对女儿说："我认为，参加比赛并不是为了拿第一，而是为了锻炼你的能力和勇气，也是为了你和参加的小朋友们互相认识、互相交流，并在交流中学到更多的知识。我认为你如果能得第一当然好，没有得到名次，也不要紧，我和你爸爸都不在乎这些。因为我们始终认为你是个有能力的孩子，不需要靠比赛的名次来证明你的能力。"

听了我的话，维尼夫雷特顿时开朗起来。我知道维尼夫雷特很聪明，但却有点胆小，她不敢想象自己站在台上面对那么多观众大声朗读是什么样的感觉。但我想让女儿从小就学会面对生活中的考验，并通过这个很好的机会来开阔自己的视野，证明自己的能力，锻炼自己的勇气。

那次朗读比赛是在一所学校举行的，来了很多的人，有一些还是当地十分关心教育的人士。轮到维尼夫雷特上场时，她冷静地从座位上站了起来，站起来时她回头看了我一眼，似乎想和我说点什么，而我只是轻轻地握了握女儿的手，小声对她说："你是最棒的！你应该表现自己。"

比赛的结果正如我所料，维尼夫雷特得了第一名。女儿高兴极了，不停地拥抱我、亲吻我。从那以后，维尼夫雷特无论在什么场合都敢于发表自己的意见，并畅快淋漓地表现自己了，不再像以前那样胆小。

在我看来，这一次的登台为女儿以后的人生道路打下了坚实的基础。我想，维尼夫雷特之所以能够在5岁的时候用世界语演讲并到处宣传，与她在这次朗读比赛中获得的自信是分不开的。

案例连连看

不敢表现自己的小伟

小伟今年4岁了，平时爱说爱笑，但是一有人在场，小伟就不敢表现自己了，变得畏畏缩缩，连看着大家的勇气都没有。有一次，幼儿园举行了一次亲子活动，让家长和小朋友们一起玩"老狼老狼几点了"的游戏，轮到当老狼的小朋友就要站到台上回答问题。

游戏开始后，所有的小朋友都踊跃地参加，只有小伟安静地坐在那里，身子还往里缩，妈妈看到后，想趁这个机会锻炼一下小伟，就对小伟说："快去当老狼啊！妈妈相信你一定会表现得很好的！"小伟小声地对妈妈说："我不想去，我怕。"看到儿子这样懦弱，妈妈生气极了，强行把小伟带到了台上。

小伟一上台，看到有那么多人看着自己，哇的一声大哭起来。

专家解读

胆怯的孩子需要耐心教育

孩子是需要耐心教育的，当孩子不想在别人面前表现自己时，我们一定不要勉强孩子，以防孩子的情绪恶化。小伟不敢上台表现自己，可能是因为自己不会或是害怕人多，妈妈虽然是好心，但没有考虑到小伟的实际情况，采取了过激的行为，最终导致了小伟的情绪恶化。

对于那些不敢在公开场合表现自己的孩子，家长一定不要训斥和强制他，应该多给孩子一些关爱，多表扬和鼓励孩子；也可以扩大孩子的活动范围，平时多带孩子出去玩，让孩子多增长一点见识；或是找到孩子最擅长的项目，让孩子在家人面前表演，并及时给予表扬和鼓励，逐渐树立孩子的自信心。

教育要点

让孩子积极地表现自己表

步　骤	家长的做法
引导	引导孩子强化自己的优点，有意识地鼓励、教育、培养、强化孩子在这些方面的优势，为孩子储备表现自己的能量。
鼓励	鼓励孩子勇敢地展现自己，当孩子有一些表现的欲望时，家长要及时表扬、鼓励，增强孩子的自信心。即使孩子表现得不理想，家长也要首先肯定孩子能"站出来"的勇气，再给孩子提出一些更好的建议，并坚信孩子可以有更好的表现。
提供机会	为孩子提供表现的机会，并在孩子展示的时候，给孩子一些掌声和鼓励，让孩子坚定地表现的自己。也可以让孩子为家庭活动出谋划策，鼓励孩子说出自己的建议和想法，只要合理就可以付诸行动，孩子会从中感受到"表现"的成功与满足。
参与竞争	家长要鼓励孩子勇敢地参加一些竞争活动。在孩子竞争期间，家长可以根据孩子的性格特点对他们的表现欲进行正确的引导，但也要注意把握好一个度，不能让孩子过分地表现自己，以免滋生虚荣、浮躁的心理。

❧ 美是最好的奖励 ❧

有一天，我的邻居安斯特丽太太非常激动地跑过来对我说："斯特娜夫人，我今天按照你的教育方法鼓励儿子了。"

"是吗？真是太好了，能说来听听吗？"

于是安斯特丽太太向我描述她鼓励儿子的过程：

那天，安斯特丽太太一进门就发现9岁的儿子吉姆不仅把全部房间的地板都擦干净了，还把房间里的东西全都收拾得整整齐齐。她开心极了，因为这是吉姆有生以来第一次帮妈妈做事，以前他一直被认为是个不讲卫生的孩子。

安斯特丽太太激动地亲吻了儿子并对他说："你简直太棒了，我真没想到你干了这么多活，哥哥帮你做了吗？"

"哥哥到外面去了，只有我一个人在家，这些全是我自己做的。"吉姆回答。

"啊！你现在已经是个懂事的孩子了。我以前说你太懒了，真是错怪你了！你这样做我真是太喜欢你了，我真希望你哥哥也能像你一样勤快。"

"这不算什么，反正我今天也没事。"吉姆开始不好意思起来。

"这样吧，你今天的表现这样好，我就给你两美元作为奖励吧。"安斯特丽夫人说。

听了安斯特丽夫人的话，我差点晕过去。她以为自己对孩子进行了正确的教育，却不知道自己已经犯了很严重的错误。我想，她虽然听说过我是怎样鼓励维尼夫雷特的，但她并没有明白鼓励的真正含义。

为什么这么说？

首先，吉姆完全出于自愿主动做了分外的工作，并且没有让任何人帮助，母亲当然应该表扬他。母亲因此夸他是个好孩子，并表示了对他的喜爱，甚至希望哥哥和吉姆一样勤快，都是合情合理的事。但问题是，安斯特丽夫人把所有的好评都用在了吉姆身上，并把吉姆的好坏与他所做的事、与自己的爱联系起来。这样一来，孩子就会怀疑母亲的爱，不知道母亲是由于他做了这件事才爱他，还是即使他不做事也仍然爱他。

其次，母亲这样过分的表扬会让吉姆对自己感到满意，认为自己的每一点努力都应该得到别人的赞赏。但是在现实生活中，是没有人时时刻刻表扬他的。有时候，即使是做了很好的事，也不会有人表示赞赏。对比母亲过分的表扬，当他面对冰冷的现实时，就可能会认为生活不公平，认为自己真倒霉，做了这么多努力也没有人欣赏。这样一来，他很容易在现实中感到灰心，甚至连自己应该做的事也不做了。

还有一点就是，安斯特丽夫人用钱来奖励儿子会让孩子认为做了分外的事就一定会得到报酬，这种做法容易使他错以为做好事就是为了得到报酬。这样的话，他下次再做好事就会有意识地期望别人给他物质上的奖励。在现实生活中，孩子不可能每做一件事都能得到金钱上的回报。假如母亲由于太忙而忽略了吉姆所做的好事，或者忘了给他钱，那么他的积极性就很可能受到打击，有可能因此而失去做好事的热情。

在教育维尼夫雷特的过程中，我也遇到过这类事情。在维尼夫雷特帮我干了一些额外的事情时，我也会对她表示鼓励和赞赏，但在方式上却和安斯特丽夫人截然不同。

那是一个星期天的事情，那天，我不在家，维尼夫雷特不仅自己动手铲除了花园里的杂草，还清扫了树上掉下来的枯叶，并且浇了花，把花园收拾得特别干净。我回到家后，看到干净的花园，心里有说不出的高兴。因为只有女儿一个人在家，我可以肯定是她做的。

"维尼夫雷特，有人把花园打扫干净了，你知道是谁吗？"

"猜猜看。"维尼夫雷特很神秘地说。

"哦，让我想想。是仙女干的吗？如果不是仙女，那就一定是你。"我笑着说。

"当然是我了。"女儿非常的自豪。

"干得真不错。能告诉我，你是怎么干的吗？"

于是，维尼夫雷特绘声绘色地向我讲述了她工作的全部内容。我牵着女儿的手，和她一起来到了花园里。

"哦，太漂亮了。我从来不知道我们的花园有这么好看。"

"真的吗？"女儿兴奋地问我。

"当然了，我以前以为咱们家的花园不好，前些日子还和你爸爸商量要不要把花园拆了呢。可是现在我改变主意了。"

"是吗？"女儿听了我的话更加高兴了，她自豪地说，"咱们家的花园是世界上最漂亮的花园，谁也不准破坏它。"

"当然，这都是你今天的功劳，我也不让人破坏它。你做得真是棒极了，我真为你感到高兴。"我拍着女儿的肩膀说。

"那么，有什么奖励吗？"

"奖励？"

"吉姆做了好事都是有奖励的。他妈妈会给她钱。"女儿期待地看着我。

"维尼夫雷特，你想想，还会有比得到美丽的花园更好的奖励吗？"

"妈妈，我知道了，美就是最好的奖励。"女儿是个非常聪明的孩子，立刻明白了我这句话的含义。

我认为，一个孩子如果没有责任感，看不到自己真正的价值，就会感到迷惘，从而失去创造的动力。这样，他就很容易被一些物质性的、轻浮的事物吸引，并且沉溺其中不能自拔。

尽管我们都不断地教育孩子，想让孩子做一个对社会有用的人，但是，由于没有具体的事情来鼓舞和激励他们，我们的那些教育就会显得很空洞，缺乏实际的意义。我认为，家庭就是儿童教育的最佳场所，在日常的生活中，那些具体的事情就能使孩子认识到良好品德的重要性，从而树立正确的人生观。

案例连连看

不同的反应

香香今年3岁了，哥哥比香香大3岁。有一天，妈妈看着两个孩子画画，妈妈对他们说："今天谁画得好，就给奖品。"香香一听有奖品，马上拿笔画了起来，哥哥却一点也不着急，还对妈妈说："我才不想要奖品呢！"

听了儿子的话，妈妈愣了一下，但马上反应了过来，她对儿子说："那让妈妈看看你的画吧。我相信你一定会画得特别好。"听了妈妈的话，香香的哥哥马上认真地画了起来，还自豪地对妈妈说："我一定会画得最好！"

专家解读

给予孩子适当的奖励

孩子在不同的年龄段所需要的奖励也是不一样的，只有给予孩子适当的奖励，才能调动起孩子的积极性。香香由于年龄小对物质的奖励有着强烈的敏感性，当她听说有奖品后，就积极地投入到绘画当中。香香的哥哥已经6岁了，物质奖品对他的吸引力已经明显下降，只有辅以某些精神的奖励才能调动他的积极性。

有些父母在教育孩子的时候，总是过于简单。要么在物质上一味满足他们的要求，要么一味地只进行精神鼓励。这种"一刀切"的教育方式，是非常不科学的。作为家长，我们在奖励孩子的过程中，一定要杜绝这种"一刀切"的现象，要根据孩子所处的年龄阶段，给予孩子正确的奖励，为孩子树立正确的价值观。

教育要点

根据孩子的年龄段给予奖励表

年 龄 段	家长怎样进行正确的奖励
0~3岁	由于3岁以前的孩子，经验很少，对某些精神奖励方式缺乏体验，所以父母应当多给孩子一些实质性的奖励，来强化孩子的好习惯和好行为，比如好吃的糖果、点心，漂亮的衣服、玩具等。
3~6岁	孩子3岁之后，家长对孩子的奖励就要慢慢过渡到以口头表扬、赞许、点头、微笑、注意或认可等精神奖励为主的阶段了。例如对三四岁的孩子，父母可以用给他讲一个有趣的故事、带他到户外或公园游玩、和他一起下棋做游戏等作为奖励。

过多惩罚只能让孩子反感

很多父母认为，要教育好孩子，就要懂得充分运用奖赏和惩罚，把惩罚和奖赏当成管教孩子的绝招。他们认为，对孩子赏罚分明，孩子就会乖乖听话，不再顽皮。

当我们去问一些父母，要是孩子不听话该怎么办？很多人都会说：教训他。听他们说话的语气，好像听话的孩子都是教训出来的。那么，这种办法是不是真的有效呢？

有一天，朋友哈里斯夫人困惑地对我说："我头疼死了，我的儿子莱恩一点都不听话，真拿他没办法，打了他几次都不肯改，你说我该怎么办呢？"

"什么？你打孩子啦？"我惊讶地问。

"当然，如果不打，他哪里肯听话！"

原来，莱恩在吃饭的时候经常会把饭菜掉到桌子上，还故意把汤水抹得桌子上到处都是。有好几次，妈妈看到他这样做，都很生气地打了他的屁股。

哈里斯夫人总是高声训斥他："莱恩，我跟你说过多少次了！不要这样，不要这样，你就是不听。打了你多少次了，你也不改，你想让妈妈更加使劲揍你吗？"

尽管妈妈这样训斥和教训莱恩，可是第二天，莱恩仍然会把饭菜掉在桌子上。

听完哈里斯夫人的话，我真不知该怎么说才好。为什么莱恩宁愿挨打，也不肯改掉自己的坏习惯呢？难道是因为他年龄太小，不明白妈妈为什么打他？我想不是。莱恩已经4岁了，完全知道自己在做什么，我想他一定是故意那样做的。他在用行动向妈妈抗议：我偏要这么干，看你能把我怎么样。

莱恩为什么会这样做呢？在我看来，他很可能对母亲过分使用家长的权力感到不满，他要反抗。其实，用惩罚来表明父母的权力，只能使孩子幼小的心灵产生厌恶之情，致使孩子对家长采取对抗的姿态，根本不能让孩子听话。

我认为，对待不听话的孩子应该用相互尊重与合作来取代惩罚。在教育维尼夫雷特的时候，我从来不施行过多的惩罚，而是用合理的方式来管教她。因为孩子毕竟是孩子，他们还太小，需要父母的引导。

孩子一旦意识到自己得到了父母的尊重，他们是很愿意接受教育的。虽然他们的年龄还小，但心理却是健全的，他们一天天长大，越来越懂事，这时候，他们需要的不再是父母权威的压制和惩罚，而是更有说服力的道理。因此，作为父母，我们需要做的是不断学习更有效的方法来鼓励孩子们，而不是对孩子滥用惩罚，让孩子反感。

在教育孩子的时候，想要把约束和惩罚区分开来并不是一件容易的事，父母必须把握好分寸，因为有时候这两者之间的差别是非常微小的。我认为，惩罚和约束的区别在于惩罚主要针对的是孩子本身，而约束却偏重于有效地纠正孩子的行为。

在我看来，约束孩子就是给孩子讲清道理，设定并实施行为规范来教育孩子。当我们给孩子讲清了每个人的行为都要受一定的行为规范的限制，谁也不能无视别人的利益为所欲为后，孩子往往会乐于接受约束，这种效果是惩罚不可能达到的。

有一次，我正和丈夫商量一件很重要的事情，5岁的维尼夫雷特走过来非要我马上过去给她讲故事。

"维尼夫雷特，我和爸爸正在商量事情，妈妈等会给你讲好吗？"我严肃地对她说。

女儿不顾我的建议，依然在我们身边大声嚷嚷，还不时地打断我和丈夫的谈话。

"维尼夫雷特，你应该等我们商量完事情再来找我。如果你能安静下来，我可以让你旁听我们说话，否则我要请你离开这里。"

维尼夫雷特根本不听我的劝告，我不再说话，而是很平静地把她带到了另一个房间。

和丈夫说完话后，我找到了女儿，并对她说："好了，现在我可以给你讲故事了。"

"太好了！快讲，快讲。"维尼夫雷特很兴奋。

"我认识一个和你差不多大的小朋友，他既聪明又活泼可爱。要过圣诞节了，爸爸妈妈正在商量圣诞节怎么过，还打算给这个孩子买一棵很大的圣诞树。这时孩子走过来打断了爸爸妈妈的谈话，吵着要去公园里玩。妈妈不停地对他说，他们在商量事情，等一会才能带他去玩。可是这个孩子就是不听，又哭又闹。妈妈没有办法，只好带她出去玩了。第二天圣诞节到了，妈妈发现自己忘了给孩子买圣诞树。结果啊，这个孩子也没有收到圣诞节礼物。你说，这要怪谁呢？"

"当然怪那个孩子，谁让他打断了爸爸妈妈……"维尼夫雷特刚说到这里，就捂住了嘴，不好意思地笑了。

有一次，维尼夫雷特在门口遇见了哈里斯夫人，就很有礼貌地向她问好。哈里斯夫人早就听说维尼夫雷特是个懂事的孩子，就和她交谈了起来。

"你真是个好孩子，这么懂事，你妈妈打过你吗？"哈里斯夫人问她。

"为什么要打我？我妈妈从来不打我。"维尼夫雷特自豪地说。

案例连连看

无动于衷的天天

天天是个十分聪明可爱的小男孩，特别招人喜欢。他却有一个坏习惯，就是特别不讲卫生，经常会把衣服弄得脏兮兮的。妈妈为了帮天天改正这个坏习惯，几乎天天讲，真是磨破了嘴皮子。刚开始的时候，天天还比较听话，经常会把自己的脏衣服换下来，放进洗衣机。

天天发现，无论自己怎样做，妈妈还是会每天都嘱咐自己要这样，要那样，天天一听到妈妈说话，就烦得不行。后来，无论妈妈说什么，怎么说，天天就好像没听见一样，总是无动于衷，并又恢复了以前脏兮兮的样子。

专家解读

反复唠叨是教育孩子的大忌

在教育孩子的过程中，我们一定要避免反复唠叨。天天的行为其实是孩子对反复出现的某类刺激所产生的一种习惯性倾向。在妈妈长期的唠叨下，天天对妈妈的这种语言刺激就会变得反应迟钝或弱化，甚至不起反应，这是目前很多家长共同面临的一件让人头疼的事。

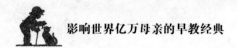

我们在教育孩子的过程中，一定要慎重地使用自己的语言。对孩子的教育要简明扼要，不要反复唠叨。重复的讲话内容，对孩子缺乏刺激的新鲜感，使孩子心生厌烦。除了特别重要的事情可以重复一下，一般的事情家长只需要说一遍就可以了。

教育要点

对待反复犯错的孩子措施表

年 龄 段	家长的应对措施
0~3岁	3岁以下的孩子如果反复出现一个错误，最好不要批评孩子。因为，这时候任何形式的批评和训斥都是不适合的，最好的做法就是制止孩子的这种行为，给孩子提供一个安全的环境。
3~6岁	3~6岁如果反复出现同一个错误，我们就要直接告诉孩子这样做的结果，让孩子自己体会这种行为的后果。比如孩子经常欺负小朋友，你可以告诉他"被打是会痛的"。
6岁以上	6岁后的孩子犯错时，适当的惩罚是可以的，但一定要提前约定规则。比如，孩子经常晚回家，你可以和孩子约定好不及时回家会有什么后果。如果孩子没有履行，就按事先说好的惩罚方式惩罚孩子，但是不要没讲好任何规则，就直接惩罚。

第十三章

像鸟儿一样自由地飞翔

相信你的孩子

我的好友伊丽贝莎在儿子的房间里发现了一个烟斗，她很担心自己11岁的儿子染上了不良习惯，忙过去质问儿子。

"这是什么？"她拿着那只烟斗，口气非常严厉。

"一个烟斗。"儿子满不在乎地说。

"从哪儿来的？"

"捡来的。"

"你从哪儿捡的？"

"就在门外的路上，今天早上我一出门就发现了它。

"你不要说谎，告诉我这是怎么回事？你是不是跟那些坏孩子学会抽烟了？"伊丽贝莎用极不信任的口吻说。

"不是，我才不抽烟呢。"儿子很坚定地说。

"是真的吗？你以为我会相信你吗？"伊丽贝莎说道。

"信不信由你，我不在乎！"儿子生气了，说完就走进了自己的房间，把门砰的一声关上了。

这让伊丽贝莎非常恼火，她认为自己完全是为了儿子好，可儿子却一点也不理解她。

我认为，之所以会出现这样的结果，跟伊丽贝莎说话的方式和语气有很大的关系。她只表现出了愤怒和对儿子的不信任，却并没有让儿子感受到她的关心。

后来，伊丽贝莎认真反思了自己的态度，意识到可能是因为自己先入为主的观念和审问的态度让儿子对自己的动机产生了怀疑。她决定找儿子好好谈一谈。

第二天，儿子一回来，伊丽贝莎就对儿子说："我们谈一谈，好吗？"

"谈什么？"儿子很淡漠地说。

"我想，昨天你一定因为我怀疑你学会了抽烟向你发火而难过，你一定认为我只会挑你的毛病，根本不关心你，是吗？"

刚说到这里，儿子就哭了起来，他抽泣着说："是的，我觉得我只是你的一个负担，你一点也不关心我。"

"你这么说有你的道理，因为我昨天感到特别愤怒和不安，我仿佛看到你和一些坏朋友混在一起抽烟。这样一来，你当然感觉不到我爱你了。"

现在，儿子的情绪终于缓和了下来。伊丽贝莎继续说："是妈妈不对，妈妈昨天不该向你发那么大的火。"

"妈妈，没什么，那只烟斗确实是我在外面捡的，你应该相信我。"

"儿子，妈妈相信你，我只是担心你养成不好的习惯，这种担心有时候会让我做事变得非常偏激，你能不能给我一个机会让我们重新开始，一起来解决这些问题呢？"

因为伊丽贝莎和儿子建立了信任，母子间的关系有了根本的好转。通过这次谈话儿子明白了母亲的询问是出于对他的关心，而不是要侵犯他的权利；母亲也认识到应该信任自己的孩子。

父母出于对孩子的期望，对孩子的态度往往会很偏激。在父母发怒的时候，孩子感觉不到一点温情，只会觉得父母对他充满了敌意。这种感觉会使孩子产生抵触情绪，使他们觉得父母对自己不信任、不关心。这样，父母与孩子之间的矛盾就在不知不觉中被激化了。

我认为，父母应该宽容地对待孩子，这样才能使孩子感到父母的爱。孩子只有认为父母信任他，他才会完全向父母敞开自己的心扉，才有可能顺利地和父母进行交流。我相信，有了相互信任的气氛，即使孩子真的有了不良的习惯，父母也很容易帮助孩子改正错误。

我认为，我们大人之间也只有在相互信任的情况下才能建立友谊和良好的合作关系，更何况是孩子呢？

在我看来，要想把孩子培养成一个优秀的人，给孩子足够的信任是必需的，因为这是教育的前提条件。作为父母，我们应该相信孩子的能力、才华和品质。只有这样，我们才能使他们在人生的旅途上走好第一步。

案例连连看

妈妈，是我推的

那天，妈妈带阿帅去公园玩。阿帅跑去和小伙伴们一起玩滑梯，阿帅站在坤坤的后面，乐乐站在阿帅的后面，乐乐为了能早点滑，就故意把坤坤推了下来。坤坤从滑梯上摔了下去，鼻子流血了，号啕大哭起来。

阿帅的妈妈赶紧走过去询问阿帅，阿帅忙解释道："妈妈，不是我推的！"妈妈听了之后，还是不放心，就对阿帅说："真的不是你推的吗？你不是站在他后面吗？你要是不敢承认错误，妈妈就把你扔在公园，不管你了。"听妈妈说不要自己了，阿帅害怕极了，哭着对妈妈说："是我推的，是我推的，妈妈别不要我！"

专家解读

孩子说谎与家长的教育有关

很多时候，孩子说谎的动机很可能是害怕责怪和惩罚。阿帅本来没有把坤坤推下去，但在妈妈的质问和恐吓下，阿帅害怕自己不承认，妈妈就会把他扔在公园里，只好对妈妈撒谎，说是自己推下去的。

作为家长，我们要平静沉着地处理孩子的说谎问题，应该为孩子耐心解释说谎的危害性，使孩子理解说谎的坏处，改正自己的错误。千万不要用责备或者恐吓的态度来对待孩子的说谎，更不要给孩子贴上说谎的标签。

🐾 教育要点

解析孩子故意说谎的原因表

原　因	具体内容
害怕受惩罚	1.碰到这样的说谎行为，父母首先要反思自己的言行，对孩子的错误行为处罚是否得当，以致孩子为了逃避受罚而撒谎。 2.当孩子主动说了实话后，首先要表扬孩子的诚实，然后再妥善处理孩子的错误，千万不能因为孩子说出了所犯的错误而惩罚他，致使孩子日后为了逃避惩罚而不再说出实情。
受成人影响	面对这种情况，家长自己一定要以身作则，时刻注意自己的言行。如果许诺孩子，就要认真履行；如果不能兑现诺言，要向孩子说明理由，取得孩子的理解。
为达到目的	对于这类说谎，家长一定要及时、明确地指出孩子的撒谎行为的错误所在，并制止孩子的这种行为，不要一味满足孩子的这种行为，否则就会强化孩子的撒谎行为。
为取悦父母	当你面对孩子撒谎，千万不要大惊小怪、惊慌失措，当然也不能置之不理，不妨冷静下来，在分析孩子撒谎的原因时，反省是不是自己不当的教养方式给孩子造成了压力。

❧ 不了解孩子内心，教育无从谈起 ❧

　　孩子出生之前，父母就像等待自己亲手塑造的作品一样，带着忐忑甚至有些焦急的心情企盼着孩子的出世。等到孩子终于来到这个世界后，又小心谨慎地看着孩子一天一天长大。对父母来说，这也许是一生中最幸福的感受了。有了孩子之后，即使年轻的父母也会逐渐变得成熟，把帮助孩子、抚养孩子长大当成他们义不容辞的责任。

　　父母在孩子的成长过程中，通过每天的观察、体验逐步了解孩子，一点一点熟悉孩子的一切，片刻也不敢放松，直到孩子长大成人。可是，等到孩子长大懂事后，父母是否真正地了解自己的孩子呢？

　　其实，要想真正地了解孩子，并不是件容易的事。因为，每个孩子的性格都各不相同，各有各的特点。我认为，年轻的父母要想了解自己的孩子，除了给予孩子各方面的关心和照顾外，还需要注意从细小的方面观察孩子，探索孩子的内心世界，然后用不同的方法加以引导，以便更好地培养孩子。

尽管每个父母都想尽力教育自己的孩子要从小明白事理，但由于采取的方法不同，结果也就有所不同。在不同的家庭环境中，孩子受到的教育也各不相同：有的孩子很少得到父母的肯定，他的自信心就很可能会慢慢地萎缩；有的孩子因为受到了父母过分的呵护，总是生活在大人的庇护之下，结果能力得不到有效地发展。父母对孩子这种过分的照顾，使孩子从小就得不到必要的锻炼，往往变得既保守又软弱。

在教育孩子的时候，我们应该针对孩子的性格，对他们采取相应的教育方式。父母应该对自己的孩子有充分的了解，不应该听别人怎么说就怎么做，要对孩子进行恰当的教育。很多时候，由于父母对孩子的了解有偏差，就会造成孩子不能默契地领会父母的教导，从而产生很多不必要的矛盾。我认为，在孩子犯了错误之后，我们应该首先了解孩子的内心世界。因为纠正孩子的错误固然重要，但我们如果不了解孩子的内心世界，那么这种教育就无从谈起。

另外，许多自以为了解孩子的父母其实并不一定真正地了解孩子，因为他们并没有在这方面多花时间和精力，只是想当然地去判断孩子的行为。这些父母宁愿花很长时间去向朋友诉苦，却不愿耐心地和孩子谈一谈。我认为，父母的这种做法是很不明智的。

在维尼夫雷特4岁的时候，有一段时间顽皮得不行。她每天都故意把房间里的各种东西扔到地上，还动不动就发脾气。有一天，我见她又开始发脾气了，就走过去问她："维尼夫雷特，你在干什么，为什么老是把房间弄得这么乱？"

女儿听了我的话，不仅没有马上停下来，还当着我的面把桌上的一本书扫到了地上。

"你这是干什么？把书捡起来。"我指着地上的书说。

"我偏不捡。"

"你怎么这么不听话！"

"我就是不听话。"

听女儿这样说，我当时没有再多说什么，扭头就走了。我走后，维尼夫雷特就更加肆无忌惮了，我听见她不断地在房间里尖叫，还不时地乱扔东西。房间里传来了东西"砰砰"落地的声音。我极力按捺住自己的愤怒，告诉自己不要发火。

过了一会儿，维尼夫雷特的吵闹声突然停了下来，随之而来的是女儿伤心的哭泣声。

"怎么啦，维尼夫雷特，有什么不高兴的事吗？"我再次走进女儿的房间，温柔地对她说。

女儿没有回答，只顾伤心地哭着。看到她那个样子，我心生怜爱，把她从地上抱了起来。

"我一直认为你是个乖孩子，所以你发脾气的时候我没有责怪你，我想你一定遇到了什么不顺心的事，告诉妈妈好吗？也许我还能帮你呢。"

在我的安慰下，维尼夫雷特的心情似乎好了不少，但仍然在哭泣。

"好了，别哭了。你一直是个聪明的孩子，有什么事不能解决呢？再加上妈妈帮你，我想什么问题都能解决。"

"妈妈，我觉得自己好孤独啊？"女儿突然扑到我的怀里，放声大哭起来。

"怎么会呢？妈妈不是天天和你在一起吗？"

"可是，你总不搭理我，你一点不在乎我，整天就知道在书房里写字……"

听了女儿的话，我马上醒悟了过来，原来由于那段时间我工作比较忙，所以没有像平时那样陪她，没想到竟然会让她感到那么痛苦。我突然意识到孩子的心是多么的敏感，这是我以前从来没有想到过的。于是，我开始对女儿讲了我的工作是做什么的，我为什么要工作，并试着让她理解我。

最后，我对她说："维尼夫雷特，妈妈最在乎、最爱的就是你。不过，你也要理解妈妈呀！等妈妈忙完这一段，一定会好好陪你玩，我相信你是一个懂事的孩子。你一定会理解妈妈的，对吗？"

女儿知道了我仍然很爱她之后，就再也没有故意捣乱过。有时候，我在工作的时候，抽空去她的房间看一看。她也会对我说："妈妈，你去忙你的吧。我自己知道怎么玩。"

🌿 案例连连看

委屈的航航

航航今年 4 岁了，已经上幼儿园中班了。有一天，幼儿园的小朋友组织了一个自发的跳绳游戏，航航赶紧去报名，却被毫无理由地拒绝了。航航为了这件事情，委屈极了，刚回到家，就伤心地哭了起来。

他试图向爸爸诉说自己的委屈，可是爸爸好像很忙的样子，只是跟航航说："都是小男子汉了，还哭啊。"见爸爸不能理解自己，航航又转向妈妈那里寻求安慰，可是妈妈也没有耐心听他说，只是一味地指责他说："就知道哭，真窝囊！"听了妈妈的话，航航更加委屈了，哭得越来越厉害了。

🌿 专家解读

正确应对孩子的特殊情绪

不能被人理解，是最令人痛苦的一种体验。航航的爸爸妈妈显然对儿子的特殊情绪缺乏正确的认识，当航航想要向父母表达自己的感情时，爸爸妈妈不仅没有倾听他的诉说，还否定了他的情绪，导致航航的情绪一度恶化。

孩子在成长过程中，总是会被很多特殊的情绪所控制。当孩子出现这种反常的情绪时，作为家长，我们一定要正确应对，学会倾听，学会移情，站在孩子的角度，去了解孩子的真实情绪，帮助孩子找出解决问题的办法，千万不要责备孩子，让孩子的情绪更加激化。

🌿 教育要点

家长面对孩子特殊情绪的三种态度表

态　　度	对孩子的影响
冷漠	父母常常由于工作太忙而冷落孩子，当孩子向父母表达他的感受时，父母如果态度冷漠，或者说些责骂的话语，孩子就会认为，爸爸妈妈不爱他。这样孩子就会越来越缺乏安全感，情绪也会越来越坏。
同情	当孩子向父母表达自己的情绪时，如果父母只是一味地同情孩子，孩子的情绪不仅得不到缓解，还容易变得更加过分，甚至会觉得自己可怜，对解决问题没有什么信心。

态　　度	对孩子的影响
移情	移情就是父母能敏锐地觉察到孩子的痛苦、恐惧、失望、愤怒或沮丧，并且能够谅解，同时又能比较明智地为孩子提供鼓励和帮助。移情能很好地安抚孩子的情绪，并且能够有效地使孩子摆脱这种情绪的影响。

我们应采取合理的方式和孩子交谈

父母在与孩子的交流过程中，当孩子关切地询问"你生气了吗"时，父母总是只会板着脸说"没有"。有时候，当孩子关切地问"妈妈，您怎么啦"时，有的母亲也会很不耐烦地说"不关你的事"，而他们的表情和语气都表明他们在生气。

其实，每一个孩子都是非常敏感的，他们能很快从大人说话的语气中分辨出大人所要传达的真正意思。然而，父母们却并不敏感，在同孩子说话时，他们根本意识不到自己语气的变化。

很多人都认为，孩子应该受到尊重，大人应该与他们交流。事实上，却很少有人能够做到与孩子真正地交流。在生活当中，父母们总是用教训的口气、哄骗的口气、引诱的口气和孩子说话。在我看来，用这样的方式和孩子交流，即使孩子愿意合作，那也不是发自内心的。这种方式，不可能让孩子完全信任父母，也不可能让孩子说出自己的心里话。

我认为，父母要想真正地与孩子进行交流，只有从内心去改变自己，以平等的、对待朋友的方式对待孩子才行。父母总是想利用一切机会向孩子灌输道理，这种方式不仅不能被孩子接受，还会引起孩子的厌恶和反感。父母们总是对孩子提出种种要求，希望孩子凡事能听自己的话，却不告诉孩子为什么要这样做。用这样的方式来对待孩子，孩子怎么可能顺从呢？

我认为，父母应该采用合理的方式和孩子交谈。因为，从某种意义上来说，好的交流也是一门艺术。

维尼夫雷特要过 6 岁的生日了，我打算为她举办一个生日晚会。在发请柬的时候，我们因为一件小事争执了起来。

我问女儿："你知道伊莎贝尔的地址吗？"

"我不想请她参加。"女儿说。

"为什么？她不是你最好的朋友吗？"

"不，她不是。"女儿很坚决。

"你怎么能这样说呢？这样做可不好。"

女儿不耐烦地说："我不管，我就是不请她。"

"如果你不高兴，那就别举行生日晚会了。"见女儿这种态度，我有点生气。

"不举行就不举行。"说完，女儿跑进了自己的房间。

看着女儿生气的样子，我突然意识到自己的错误。要知道，伊莎贝尔是女儿最好的朋友，女儿这样对待她一定是有原因的。我那样对女儿说话，女儿一定生气了。

我恢复了一下自己的情绪，就走进了女儿的房间。

"怎么，维尼夫雷特，你们吵架了？"

"嗯，她总是乱动我的东西，还把我的小提琴的琴弦弄断了。"

"她那样做让你不高兴了，是吗？"

"是，我和她讲过很多次了，可她还是老样子。她每次来都要去弄小提琴，我很不喜欢她这样。"

"那么，咱们想个办法不让她动你的小提琴不就行了？"

"我可以把琴盒锁起来放到你的卧室去，那样就谁也动不了了。"

"这是个好主意，要是这样，还请不请伊莎贝尔？"

"我想可以请她来。"

我认为，正是因为我改变了说话的语气，把女儿当成了自己的朋友，才使女儿敞开了心扉，找到了解决问题的办法。要想让孩子说出自己的想法，父母只有以真诚和理解的态度去对待她，才能真正地了解孩子，并向他们提供及时的帮助。

🌱 案例连连看

小哑巴

珠珠今年5岁了，是个十分奇怪的小姑娘，当珠珠和别人在一起时，总是很活泼，但只要一和妈妈在一起，就马上变成了一个小哑巴。原来，珠珠也爱和妈妈说话，可是和妈妈说着说着，和妈妈的谈话就变成了妈妈对珠珠的训斥。

有一次，珠珠发现了一件十分新奇的事情，她马上兴奋地对妈妈说："妈妈，你快来看，这是什么？"妈妈听了之后，一点也不感兴趣，大声地说："别啰唆，还不快吃饭！"珠珠失望极了。还有一次，珠珠不小心打翻了牛奶，珠珠自责极了，她小声地对妈妈说："妈妈，对不起，我把牛奶打翻了。"妈妈听了之后，生气极了，马上大声地训斥道："你怎么总是笨手笨脚的，什么都做不好，快走开！"时间一长，珠珠再也不喜欢和妈妈说话了。

🌱 专家解读

用正确的方法和孩子交谈

交谈是家庭生活中必不可少的一个环节，更是家庭教育中的重要手段。珠珠本来是一个活泼的孩子，但每次珠珠尝试和妈妈交流时，妈妈不是漠不关心，就是训斥，严重地打击了珠珠和妈妈交谈的积极性，导致珠珠在妈妈面前变成了小"哑巴"。

作为家长，我们一定要明白和孩子谈话，不是对孩子训话。在这个过程中，一定要注意自己的态度，用一种轻松幽默的方式和孩子交谈，引导孩子说出他的内心话。当孩子表达完自己想法后，家长要及时给予孩子反馈，使孩子觉得"我被理解了"。

🌱 教育要点

和孩子正确交谈的注意事项表

注意事项	家长的具体做法
目的明确	和孩子交谈要目的明确，做到心中有数，围绕主题进行双向交流。如果遇到了敏感的问题，例如政治事件，父母之间的感情问题，孩子的生理方面的问题等，也不要回避。

注意事项	家长的具体做法
态度亲切	要表现出对子女的爱心，使孩子乐于接受谈话，避免使孩子处于防御戒备的心态。如果对方情绪较大，可以暂时延缓谈话，或者"曲线交谈"，从另外的事入手。
选择方法	孩子的性格各有不同，这就需要父母根据孩子的特点，选择适当的谈话方法。直叙法，孩子直接向父母谈论一个问题，父母直接向孩子表明自己的态度，其特点是快捷，但只适合于性格比较外向的孩子。间接法，向孩子讲一个小故事，说一条成语，引用一个事例，谈几句诗词，或谈电影、小说等，引起孩子谈话的兴趣，然后顺势引导到谈话的主题上来，这适用于较为内向的孩子。
语言精炼	孩子都反对啰唆，最忌没完没了的唠叨。在谈话达到目的后，适可而止。谈话是可经常进行的，不求长谈，只求效果。另外，在谈话时，不妨语言幽默一些。

让孩子感受到你爱他

在培养女儿的过程中，我有一个深刻的体会，就是只要我愿意花时间与女儿交流，让她感受到亲情的满足，她就愿意向我说她自己的心事。一旦有了女儿的真诚和坦白，我就很容易走近女儿的内心深处，了解她的真实想法。我们谁也不愿意让陌生人来了解自己，谁也不会向无关紧要的人袒露心声，而女儿之所以能够让我完全了解她，最主要的原因就是她知道我是她的妈妈，我非常爱她。

父母总是因为工作忙而不能经常陪伴在孩子身边，那些事业有成的人更是如此，他们总能找出各种理由不和孩子在一起。

我的好朋友米尔斯丽特太太向我讲述了这样一件事情：

一天夜里，她因为有事很晚才回家。刚一进门，儿子卡夫特就笑着跑过去，兴奋地告诉她说："妈妈，我写的一篇关于小动物生活习性的文章在报纸上登出来啦！"

这时，她发现儿子因为着急把喂猫碗打翻了，食物撒了一地。她当时特别疲倦，一见这个情景，顿时就火了。她瞪了儿子一眼，生气地说道："知道了。还说什么小动物的生活习性，猫的碗都被你打翻了……我跟你说了多少次了，你看看你的房间，像个狗窝似的……"

听了她的话，儿子的笑容顿时不见了，兴味索然地去收拾那只打翻的碗，并开始垂头丧气地整理房间。看到儿子大失所望的样子，米尔斯丽特才意识到自己太冷漠了，可又拉不下脸来道歉。

当然，在米尔斯丽特太太看来，她的做法和那些话并没有什么错，但她却不知道她的态度会让孩子多么沮丧。米尔斯丽特太太说儿子从那以后就不大理她。我认为，卡夫特之所以不大理自己的母亲是很自然的事，因为，他心里一定会这样想：我有那么高兴的事，你都不愿意和我交流，那平时就更不想和我说话了，我才不会自讨没趣。

有时候，孩子会毫无来由地纠缠大人。他会满怀期望地看着妈妈，认真地问："妈妈，你爱我吗？"有些母亲可能只是敷衍地说一声："我爱你，到别处玩去吧。"这时，孩子就可能会想：你要是真爱我，为什么要让我走开呢？

我们都知道，父母不可能每时每刻都和孩子在一起，孩子也可以自己做自己喜欢的事情，并不需要父母一天到晚陪着。但是，他们时刻关心着一件事，那就是父母是不是真的像他们说的那样爱自己。父母应该给孩子更多的爱，但是又有很多事要忙，确实很难让两者达到一个平衡。

维尼夫雷特小的时候，无论她说的是学习上的事还是玩耍方面的事，只要是她乐意表达的东西，我都会认真地听，并会鼓励她说下去，从不敷衍她的问题和所说的事。女儿特别喜欢向我和她父亲讲述自己的事。她常常向我们讲她一天的生活，讲她在这一天里有什么感受，她发现了什么，学到了什么。

那时候，每当晚饭之后，我们一家人就会一起出去散步，那是我们一家最快乐的一段时光。我和丈夫牵着女儿的小手走在林荫道上，享受着女儿给我们带来的天伦之乐。丈夫有时会问问女儿的学习情况，这时，女儿就会兴奋地向父亲讲述她每一天的进步，讲她在学知识的过程中感受到的快乐。

遇到节假日的时候，我们还会带女儿去郊游，让她在大自然中感受世界的美好。有时丈夫或者我可能因为太忙不能去，那另一个人也会带女儿去。女儿在大自然中开阔了眼界，话也比平时要多出许多，表达得也更流畅，更准确。

有一天，维尼夫雷特指着一只飞向远方的小鸟，很认真地对我说："妈妈，假如有一天我像小鸟一样飞到很远的地方，你还会爱我吗？"

"当然，妈妈本来就希望你有一天能像鸟儿那样自由地飞翔。"

"为什么呢？"

"因为妈妈最爱你，也最了解你。"

案例连连看

我知道错了

涵涵今年 6 岁了，已经是幼儿园大班的孩子了，但还是特别不懂事，总是欺负同班的小朋友。有一次，涵涵又把自己班里的小朋友打哭了，妈妈生气极了，厉声对涵涵说道："你不知道被打的小朋友会疼吗？妈妈不是告诉你要关心同学吗？你太过分了！去面壁思过吧！"这是涵涵的妈妈惩罚孩子最严厉的一次。

妈妈看到涵涵站在墙壁下边，满脸都是泪水，心里难过极了。她突然意识到自己可能伤害了孩子。她走到孩子身边，蹲下来看着孩子的眼睛说："涵涵，妈妈是爱你的，你能理解妈妈的做法吗？"听到妈妈这样的话语，涵涵的眼泪又流了出来，对妈妈说："妈妈，我知道错了，我也爱你！"

专家解读

让孩子感受到你的爱

父母爱孩子，要用语言表达出来，特别是对孩子进行严厉的惩罚之后。涵涵的妈妈在涵涵犯错之后，虽然惩罚了孩子，但却向孩子说出了自己的爱，这样不仅让涵涵对自己的错误有了正确的认识，还让孩子体会到了自己的爱，明白了自己的苦心。

父母给孩子的爱，只有让孩子感受得到，孩子才会感觉到幸福与安全。

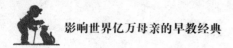

因此，父母爱孩子，就要通过有效的途径表达出来，让孩子体验得到、感受得到，只有这样，父母对孩子爱的价值才能表现出来。

教育要点

向孩子表达爱的技巧表

技　巧	具　体　内　容
和他在一起	父母要花时间和孩子待在一起，这是最好的爱的表达，孩子在和你的游戏中，在听你讲的故事里，你的每一个陪伴里都能感受到你的爱。
善用肢体动作	用肢体动作表达爱，是最直接，最有效的方式。肢体的接触，能把父母的爱直接传送到孩子的大脑中枢里去。可以借鉴的肢体动作有：牵手、摸头、拥抱、拍肩、挽胳膊、亲吻、刮鼻子、理顺头发等。
当一个听众	当一个听众，了解孩子的世界。孩子有太多的话想说，有太多的意见想表达，有太多的发现要诉说，父母就来当听众吧，这是一个了解孩子，走近孩子内心的好机会。
给孩子惊喜	一份意外的、贴心的惊喜，可以一扫沉闷的气氛，让孩子感受到父母对他的在乎和关心。例如，父母不经意间听到孩子说他喜欢什么物品时，可以悄悄地买来放进他的文具盒里。孩子看到后就会感到来自父母的温暖和爱。